MARTIN WEHRLE

# Der Klügere denkt nach

GOLDMANN
Lesen erleben

# Martin Wehrle

# Der Klügere denkt nach

Von der Kunst,
auf die ruhige Art
erfolgreich zu sein

Mit Anti-Schwätzer-Training

GOLDMANN

Die Originalausgabe erschien 2017 im Mosaik Verlag, München.

MIX
Papier aus verantwor-
tungsvollen Quellen
FSC® C014496

Verlagsgruppe Random House FSC® N001967

Dieses Buch ist auch als E-Book erhältlich.

1. Auflage
Vollständige Taschenbuchausgabe April 2020
Copyright © 2017 der Originalausgabe:
Wilhelm Goldmann Verlag
Copyright © 2020 dieser Ausgabe: Wilhelm Goldmann Verlag,
München, in der Verlagsgruppe Random House GmbH,
Neumarkter Str. 28, 81673 München
Illustrationen: Dirk Meissner
Umschlag: Uno Werbeagentur, München, nach einem
Entwurf von *zeichenpool, München
Umschlagmotiv: shutterstock/Wision
Satz: Buch-Werkstatt GmbH, Bad Aibling
Druck und Bindung: GGP Media GmbH, Pößneck
Printed in Germany
KW · CB
ISBN 978-3-442-17843-8

Besuchen Sie den Goldmann Verlag im Netz

# Inhalt

# Vorwort

## Warum Großmäuler keine Vorbilder sind

Dieses Buch ist garantiert das falsche für Sie, falls Sie eine Besserungsanstalt von 370 Seiten erwarten, die Sie als zurückhaltender Mensch betreten und als Rampensau verlassen. Dieses Buch ist das falsche, wenn Sie Ihre dünne Haut durch einen Panzer ersetzen und mit stählerner Faust auf den Tisch hauen wollen. Keinen Rednerkurs will ich Ihnen aufs Auge drücken, Sie nicht für die Weltmeisterschaft im Smalltalk qualifizieren. Und es liegt mir fern, Sie vor einen Spiegel zu treiben, damit Sie sich dort die Körpersprache eines Burgschauspielers antrainieren.

Denn ich bin fest überzeugt, all diese Ratschläge gingen von einer falschen Voraussetzung aus: dass mit *Ihnen* etwas nicht stimmt, dass *Sie* zu zurückhaltend, zu sensibel, dass *Sie selbst* das Problem sind. Aber was, wenn es umgekehrt ist? Was, wenn Sie alle Stärken für Ihren Erfolg mitbringen? Was, wenn nicht in erster Linie *Sie* zu leise sind – sondern Ihre Umgebung zu laut?

In Amerika, dem Land der unbegrenzten Geschwätzigkeit, steigt die Zahl der Menschen, die sich für schüchtern halten, laut Studien sprunghaft an.[1] Jeder Zweite hat mittlerweile das Gefühl, er sei ein Bewohner des Schneckenhauses. Und warum? Weil die Maßstäbe sich verschieben!

Wir leben in einer Lärmgesellschaft. Wer sich nicht von morgens bis abends wie ein Marktschreier anpreist (sondern mit Eigenlob zurückhält), nicht eine Konzerthalle voller jubelnder Freunde um sich versammelt (sondern gern allein oder unter wenigen Freunden ist) und nicht sein Intimleben wie eine Live-Reportage vor der Welt ausbreitet (sondern Privates privat belässt) – der fühlt sich heutzutage schon im Abseits.

Auch in Deutschland hat das Kontaktfreuden-Haus eröffnet, aus jeder Stellenanzeige springen uns Vokabeln an wie »offen«, »teamorientiert« und »aufgeschlossen«. Der Teamgeist spukt durch Großraumbüros, und über zurückhaltende Menschen wird gesprochen, als trügen sie eine unzeitgemäße Krankheit in sich: Introversion! Das klingt wie »Infektion«, nach Schweige-Bakterien auf einer gelähmten Zunge. Großmäuler geben oft den Takt vor, ihre Marotten werden zum Maßstab erklärt und gelten in vielen Büros als erstrebenswert:

▶ **Versprich mehr, als du halten kannst!**

▶ **Rede über Dinge, von denen du nichts verstehst!**

▶ **Drück Menschen an die Brust, die du kaum kennst!**

▶ **Zeige immer gute Laune, auch wenn dir zum Heulen ist!**

▶ **Schlag den ganzen Tag die Trommel, damit niemand die Chance hat, deine Pracht und deine Herrlichkeit zu überhören!**

So lacht und lärmt es rund um die Uhr. Zurückhaltende Menschen fühlen sich unter Druck gesetzt, werden kritisch beäugt und immer wieder aufgefordert: »Sag doch auch mal was!« Der natürliche Vorgang des Schweigens wird zur Sprech-Verweigerung umgedeutet. Ein Stirnrunzeln bei einer kritischen Bemerkung reicht, damit einer raunzt: »Sei doch nicht so sensibel!« Und noch immer schreiben Lehrerinnen ihren Schülern ins Zeugnis: »Die mündliche Mitarbeit lässt zu wünschen übrig«, statt erfreut festzuhalten: »Das Kind besitzt die große Fähigkeit, Dinge im eigenen Kopf zu entwickeln, hört gut zu und lässt seinen Mitschülern viel Raum.«

Kann es wahr sein, dass die Vorlauten Ihnen als Vorbilder eingeredet werden? Haben Sie mal überlegt, warum Rednerkurse für Stille der Renner sind – während kein Dauerredner es für nötig hält, einen Kurs im Zuhören zu buchen? Und sind Sie einverstanden damit, dass Bücher für Hochsensible ein Verkaufsschlager sind – während es die Unsensiblen nicht für nötig halten, sich über ihr mangelndes Einfühlungsvermögen zu informieren?

Machen Sie sich bewusst, dass Ihre Eigenschaften kein Problem sind, sondern eine Chance! Ich gratuliere Ihnen, falls Sie vor dem Sprechen denken statt umgekehrt (wie die Schwätzer). Ich gratuliere Ihnen, falls Sie in die Tiefe gehen, statt an der Oberfläche zu surfen. Und ich gratuliere Ihnen, falls Sie feinfühlig sind und anderen Menschen zuhören, statt pausenlos Ihr Ego zu produzieren.

Rät Ihnen dieses Buch also, Ihre Komfortzone keinen Zentimeter zu verlassen? Eben nicht! Sie lernen Wege kennen, wie Sie unter Schwätzern glänzen können, ohne selbst einer zu werden. Zum Beispiel erfahren Sie …

▶ wie Sie mit unsensiblen Bemerkungen souverän umgehen, ohne einen Stacheldraht um Ihre Seele zu ziehen;
▶ wie Sie im Meeting die Schwätzer ausstechen, ohne die gängigen Luftblasen der Selbst-PR zu produzieren;

▶ wie Sie mit fremden Menschen ins Gespräch kommen, ohne
peinliche Smalltalk-Phrasen zu dreschen;

▶ wie Sie im Vorstellungsgespräch Ihre Qualitäten rüberbringen,
ohne sich dabei wie ein Laienschauspieler zu fühlen;

▶ wie Sie beim Flirten mit eigenen Qualitäten punkten, statt im
Super(wo)man-Kostüm mit billigen Flirt-Tipps zu hantieren,

▶ und wie Sie das Wort in einer Gruppe auch dann ergreifen,
wenn die Schwätzer es eigentlich nicht loslassen wollen (und
das wollen sie nie!).

Setzen Sie Ihre Vorzüge so in Szene, dass es sich für Sie gut anfühlt: mit berechtigtem Selbstbewusstsein, aber ohne PR-Sprech-
blasen und Laber-Lametta. Denn die wichtigste Lektion ist die:
Bleiben Sie echt! Widerstehen Sie der Versuchung, Schwätzer zu
imitieren; denn in der Produktion heißer Luft sind diese Typen
nicht zu schlagen, das garantiere ich Ihnen! Arbeiten Sie *mit* Ihrer Natur – und nie gegen sie.

Das heißt auch: Machen Sie nicht jeden Quatsch mit, nur
weil andere ihn vormachen. Welche Partys sind überflüssig? Welche Flirts lohnen sich nicht? Welche Meetings dürfen Sie sausen
lassen? Welche Dienstreisen absagen? Welche Gesprächspartner
wie Baustellen weiträumig umfahren? Und welchen Netzwerken
niemals ins Netz gehen? Sie werden staunen, was Sie sich alles
schenken können, ohne etwas zu verpassen.

Und ich ermutige Sie, Maulhelden in ihre Grenzen zu verweisen. Dieses Buch liefert eine Bestandsaufnahme unserer Großmaul-Gesellschaft und enttarnt Tricks, mit denen Schwätzer sich
in den Mittelpunkt quatschen, auch wenn sie nur Quatsch reden.
Hier werden Sie fit für die rhetorische Notwehr. Erobern Sie die
Lufthoheit über wichtige Debatten zurück.

Schluss damit, dass die Lautesten die Maßstäbe prägen, nur weil sie laut sind! Die Vernünftigsten sollen es tun, auch wenn viele von ihnen leise und sensibel sind. Packen Sie's an! Damit Sie bekommen, was Sie verdient haben – auf die leise Weise!

Eine Anmerkung zum Sprachgebrauch: Als »zurückhaltende Menschen« bezeichne ich in diesem Buch Introvertierte *und* Hochsensible. Der Begriff »Schwätzer« aber meint nicht alle Extrovertierten, sondern nur den unangenehmen Teil: die Schaumschläger, Maulhelden und Allzu-viel-Versprechenden.

## LEISE & WEISE

»Es sind nicht immer die Lauten stark, nur weil sie lautstark sind.«[2]
*Konstantin Wecker, deutscher Liedermacher*

»Man ist nie so lächerlich
durch Eigenschaften,
die man besitzt,
wie durch jene,
die man zu haben vorgibt.«

*François de La Rochefoucauld*

# Stiller Aperitif:

## Kommt Ihnen das bekannt vor?

Dieses Buch meint *Sie,* falls die folgende Geschichte nicht nur von Julia handelt, sondern zumindest in Ansätzen auch von Ihnen selbst.

## Klappe eins: Die Party-Falle

Lange hatte Julia nach einem Grund gesucht, sich vor der großen Marketing-Party zu drücken. Plötzlicher Kopfschmerz? Übelkeit? Ein privater Termin? Doch solche Ausreden hatte sie schon viel zu oft benutzt. Und eben noch hatte ihr Chef am Messestand gemahnt: »Wir müssen Flagge zeigen bei dieser Feier.« Das hieß: Sie sollte auf die Party gehen, nur damit sie auf die Party gegangen war. Sachliche Gründe gab es keine.

Unschlüssig stand sie vor dem Saal. Die Bässe dröhnten wie Presslufthämmer. Das verstand sie bis heute nicht: warum erwachsene Menschen die Musik so laut aufdrehten, dass man brüllen musste, um noch verstanden zu werden – und an seinen Gesprächspartner dicht wie für einen Kuss heranrücken, um noch zu verstehen. Sie hatte empfindliche Ohren und litt unter stickiger Luft.

Hinter ihr lag ein anstrengender Tag am Messestand. Morgens war sie direkt aus dem überfüllten Frühstückssaal zur Messe gehetzt. Rund um die Uhr hatte sie den Stand betreut, umla-

gert von Menschen. Mittags hätte sie sich gerne für eine Pause
zurückgezogen. Aber der Chef hatte ihr nahegelegt, am Stand zu
bleiben – und ihr im Gegenzug eine Currywurst mitgebracht.

Dabei laugte es sie aus, reihenweise neue Menschen kennenzulernen – vor allem, wenn sie nicht als Einzelexemplare an den
Stand kamen (dann fielen ihr die Gespräche am leichtesten), sondern als ganzer Schwarm. Vor einer Gruppe zu sprechen, fixiert
von vielen Augen, das hasste sie. Schon in der Schule hatte sie
sich selten gemeldet, auch wenn sie die Antworten wusste. Sie
stand nicht gern im Mittelpunkt.

Dagegen hatte ihr Chef die Kunden mit dröhnenden Anek-
dötchen aus seinem Leben unterhalten. Je größer die Gruppen
waren, desto mehr drehte er auf. Nur seine Fachaussagen blieben so dünn, dass Julia schon beim Zuhören rote Ohren bekam. Doch auf diese Tour war es ihm gelungen, dreimal so viele
Visitenkarten wie Julia einzusammeln. Abends zählte er sie ge-
nüsslich und erklärte sich zum »Tagessieger«, wodurch sie sich
zwangsläufig als Verliererin fühlte – sie konnte solche Wettbe-
werbe nicht leiden.

Ein Bassschlag riss sie aus ihren Gedanken. Sie zwang sich:
Los jetzt, in den Saal! Zuckende Scheinwerfer ließen ihre Augen flackern. Die Luft war so dick, dass man sie hätte schneiden
können. Wortfetzen flogen durch den Raum, Gelächter schwoll
an und ab, Gläser klirrten. Gesichter hier, Gesichter dort. Julia
fühlte sich überflutet von Reizen, also schnappte sie sich erst mal
ein Sektglas und hielt sich daran fest.

An den Stehtischen hatten sich Grüppchen versammelt, die
so taten, als würden sie miteinander reden. In Wirklichkeit – das
kannte sie schon – wurden doch nur Monologe gehalten. Man
brüllte sich Belanglosigkeiten zu, und sobald die Gefahr bestand,

dass ein interessantes Gespräch aufkam, wechselte garantiert einer das Thema: von der Marktlage zur Wetterlage. Auf solchen Partys wurde viel geredet, aber wenig gesagt. Julia liebte es umgekehrt.

Sie wusste, was sie jetzt tun sollte: an einen der Tische gehen, sich vorstellen, ihre Visitenkarte austeilen – und mit fremden Menschen sprechen, als wären es ihre ältesten Bekannten. Und sie wusste, was sie jetzt viel lieber getan hätte: auf die Toilette gehen, allein sein und ein paar Minuten durchatmen.

Die Stimme kam von der Seite: »Julia, alte Freundin – wie geht's?« Der Mann, der bis über beide Ohren grinste, eilte in bedrohlicher Geschwindigkeit auf sie zu. Im letzten Augenblick erkannte sie ihn als Michael Klein, einen ehemaligen Kollegen. Schnell streckte sie ihm ihre Hand entgegen, damit er nicht noch auf die blöde Idee kam, sie zu umarmen. Was brachte ihn dazu, sie als »Freundin« zu bezeichnen, nur weil sie vor fünf Jahren bei einem Projekt zusammengearbeitet hatten?

Seine Frage »Wie geht's?« bezog Michael vorsichtshalber auf sich selbst und sprudelte los. Die neue Firma: großartig. Der neue Chef: sein Duzfreund. Sein Privatleben: nach der Scheidung – »Du erinnerst dich?« – wieder perfekt auf Kurs: neue Frau, neues Glück, Kinderpläne. Und dann, nach zwei Minuten, ehe Julia richtig zu Wort gekommen war: »Entschuldige, da drüben sehe ich gerade ein paar Bekannte. Hier meine Visitenkarte. Und viel Spaß noch!«

Dunkel erinnerte sich Julia, dass Michael Klein ihr damals jeden Tag mit seiner Ehekrise in den Ohren gelegen hatte, was ihr peinlich gewesen war – sie selbst hätte ein so intimes Thema niemals vor Kollegen ausgebreitet, sondern nur vor echten Freunden (davon hatte sie zwei). Aber sie galt als gute Zuhörerin, deshalb

zog es Menschen mit Problemen zuverlässig an ihren Schreib-
tisch. Feine Signale reichten oft nicht aus, ein solches Gespräch
zu beenden. Manchmal nervte es, dass sie mit den Sorgen anderer überschüttet wurde, während sich für ihre eigenen niemand
zu interessieren schien.

Julia sah Michael hinterher. Er hatte sich zu einer Gruppe ge-
sellt und schien sich prächtig zu unterhalten. Ach, einmal so un-
beschwert wie er Menschen ansprechen! Am Stehtisch nebenan kicherte jemand. Etwa über sie? Immerhin stand sie hier so
einsam in der Partylandschaft wie ein Kind, das seine Eltern im
Kaufhaus verloren hatte.

Also gut, sie gab sich einen Ruck, trat an einen Tisch und murmelte ihren Namen. »Sehr erfreut!«, säuselten ein paar Menschen,
ohne wirklich erfreut zu sein (ihr Lächeln war oberflächlich, das
sah Julia). Ein Typ am Tisch schwang große Reden über Direktmarketing. Die anderen hingen an seinen Lippen, als spräche der
Papst. Dabei durchschaute Julia seine Aussagen als Laienpoetik,
denn Direktmarketing war ihr Fach. Zweimal wollte sie einha-
ken und korrigieren – aber bis sie sich ihre Worte zurechtgelegt
hatte, war die Chance vorbei. Sie war einfach zu langsam! Als der
Papst den Tisch wechselte, fragten einige nach seiner Visitenkarte. Julia streckte er auch eine hin – ungefragt! Nun begann ein
oberflächliches Geplauder, zu dem sie ein paar Belanglosigkeiten
beitrug, auch wenn sie sich schlecht dabei fühlte.

Um 23.30 Uhr – endlich! – brachen die ersten Gäste auf, darauf wartete Julia seit Stunden. Sie rief ein Taxi und fuhr zum
nahen Hotel. Unterwegs machte sie sich Vorwürfe, dass sie kaum
Visitenkarten eingesammelt und Kontakte geschlossen hatte. Sie
war einfach zu introvertiert und sensibel, sie musste mehr aus
sich herauskommen!

Erschöpft und unzufrieden ließ sie sich auf ihr Hotelbett fallen und schaltete das Licht aus. Sie würde schlecht schlafen heute Nacht.

---

### LEISE & WEISE

»Lärm beweist gar nichts. Eine Henne, die ein Ei gelegt hat, gackert, als sei es ein Planet.«
*Mark Twain[3], US-Autor*

---

## Klappe zwei: Die Party-Chance

Haben Sie in Julia Anteile von sich selbst wiedererkannt? Und fragen Sie sich, was hätte Julia anders machen können? Ohne Rhetorik-Training, ohne sich zu verstellen, eben auf ihre eigene Art? Nach dem Lesen dieses Buches wäre der Tag vielleicht so verlaufen:

Gut ausgeruht spazierte Julia an den Messestand. Statt sich in den vollen Frühstückssaal zu quetschen, hatte sie sich im Hotelzimmer einen Tee gekocht und ein Vollkorn-Sandwich gegessen. Danach hatte sie bei einem Morgenspaziergang im Park frische Luft getankt und den Sonnenaufgang genossen.

Am Messestand sagte sie zu ihrem Chef: »Ich übernehme die Einzelkunden.« Das war ihm mehr als recht, denn er brannte darauf, vor Gruppen den Alleinunterhalter zu spielen. Darin war er gut. Ihre Stärken lagen im Vier-Augen-Gespräch: Sie konnte zuhören, Themen vertiefen, Bedürfnisse erspüren und Angebote maßschneidern. So hob sie sich von den typischen Messeberatern ab, die jedem Kunden dieselbe Rhetorik-Soße übergossen. Ihre Gesprächspartner wussten das zu schätzen, im Laufe des Vormittags wurde sie mehrfach gelobt.

Alle zwei Stunden zog sich Julia zehn Minuten vom Messestand zurück. Sie hatte ihrem Chef am Vortag erklärt, dass sie ihren Akku zwischendurch aufladen muss, um den ganzen Tag hoch konzentriert und effektiv zu bleiben. Eine Mittagspause von 45 Minuten gehörte dazu. Zwar spürte sie, dass ihr Chef sie lieber am Stand behalten hätte (sie spürte ohnehin oft, was andere von ihr erwarteten). Aber in erster Linie fühlte sie sich für *ihr eigenes* Wohl verantwortlich, nicht für seines. Gemütlich aß sie zu Mittag, ging eine Runde um den Block und wechselte noch ein paar Worte mit ihrer Lieblingskollegin.

Der Tag war anstrengend, aber die Pausen lockerten ihn auf. Abends warf ihr Chef einen Stapel Visitenkarten auf den Tresen, um den Tagessieg auszuzählen. Sie schlug vor: »Lassen Sie uns doch zählen, wer mehr über die Wünsche der Kunden erfahren hat« – und begann mit einer Aufzählung, die immer länger wurde. Ihr Chef, der viel geredet, aber kaum zugehört hatte, verstummte und steckte die Visitenkarten wieder ein.

Abends stand die große Marketing-Party an. Julia hatte die Not zur Tugend gemacht und sich schon Wochen vorher mit Jan Schmidt verabredet, einem Branchenkollegen. Der arbeitete am selben Thema, ihr fachlicher Mailwechsel war tief und lebendig gewesen. Sie hatte gedacht: Besser ein produktives Zweiergespräch am Rande der Party, als in der Mitte unproduktiv mit einem Sektglas rumzustehen!

Tatsächlich wartete Jan vor dem Partysaal und winkte ihr zu;

sie fühlte sich willkommen. Angesichts der lauten Bässe schlug sie vor: »Wollen wir uns erst mal hier draußen unterhalten? Dort drüben ist eine Sesselgruppe.« Jan stimmte freudig zu. Das Gespräch war spannend, sie lernte viel über die Strategien des Wettbewerbers.

Nach einer Stunde gingen sie gemeinsam in den Saal – da sie ins Gespräch vertieft war, bekam sie das Getöse nur am Rande mit. Jan führte sie an einen Tisch und stellte sie zwei Kollegen vor. Offenbar funkten sie mit Jan auf einer Wellenlänge, denn sie kannten sich fantastisch mit Direktmarkting aus – anders als ein Typ am Nebentisch, der so platt über das Thema dröhnte, dass seine Unkenntnis ihr in den Ohren noch mehr wehtat als die viel zu lauten Bässe.

Julia genoss das Gespräch mit den Fachkollegen, denn es ging um ihr Spezialgebiet. Wenn sie ein Thema liebte, fand sie die Worte immer viel leichter als sonst – zumal sie sich vorher überlegt hatte, welche Punkte sie mit Jan besprechen wollte. Auf diesen Vorrat an Gedanken griff sie immer wieder zurück. Sie mochte ihre Gesprächspartner und erfuhr viel über ein neues Direktmarketing-Tool. Morgen würde sie ihrem Chef davon berichten.

Ihr Blick wanderte durch den Saal. An einem Nebentisch kicherte es – offenbar amüsierten sich die Leute gut. Dann blieb sie hängen an einem Männergesicht. Der Typ kam ihr bekannt vor, wer war das bloß? Jetzt erinnerte sie sich: Michael Klein, ein Ex-Projektkollege. Immer wieder hatte er ihr Krisengeschichten aus seiner Ehe erzählt, bis sie ihm klar gesagt hatte: »Es ist mir unangenehm, dass du mir so intime Dinge aus deinem Leben erzählst.« Danach hatte er sie nie wieder behelligt, aber sie deutlich mehr respektiert. Jetzt, als sich ihre Blicke trafen, winkte er ihr kurz zu, fast ein wenig schüchtern.

Mittlerweile spürte sie Müdigkeit. Es war 21.45 Uhr – spät genug, um aufzubrechen. Sie kümmerte sich nicht darum, ob andere auch schon gingen, sondern folgte ihrem Bedürfnis. Mit den Kollegen am Tisch tauschte sie die Visitenkarten, bedankte sich für das Gespräch und brach auf.

Statt ein Taxi zu rufen, ging sie zu Fuß. Diese halbe Stunde Bewegung bis zum Hotel würde ihr helfen, den anstrengenden Tag abzuschütteln und ihre Gedanken zu ordnen. Sie fragte sich dasselbe wie jeden Tag: Was ist heute gut gelaufen? Sie dachte an den morgendlichen Sonnenaufgang im Park, ein produktives Kundengespräch und den erfrischenden Austausch mit den Fachkollegen.

Als sie die Tür des Hotelzimmers hinter sich schloss, hatte sie Abstand zum Tag gewonnen. Sie war zufrieden mit sich und dem Lauf der Dinge. Sie würde gut schlafen heute Nacht.

### LEISE & WEISE

»Die größte Entscheidung deines Lebens liegt darin, dass du dein Leben ändern kannst, indem du deine Geisteshaltung änderst.«
*Albert Schweitzer, deutsch-französischer Arzt*

# Julia und die glorreichen Sieben

Jeden Tag können Sie sich für einen Lebensfilm entscheiden: Das Bühnenbild ist immer dasselbe, aber das Drehbuch in Ihrem Kopf bestimmt, was Sie aus der Szene machen.

Wie ist es Julia gelungen, ihren Tag beim zweiten Mal zu retten? Sieben Ansätze, die Ihnen noch ausführlicher begegnen werden, haben das Ruder herumgerissen:

1. *Das Tankstellen-Prinzip:* Julia hat erkannt, dass sie als ruhiger und sensibler Mensch Ruhe braucht, um Energie zu schöpfen und für Trubel gerüstet zu sein. Deshalb meidet sie unnötige Bäder in der Menge, zum Beispiel den überfüllten Frühstückssaal im Hotel, und zieht sich mehrfach für Pausen zurück. Ihr Gespräch mit Jan beginnt sie abseits des Lärms auf einer Sesselgruppe. Abends spaziert sie zum Hotel, um Stress durch Bewegung abzubauen.
2. *Der Stärken-Sensor:* Julia konzentriert sich auf ihre Stärken, zum Beispiel bevorzugt sie Vier-Augen-Gespräche (erst am Messestand, dann bei der Party), hört mit feinen Antennen zu und geht bei der fachlichen Beratung in die Tiefe. So kann sie die geringere Zahl ihrer Kontakte durch eine hohe Qualität mehr als ausgleichen. Das kommuniziert sie offensiv an ihren Chef (siehe Punkt 5, Zöllner-Prinzip).
3. *Das Laut-leise-Team:* Statt ihren extrovertierten Vorgesetzten als nutzlosen Schwätzer zu betrachten, erkennt sie ihn als ideale Ergänzung zum eigenen Talent – und überlässt ihm die Beratung der größeren Gruppen. Wie es in Fußballmannschaften Verteidiger und Angreifer braucht, damit ein konkurrenzfähi-

ges Team entsteht, braucht es in Arbeitsgruppen für den Erfolg Leise ebenso wie Laute, Sensible ebenso wie Vorpreschende.

4. *Der Planungs-Marathon:* Julia mag es nicht, spontan zu reagieren, aber umso mehr, Dinge von langer Hand einzufädeln. Ihr weiter Denkhorizont ermöglicht es, dass sie sich im Vorfeld der Party einen interessanten Gesprächspartner organisiert. Über diesen Kontakt schließen sich die weiteren Kontakte wie von allein.

5. *Das Zöllner-Prinzip:* Julia setzt anderen Menschen klare Grenzen: ihrem Chef, als er sie zum Visitenkarten-Zählen herausfordern und ihr (suggestiv) die Mittagspause rauben will; und dem Kollegen, als er ihr immer wieder mit seinen Eheproblemen in den Ohren liegt. Sie unterwirft sich nicht den Bedürfnissen der anderen, sondern nimmt ihre eigenen wichtiger.

6. *Das Themen-Heimspiel:* Julia hat ein Rezept entdeckt, wie sie ihre Redefreudigkeit steigern kann: indem sie über Themen spricht, in denen sie sich zu Hause fühlt, diesmal über Direktmarketing. Das Auswärtsspiel, vor anderen zu reden, fühlt sich wie ein Heimspiel an, sobald sie sich auf dem Platz ihrer vertrauten Themen bewegt. Zusätzliche Sicherheit bezieht sie aus ihrer guten Vorbereitung: Sie hat sich Fragen und Ideen für das Gespräch vorher überlegt.

7. *Die Positiv-Lupe:* Julia bezieht das Gelächter vom Nebentisch nicht mehr auf sich, sondern geht davon aus, dass die Leute sich gut amüsieren. Abends fragt sie sich nach den besten Augenblicken des Tages, statt über mögliche Fehler nachzudenken. Sie hat begriffen, dass ihre Wahrnehmung wie eine Lupe ist und immer das vergrößert, worauf sie sich richtet. Wer oft über seine Stärken nachdenkt, wird sie automatisch verstärken und ausbauen – und sein Wohlbefinden steigern.

## LEISE & WEISE

»Erfahrung ist nicht das, was einem zustößt.
Erfahrung ist das, was man aus dem macht, was
einem zustößt.«
*Aldous Huxley, britischer Autor*

# 1 All die Schwätzer und ich:

Warum nicht jeder schüchtern ist,
der sich so fühlt

In diesem Kapitel erfahren Sie …

► was Sie tun können, wenn Ihnen der Sauerstoff
  ausgeht, weil Sie ins Menschenmeer tauchen,

► wie ein Erfolgsunternehmer sich unsichtbar und
  unfassbar reich machte,

► warum Schwätzer zwar die Kurzstrecke, Sie aber
  den Marathon gewinnen

► und wo leise und sensible Kinder als Anführer am
  beliebtesten sind.

# Ein Leben ohne Blaulicht

»Tatütata«: Ein Polizeiwagen jagt durch den Stadtverkehr, drängt andere Autos zur Seite und hält mit quietschenden Reifen. Zwei Uniformierte springen heraus, mit baumelnden Pistolen am Halfter. Alles schaut hin. Wenig später hält daneben ein normaler Wagen. Zwei Menschen in Straßenkleidung steigen aus, Polizisten in Zivil. Niemand beachtet sie.

Zurückhaltende Menschen fahren ohne Blaulicht durchs Leben. Sie machen in der Öffentlichkeit nicht gern auf sich aufmerksam. Sie agieren wie Polizisten in Zivil: leise und effektiv. Zum Beispiel fällt mir in Karriereberatungen an ihnen auf:

▶ Sie leisten Großes, ohne große Reden darüber zu schwingen. Sie sagen Sätze wie: »Das muss der Chef doch von alleine sehen!« Erfolg wollen sie haben durch ihre Leistung, nicht durch ihre Selbst-PR (wie sie dieses Wort hassen!).
▶ Sie haben enorme Ansprüche an sich selbst und springen höher, als andere die Latte für sie legen. Weniger anspruchsvoll sind sie bei ihrem Gehalt und bei Statussymbolen – bis ihr ausgeprägter Gerechtigkeitssinn den Aufstand probt.
▶ Sie haben das Glück, für jede Diskussion das beste Argument zu finden – und das Pech, dass es ihnen meist erst ein paar Stunden später einfällt, weshalb sie solche Gespräche dann gern im inneren Dialog fortführen und jene rhetorischen Treffer landen, die ihnen in der realen Situation versagt geblieben sind.

▶ Sie könnten gut verzichten auf öffentliche Ehrungen, etwa die Kür zum »Mitarbeiter des Monats« – schon deshalb, weil sie lieber für sich oder unter Vertrauten sind, als im Mittelpunkt einer Masse zu stehen.

▶ Sie sehen die Gletscherspalte eines Problems schon, bevor sie sich – zur Überraschung anderer! – tatsächlich öffnet. Dennoch werden ihre leisen Warnrufe oft überhört. Und manchmal sehen sie auch Probleme, wo's keine gibt, denn sie sind sehr kritisch.

▶ Sie empfinden persönliche Kritik als Boxhieb, der sie am Kinn trifft und regelrecht umwirft. Manchmal brauchen sie Wochen, um wieder auf die Beine ihres Selbstvertrauens zu kommen.

▶ Sie haben feine Sensoren und spüren, wenn ein Konflikt sich zusammenbraut. Ebenso ahnen sie, was andere Menschen (heimlich) von ihnen erwarten. Solchen Wünschen kommen sie manchmal nach, um die Harmonie zu wahren – was langfristig zu Frust führen kann.

▶ Wenn sie sich unterhalten, dann gerne mit Substanz und Tiefgang. Sie mögen keinen Smalltalk und halten es für moralisch fragwürdig, Netzwerke nur mit Blick auf einen möglichen Vorteil aufzubauen – weshalb sie im Büro und auch sonst nur wenige, aber dafür enge Freundschaften pflegen.

Ich weiß, wovon ich rede; ich gehöre selbst zu diesen Menschen. Zwar halte ich meinen Kopf gelegentlich vor Fernsehkameras, trete als Redner vor volle Säle und bin in der Lage, einen Smalltalk unfallfrei über die Bühne zu bringen. Aber was tue ich, sobald ich Feierabend habe? Ich fahre an einen Natursee, steige in mein Angelboot und rudere in meine Lieblingsbucht – vorzugsweise dann, wenn dort kein anderes Boot liegt. Auf dem Wasser, ganz für mich allein, bläst mir der Wind den Kopf frei. Dann kommen mir die besten Gedanken. Einzelne Menschen und Gespräche mag ich sehr, aber Lärm und Menschenmengen strengen mich an; ich muss mich in der Natur davon erholen.

Genau hier liegt der Unterschied zwischen introvertierten und extrovertierten Menschen. Die Introvertierten sind wie Quellen: Die Energie sprudelt aus ihnen heraus, sie kommt von innen und erneuert sich, wenn sie allein sind oder unter Vertrauten – während ihre Quelle verstopft, sobald sich viele Menschen um sie scharen und ein Sinneseindruck den nächsten jagt.

Umgekehrt bei Extrovertierten: Sie halten die Stille kaum aus. Wenn sie umringt von Menschen sind, neue Eindrücke sammeln und mit Höchsttempo durchs Leben fahren, dann strotzen sie vor Lebendigkeit. Sie gleichen Regentonnen: Die Energie kommt von außen. Ihr Speicher füllt sich nur, wenn es um sie herum ordentlich prasselt und quasselt, wenn (neue) Reize auf sie einhageln. Bleibt dieser Regen aus, verdunstet die Energie.

Ein Extrovertierter tankt nach einem Stresstag auf, indem er abends durch die Bars zieht, Freunde trifft oder durch die Disco hüpft. Eine Introvertierte wie Julia zieht einen stillen Spaziergang oder ein Treffen zu zweit vor.

Beide Temperamente sind in Ordnung, sollte man meinen. Doch von Kindheit an wird uns eingebläut: Gesellig zu sein ist gut, Rückzug ist schlecht. Wer sich dem Trubel entzieht oder eigenen Gedanken nachhängt, statt sich ins Gespräch einzumischen, hört schon als Kind: »Mach dich nicht zum Außenseiter!« Die Schule des Lebens senkt den Daumen: »Mündliche Mitarbeit: sechs – bitte setzen!«

Viele Zurückhaltende sehen sich als Mängelexemplare, hadern

mit ihrer Natur und quälen sich von einem Rhetorikseminar ins nächste – immer in der Hoffnung, dass dieses Training ihr Charisma wachsen lässt wie ein Hanteltraining den Bizeps. Und dass sie – endlich, endlich! – zu den Lauten aufschließen können.

Aber ist das überhaupt erstrebenswert? Hat es nicht genauso Nachteile, extrovertiert zu sein? Nehmen Sie den Chef in Julias Geschichte. Zwar sammelt er die Visitenkarten stapelweise und unterhält Menschengruppen. Aber der hohen Quantität seiner Kontakte steht eine geringe Qualität gegenüber: Er weiß nichts über die Bedürfnisse der Kunden. Der Kontakt ist mehr als flüchtig. Wer nur oberflächliche Begegnungen hat, kennt die halbe Welt fast, aber niemanden richtig.

Oder Julias Ex-Kollege Michael: Sicher, er tut sich leicht damit, Menschen anzusprechen und ein Gesprächsthema zu finden – mit dem kleinen Haken, dass dieses Gesprächsthema ausschließlich er selbst ist, bis in intime Details wie Ehestreit und Kinderpläne. Und das geht entfernte Bekannte nun wirklich nichts an. Er verletzt Grenzen und ist eine Nullnummer in Empathie.

Oder finden Sie, der »Papst« am Stehtisch macht eine gute Figur? Schon wahr, alle Augen sind auf ihn gerichtet, er schwingt das Wort. Und als er abgeht, wird er nach seiner Visitenkarte gefragt. Als Redner hat er vielleicht überzeugt. Aber auch menschlich und als Fachmann? Kann es nicht sein, dass weiteren Gesprächsteilnehmern ebenso wie Julia seine Inkompetenz aufgefallen ist? Wer solchen Typen zuhört, vermutet aus der Ferne hinterm Wortnebel oft einen Kompetenzriesen. Aber wenn man näher kommt, bleibt von ihm nur übrig, was er selbst verbreitet hat: heiße Luft.

## LEISE & WEISE

»Wer stark ist, kann sich erlauben, leise zu sprechen.«
*Theodore Roosevelt, US-Präsident*

# TEMPERAMENT IM SCHNELLTEST

Wie ist es um Ihr Temperament bestellt? Und wie um Ihre Sensibilität? Hier bekommen Sie einen ersten Anhaltspunkt. Entscheiden Sie sich jeweils für eine Antwort:

1. Auf einer Party stehe ich gerne

   a) im Mittelpunkt des Treibens.

   b) etwas abseits im ruhigen Gespräch.

2. Wenn ich Fremde treffe,

   a) fällt mir das Plaudern leicht.

   b) komme ich schwer ins Gespräch.

3. Es ist für mich sehr entspannend,

   a) mit einer Gruppe von Freunden um die Häuser zu ziehen.

   b) einen ruhigen Abend (mit Freunden oder ohne) zu verbringen.

4. Bei Gesprächen bin ich in erster Linie

   a) jemand, der viel erzählt.

   b) jemand, der viel zuhört.

5. Wenn ich etwas sage,

   a) schieße ich oft aus der Hüfte.

   b) denke ich vorher länger nach.

6. Lärm und unangenehme Gerüche

   a) setzen mir überdurchschnittlich zu.

   b) berühren mich nicht mehr als andere.

7. Wenn in einer Gruppe schlechte Stimmung herrscht,

   a) färbt das schnell auf mich ab.

   b) beeinträchtigt mich das nicht besonders.

8. Wenn ich im Fernsehen einen brutalen Mord sehe,

   a) durchzuckt es mich, als wäre ich selbst das Opfer.

   b) wühlt mich das nicht besonders auf.

**Auswertung:** Wenn Sie von Frage eins bis fünf mindestens dreimal Antwort »b« gewählt haben, neigen Sie wahrscheinlich zu introvertiertem Verhalten. Wenn Sie von Frage sechs bis acht mindestens zweimal Antwort »a« angekreuzt haben, sind Sie möglicherweise hochsensibel. Bitte nutzen Sie den ausführlichen Test ab Seite 77, um diese erste Einschätzung zu prüfen. Dann erfahren Sie, wie ausgeprägt Ihr Temperament ist – und welche Chancen und Risiken daraus erwachsen.

# Es ist nicht alles Gold, was brüllt!

Wir alle kennen Menschen, die vor Selbstbewusstsein fast aus dem Anzug platzen. Immer haben sie einen Spruch auf den Lippen, eine Story auf Lager. Der Mittelpunkt jeder Party ist dort, wo sie sich aufbauen. Freundschaften schließen sie so schnell, dass man in Steno mitschreiben müsste, um auf dem neuesten Stand zu bleiben. Im Büro sind sie der Platzhirsch. In Meetings reden sie immer am lautesten und als Erstes. Selten finden sie die Ideen der anderen gut oder hören sie auch nur an.

Und trotzdem sollten Sie sich vorsichtshalber erneut die Visitenkarte geben lassen, wenn Sie einen solchen Typen ein paar Monate nicht gesehen haben – gut möglich, dass er auf der Karriereleiter gestiegen ist.

Geselligkeit ist gefragt in unserer Lärmgesellschaft, ohne Vitamin B geht wenig, ohne Sichtbarkeit nichts. Aber allzu oft mündet Geselligkeit in Geschwätzigkeit, und das Sprechen verkommt zum leeren Spruch. Menschen präsentieren sich wie Produkte im Werbefernsehen: mit Superlativen. Oft habe ich als Beobachter erlebt, dass Bewerber im Vorstellungsgespräch auf der Kanonenkugel den Job erobert haben.

Große Sprüche, große Wirkung? Auf der Kurzstrecke geht diese Gleichung auf, da sind die Schaumschläger immer einen Schritt voraus:

▶ schneller gesehen,
▶ schneller beliebt,

▶ schneller eingestellt,

▶ schneller befördert,

▶ schneller im Bett mit einem Traumpartner.

Diese Seite der Wahrheit kennt jeder. Aber kennen Sie auch die andere Seite? Auf der Langstrecke gewinnen oft die Authentischen. Ruhige und sensible Menschen bringen Stärken mit, die es gar nicht nötig machen, sich zu verstellen. Denn sie bleiben auf Kurs, statt pausenlos zu schlingern; sie halten Wort statt nur große Reden; und sie gewinnen umso mehr Ansehen, je mehr Zeit vergeht, denn sie überzeugen durch Kompetenz, Zuverlässigkeit und Charakterstärke. Hinzu kommt eine starke Bodenhaftung. Diese Mischung ist ihr Erfolgsgeheimnis.

Denken Sie an Bundeskanzlerin Angela Merkel, eine introvertierte Frau, die zunächst als »Kohls Mädchen« verspottet und von Parteifreunden als hoffnungsloser Führungs-Lehrling gesehen wurde. Zu leise, zu unscheinbar, zu nett, hieß es hinter vorgehaltener Hand. Und doch hat sie es zur mächtigsten Frau Europas gebracht. Dank ihrer Rhetorik? Ach was, die nimmt es kaum mit einem Dorfbürgermeister auf. Dank ihres Charismas? Nein, vor ihr fließt allenfalls der Kuchenteig dahin (denn Backen gibt sie ungeniert als Hobby an).

Aber gerade *weil* Angela Merkel sich gibt, wie sie wirklich ist, kam sie bei den Leuten über viele Jahre sehr gut an. Sie verwendet keine Energie darauf, ihren Charakter zu verbergen, ihre Vorliebe fürs Backen genauso wenig wie ihre Neigung zur unspektakulären Rede. Sie wirkt nicht perfekt, nicht elegant, nicht wortgewandt – aber echter als ihre Konkurrenten.

Und hätte sie *mich* vorm Einzug ins Kanzleramt gefragt, ob sie ihre Körpersprache verändern soll, hätte ich ihr dringend abgeraten. Offenbar sah das ein Beraterkollege anders und hat ihr – »Damit Sie im Fernsehen besser rüberkommen!« – die »Merkel-Raute« antrainiert, diese seltsame Daumen-Zeigefinger-Haltung, die an dieser bodenständigen Frau das Künstlichste ist.

Man muss Angela Merkels Politik nicht mögen, um neidlos anzuerkennen: Aus ihren Stärken als zurückhaltende Frau hat sie mehr gemacht, als sie mit dem Austilgen der vermeintlichen Schwächen je hätte erreichen können.

Die Zeit ist der Freund der Zurückhaltenden – und der Feind der Großmäuler, denn sie werden von ihr entzaubert. Je länger man ihrem Treiben zuschaut, desto mehr durchschaut man ihre rhetorischen Tricks, ihre leeren Versprechungen und ihren Mangel an Substanz. Ihre Werte? Beliebig. Ihre Rhetorik? Windig. Ihre Persönlichkeit? Ein Fähnchen im Wind. Die Jahre verhageln den Schwätzern die Bilanz, eines Tages heißt es:

- ▶ schneller abgeschrieben,
- ▶ schneller unbeliebt,
- ▶ schneller degradiert,
- ▶ schneller geschasst,
- ▶ schneller geschieden.

Denken Sie an Karl-Theodor zu Guttenberg, der wie ein politischer Messias aus einem bayrischen Dorf in den Berliner Politikzirkus einzog. Gefeiert wurde er in der BILD-Zeitung, hofiert von den Unternehmern, gehandelt als neuer Parteichef der CSU und gar als Nachfolger Angela Merkels. Und dass er nicht mit dem Amt des Papstes in Verbindung gebracht wurde, kann nur an seinem Ehering gelegen haben. Er hat den Menschen alles versprochen – und sie sich von ihm.

Dieser politische Wunderknabe: Was ist heute von ihm geblieben? *Ex*-Verteidigungsminister, *Ex*-Umfrageliebling, *Ex*-Promovierter. Die Zeit hat ihn gnadenlos entzaubert – während die leise Angela Merkel in den Jahren danach von einem Umfragehoch zum nächsten kletterte.

Aber bis Karl-Theodor zu Guttenberg mit seiner abgeschriebenen Doktorarbeit auf die Nase fiel und aus sämtlichen Ämtern, wurde er als großes Vorbild gepriesen, auch für Angela Merkel: Sie sollte sich mal eine Scheibe abschneiden von ihm, dem Weltmann und Großrhetoriker.

Ob an Ihrem Arbeitsplatz, bei der Familienfeier, im Verein oder auf dem Podium, vergessen Sie beim Blick auf dröhnende »Erfolgstypen« nie: Es ist nicht alles Gold, was brüllt – viele Schwätzer glänzen nur auf den ersten Blick, denn:

▶ Wer sein Riesen-Ego wie einen Pokal vor sich herträgt, hat es offenbar nötig, sich selbst großzureden. Vor allem »histrionische«, also zur Hysterie neigende Persönlichkeiten bekämpfen ihre Selbstzweifel, indem sie um Aufmerksamkeit buhlen und andere »total blenden und bezaubern«.[4] Wahres Selbstbewusstsein kommt ohne solches Getöse aus.

▶ Wer andere mit Sprüchen beschallt, geht etlichen Menschen gehörig auf den Geist – erst recht, wenn er selbst aufmerksames Zuhören erwartet, aber nie in der gleichen Münze zurückzahlt. Gerade narzisstische Persönlichkeiten neigen zu der Überzeugung: »Die anderen sind nach mir dran.«[5]

▶ Wer selbst in den Mittelpunkt drängt, schiebt andere beiseite. Er stiehlt ihnen Raum und Redezeit. Dabei mahnte schon Freiherr von Knigge: »Rühme (…) nicht zu laut deine glückliche Lage! Krame nicht zu glänzend deine Pracht, deinen

Reichtum, deine Talente aus. Die Menschen vertragen selten
ein solches Übergewicht ohne Murren und Neid.«[6]

▶ Die Halbwertszeit seiner »Freundschaften« und »Erfolge« ist
so kurz, dass eine frische Sardelle in der Mittelmeer-Sonne im
Vergleich als haltbare Ware erscheint.

▶ Und die hohen Erwartungen, die er bei anderen weckt, platzen
oft wie ungedeckte Schecks. Wer sich selbst in den Himmel hebt,
kann weit fallen und hart aufschlagen. Siehe zu Guttenberg.

Es gibt keinen Grund, vermeintliche »Charismatiker« zu benei-
den; viele davon sind arme Würstchen und Scheinriesen. Machen
Sie den Test und rufen Sie sich einen Menschen ins Gedächtnis, der beim Reden aus jedem Leistungskrümel eine Sahnetorte
backt. Und jetzt führen Sie bitte folgende Sätze zu Ende:

Wenn er wirklich selbstbewusst wäre, dann würde er nicht …

_____.

Wer ihn länger kennt, kommt dahinter, dass …

_____.

Hinter seinem Rücken sagen andere (wohl) oft, dass er …

_____.

Diese Qualitäten, die mich auszeichnen, fehlen ihm völlig:

_____.

Dieser Blickwinkel hilft Ihnen, die Vorteile Ihres eigenen Temperaments zu würdigen. Die erste Voraussetzung, um als zurückhaltender Mensch Anerkennung zu finden? Erkennen Sie sich selbst an! Dann finden Sie Zugang zu Ihren Stärken und können es weit bringen. Wie man sieht: sogar bis ins Kanzleramt!

### LEISE & WEISE

»Ein Langweiler ist einer, der seinen Mund aufmacht und seine Heldentaten hineinsteckt.«
*Henry Ford, US-Unternehmer*

## Prominente Zurückhaltung: Der unsichtbare Erfolgsunternehmer

Am 29. November 1971 lauerten zwei Männer, ein verschuldeter Rechtsanwalt und ein Tresorknacker, »Diamanten-Paul« genannt, vor einer Firmenzentrale in Herten bei Recklinghausen.[7] Die Kirche schlug 19 Uhr, es war stockfinster. Ihr Augenmerk galt einem Mercedes 280 L mit dem Kennzeichen RE-AL 280. Wenn sie richtig informiert waren, würde in diesen Wagen gleich ein millionenschwerer Unternehmer einsteigen. Einen Erfolgstypen im Maßanzug erwarteten sie, mit Manschetten aus Gold und funkelnder Armbanduhr.

Stattdessen schlurfte aus dem Firmengebäude ein höchst unscheinbarer Mann. Sein Anzug war alt und abgewetzt, ein Kleidungsstück von der Stange. Aber das konnten die Entführer in der Dunkelheit nicht erkennen. Erst als sie den Mann geschnappt hatten, erschraken sie: Verdammt, das musste der Falsche sein, ein kleiner Buchhalter! Vorsichtshalber ließen sie sich den Ausweis zeigen. Dort stand der Name: Theo Albrecht – Gründer von Aldi Nord.

Seine Familie kaufte ihn mit sieben Millionen Mark Lösegeld frei, er überlebte. Danach tauchte er wieder ab in sein Element: vollkommene Zurückhaltung und Bescheidenheit. Nie gab er Interviews, nie tanzte er auf Promi-Partys, nie erhob er seine Stimme in öffentlichen Debatten. Keinem Unternehmer-Netzwerk gehörte er an, keinen Kongress besuchte er, nie betrat er eine Rednerbühne. Jahrzehntelang lagen Paparazzi vergeblich auf der Lauer, um ein neues Foto von ihm zu schießen.

In seiner Freizeit züchtete Theo Albrecht Orchideen, ging sonntags in die Kirche und blieb ein höchst bodenständiger Mensch, ebenso introvertiert wie sein Bruder Karl, der Inhaber von Aldi Süd. Andere Unternehmer wirbelten durchs Land, machten fette Schlagzeilen und gaben rauschende Champagner-Empfänge. Als letzter Gast klingelte dann oft der Insolvenzverwalter, so wie beim Drogisten Anton Schlecker.

Die streng katholischen Albrecht-Brüder lebten auf kleinem Fuß, aber groß war ihr Erfolg. Auf die leise Tour, mit viel Fleiß und ohne Sprüche, stiegen sie auf zu den reichsten Deutschen. Ein Familienvermögen von geschätzten 30 Milliarden Euro türmten sie auf.[8] Sie konnten es sich leisten, aufs Klappern zu verzichten – denn sie verstanden ihr Handwerk.

## DER COACHING-DIALOG:
## »MIR FEHLEN DIE WORTE!« (TEIL 1)

**Klient:** Mein Kopf ist wie leergefegt, wenn ich in einer großen Runde sitze. Dann bin ich immer zu schüchtern, um die richtigen Worte zu finden und den Mund aufzumachen.

**Coach:** Zu »schüchtern«? Oder zu »introvertiert«?

**Klient:** Ist doch dasselbe!

**Coach:** Eben nicht. Wenn Sie schüchtern sind, leiden Sie unter einer sozialen Angst – Sie wollen sich nicht blamieren. Die Gegenwart anderer macht Sie befangen. Ihr Herz kann rasen, Schweiß fließt, die Hände zittern – weil es Ihnen an Selbstsicherheit fehlt. Schüchternheit entsteht meist durch schlechte Erfahrungen. Sie ist antrainiert – und lässt sich abtrainieren.[9]

**Klient:** Und die Introversion?

**Coach:** Ist keine soziale Angst, sondern ein gesundes Temperament: Sie leben in Ihren Gedanken wie in einem Königreich, schöpfen aus einem opulenten Inneren. So beziehen Sie Energie und Unabhängigkeit. Viele Kreative und Vordenker waren oder sind Introvertierte, von Albert Einstein bis Woody Allen, von Alfred Hitchcock bis Bill Gates. Die meisten von ihnen mögen Menschen sehr wohl – nur eben nicht (zu lang) in großen Gruppen oder bei Smalltalk-Anlässen. Das überstimuliert sie und kostet Energie.

**Klient:** Ich glaube, dann bin ich introvertiert, nicht schüchtern. Schlimm genug, dass ich in dieser Ecke festsitze!

**Coach:** Sie sitzen nicht fest! Jeder Mensch hat introvertierte und extrovertierte Seiten. Stellen Sie sich die Bandbreite Ihres Verhaltens wie ein Fußball-Spielfeld vor: Die meiste Zeit stehen Sie im eigenen Torraum, der Introversion; dort fühlen Sie sich am sichersten. Aber manchmal, wenn Sie sich wohlfühlen, stürmen Sie nach vorne: Sie gehen auf Menschen zu und »extrovertieren«.[10]

**Klient** (kratzt sich am Kinn): Ich überlege gerade, wann das bei mir der Fall ist.

**Coach:** Sie sagten anfangs, dass Ihnen in Gruppen »immer« die richtigen Worte fehlen. Heißt das: Ihr ganzes Leben lang ist Ihnen keine halbwegs vernünftige Wortmeldung gelungen?

**Klient:** Na ja, gelegentlich bekomme ich doch einen brauchbaren Beitrag hin, zuletzt bei einer Sitzung meines Schachvereins. Da kam ich unter all den Vielrednern zu Wort und habe angeregt, wie wir unser Turnier noch besser organisieren können.

**Coach:** Und wie haben Sie sich das Wort erobert?

**Klient:** Unspektakulär: Ich habe dem Sitzungsleiter vorher schon gemailt, dass ich einen Vorschlag machen will. Er hat mich dann angesprochen.

**Coach:** Gute Strategie! Offenbar fällt Ihnen der Auftritt unter den Schachkollegen leichter als in geschäftlichen Meetings. Warum?

**Klient:** Ich fühle mich sicherer. Ich weiß, dass die Leute mich mögen. Ich verstehe viel vom Thema. Und zwischen den Versammlungen vergeht ein halbes Jahr – genug Zeit, mir was Gescheites zu überlegen.

**Coach:** Dann würde ich Ihren anfänglichen Satz »Mein Kopf

ist wie leergefegt« gerne positiv für Sie übersetzen: »Mein
Kopf ist wohlgefüllt unter drei Voraussetzungen: dass ich die
Wertschätzung der anderen spüre, meinen Beitrag in Ruhe
vorbereiten kann und sicher im Thema bin.« Korrekt?
**Klient** (grübelt lange): Stimmt – so habe ich das noch nie
gesehen!

## Fünf Coaching-Impulse für Sie:

▶ Welches Bild haben Sie von Introversion (oder Schüchternheit): ein positives oder ein negatives? Und wodurch wurde dieses Bild geprägt?

▶ Angenommen, Sie wären in Asien aufgewachsen, wo Introversion und hohe Sensibilität als Tugenden geschätzt
werden: Was könnte dann anders an Ihrem Denken sein?
Und wie würde sich das auf Ihr Verhalten auswirken?

▶ Wann »extrovertieren« Sie? In welchen Gruppen fallen
Ihnen Wortmeldungen am leichtesten? Warum gerade
dort?

▶ Welches war der stimmigste Wortbeitrag, der Ihnen je gelungen ist? Und was würden andere, die ihn gehört haben, darüber sagen?

▶ Wenn Sie drei Faktoren nennen müssten, die Sie zu diesem Auftreten befähigt haben, zum Beispiel mit Blick auf
Ihr Wohlfühlen oder Ihre Vorbereitung – welche wären
das? Und was können Sie tun, diese erneut zu erzeugen?

# Der Lärm frisst seine Kinder

Im Zeugnis der Schülerin stimmt der Lehrer ein Loblied an: »Es gelingt ihr immer wieder, dem Unterricht still und konzentriert zu folgen. Bei Wortmeldungen lässt sie anderen den Vortritt und hört respektvoll zu. Wenn sie spricht, dann angenehm leise. Für ihre Zurückhaltung wird sie nicht nur von uns Lehrern, sondern auch von ihren Mitschülern in hohem Maße geschätzt.«

Dieses Zeugnis kommt Ihnen spanisch vor? Treffender wäre: chinesisch! In Asien steht Zurückhaltung hoch im Kurs. Stille Menschen sind begehrt, bescheidene werden verehrt, Zurückhaltung wird als Charakterhaltung anerkannt. Die Gedanken der Stillen gelten als groß, denn sie ernten sie erst, wenn sie spruchreif sind. Ihre soziale Kompetenz wird geschätzt, denn sie hören gut zu und inspirieren andere. Und ihre Nachdenklichkeit gilt als Eintrittskarte für brillante Ideen, für tiefes Wissen und für Meisterschaft in einem Fach. Stillarbeiter haben viele Freunde – in Asien!

Aber fragen Sie mal einen Lehrer in der westlichen Welt, in Europa oder Amerika, was einen Top-Schüler auszeichnet. Die Lernkultur enthält viel Lärmkultur: Der Schüler soll sich im Unterricht möglichst oft zu Wort melden, manchmal gar mit Fingerschnipsen, um im Antwortrennen seine Mitschüler abzuhängen. Seine Gedanken soll er in Windeseile auf der Zunge haben, bei der Gruppenarbeit das Wort führen und auf dem Pausenhof besser in der Mitte einer Clique plaudern, statt (scheinbar) unbeteiligt am Rand zu stehen. Das Vielsprechen steht in keinem Stundenplan, aber heimlich gibt's doch Zensuren dafür, ein Leben lang.

Die quasselnde Geselligkeit ist zur Norm erhoben worden, und jedes Gespräch wird zum Duell. Es ist wie im Wilden Westen: Wer gefragt wird (oder auch nicht), muss blitzschnell den Colt seiner Antwort ziehen und die Konkurrenz aus dem Weg räumen. Bloß nicht zögern, sonst trifft ihn die Kugel eines Vorurteils: Wer schweigt, hat offenbar nichts im Kopf. Richterliches Urteil: Er ist dumm, zumindest aber schüchtern.

Das Brandmal »Schüchternheit« wird Kindern aufgedrückt, wenn sie aus rätselhaften Gründen mit fünf, sieben oder elf Lebensjahren noch nicht so selbstbewusst wie Erwachsene durchs Leben marschieren. Wer als Kind den Blick vom Gesprächspartner kurz abwendet, um für die Antwort in sich zu gehen, macht sich schon einer sozialen Phobie verdächtig. Die kleinen Antwort-Automaten haben ohne Rucken zu funktionieren, sekundenschnell, sonst muss nachgeholfen werden.

Die Erwartungen an die Kinder spiegeln die Ideale einer Gesellschaft. Gefragt ist heute der unkomplizierte Mensch, der auf Knopfdruck plaudert, weil er sein Herz auf der Zunge trägt. Gefragt ist einer, der keine Gedanken für sich behält, gern auch deshalb, weil er keine eigenen hat. Gefragt sind Mitarbeiterköpfe, die sich wie Suppenteller mit den Gedanken ihrer Vorgesetzten füllen lassen: »Bitte keine Fragen, überlassen Sie das Denken uns!« Und falls Weltkonzerne an die Wand fahren, falls Abgaswerte manipuliert werden wie bei VW, falls Schmiergelder fließen wie bei Siemens – einfach in den Jubelchor des Managements einstimmen. Stiller Widerstand ist nicht gefragt!

Der Leise macht sich verdächtig, denn er denkt sich seinen Teil, statt die Gedanken der anderen zu teilen. Hinter vorgehaltener Hand heißt es: »Der ist unheimlich!« In einer Facebook-Welt ist Denken, wenn überhaupt, nur öffentlich zugelassen – also laut.

Aber was macht es mit einem Menschen, wenn er schon mit der Muttermilch aufsaugt: »Du bist …

- ► *zu* still,
- ► *zu* bescheiden,
- ► *zu* sensibel,
- ► *zu* zurückhaltend,
- ► *zu* defensiv,
- ► *zu* zögerlich,
- ► *zu* langsam,
- ► *zu* grüblerisch!«?

Dieses »zu« assoziiert: Es gibt einen verbindlichen Maßstab. Und dieser Charakter-TÜV erstellt nach gründlicher Prüfung eine Liste, die unter anderem folgende Mängel enthält:

- ► Deine Zunge ist zu rostig, sie bewegt sich kaum;
- ► dein Fahrgeräusch ist zu leise, andere hören dich in dieser Welt der dröhnenden Sprechmotoren nicht kommen;
- ► deine seelische Stoßstange ist zu weich, du verkraftest keine Zusammenstöße (und in dieser Welt kracht es dauernd);
- ► und dein Grübel-Keilriemen quietscht zu laut, das ist für andere im Verkehr mit dir eine Zumutung!

Kämen Sie bei Ihrem Auto auf die Idee, den Fehler beim TÜV zu suchen? Nein, Sie bringen es in die Werkstatt. Ebenso die menschlichen »Mängelexemplare«: Sie tun alles, um die Fehler zu beseitigen. Sie fummeln herum an ihrer Seelenelektronik. Sie kämpfen, um *nicht* so schüchtern oder *nicht* so sensibel zu sein – ohne die Frage aufzuwerfen, ob sie überhaupt zu »schüchtern«

oder zu »sensibel« sind (oder nur durch falsche Maßstäbe in diese Schublade geschoben werden!).

Und weil sie diese Vorwürfe akzeptieren und pausenlos darüber nachdenken, laufen sie Gefahr, dass ihre natürliche Zurückhaltung in eine unnatürliche abrutscht. Der Geist schafft Wirklichkeit: Eine Frau muss nicht schwanger sein, um nahezu alle Symptome einer Schwangerschaft zu entwickeln; sie muss es nur *fest genug* glauben! Wir sind, was wir denken. Mit der Überzeugung, schwanger zu sein, wächst der Bauch.

Ebenso wächst bei Menschen, die eigentlich nicht schüchtern sind (sondern nur angenehm zurückhaltend), die Schüchternheit – wenn ihnen der vermeintliche Mangel nur oft genug in den Kopf gehämmert wird. Ebenso wächst bei Menschen, die eigentlich keine »Sensibelchen« sind (sondern nur einfühlsam), die Überempfindlichkeit – wenn der vermeintliche Mangel nur oft genug von der Umwelt gespiegelt wird.

Dabei sind nicht die Menschen das Problem, sondern die Maßstäbe des allzu wilden, allzu lauten Westens. Eine Studie warf bei Kindern zwischen acht und zehn Jahren in Kanada und Schanghai die Frage auf: Welche Typen sind beliebt, welche werden von Gruppen als Führer bevorzugt? In China machten die Stillen und Sensiblen das Rennen – in Kanada aber wurden sie von Gleichaltrigen gemieden; gefragt waren die lauteren Typen.[11]

Niemand käme auf die Idee, einem blonden Kind zu sagen: »Du bist zu blond!« Aber es ist üblich, einem zurückhaltenden Kind zu sagen: »Du bist zu zurückhaltend!« Ein Teil der Persönlichkeit wird zum Störfaktor erklärt. Das stellt den ganzen Menschen infrage.

So mancher Zurückhaltende fühlt sich wie zwischen Pest und Cholera: Entweder entfremdet er sich von seinen Mitmenschen –

oder von sich selbst.[12] Und so beginnt er einen Krieg gegen den eigenen Charakter. Er fordert sich auf, endlich so schlagfertig zu sein wie die rhetorischen Preisboxer, so gesellig wie die Partylöwen, so unempfindlich wie die seelischen Dickhäuter. Aber wie der Wille eines blonden Kindes nicht ausreicht, seine Haarfarbe zu verändern, so reicht der Wille eines zurückhaltenden Menschen nicht aus für einen Temperamentswechsel.

Ein zurückhaltender Mensch kann gelegentlich in das andere Temperament wechseln, wie ein Rechtshänder mit links schreiben und diese Fähigkeit auch trainieren kann. Aber gibt er sich dauerhaft als Linkshänder aus, täuscht er ein extrovertiertes Temperament also nur vor, entwertet er sich selbst, wird unsicher und begeht Fehler.[13] Das wiederum lädt seine Mitmenschen ein, in dieselbe Kerbe zu hauen. Jedes stille Selbstbild erzeugt ein lautes Echo in der Welt. Wer an sich selbst zweifelt, wird als zweifelhaft wahrgenommen.

Wer ins Kostüm des Draufgängers schlüpft, muss mit echten Exemplaren dieser Gattung konkurrieren – und wird schnell enttarnt: Er gilt als hässliches Entlein, weil er zu der Familie, in die er drängt, nicht gehört. Wer sich kostümiert, verliert sich selbst. Er versteckt vermeintliche Schwächen (deshalb das Kostüm) – statt seine Qualitäten auszuspielen. Aber genau das wäre der Erfolgsweg.

Prüfen Sie einmal, mit welchem Maßstab Sie sich selbst bewerten:

▶ Können Sie es als Kompliment werten, wenn Sie jemand als »still« bezeichnet?
▶ Loben Sie sich für Ihre Zurückhaltung?
▶ Halten Sie Ihre Feinfühligkeit für eine Qualität?

► Erfüllt es Sie mit Stolz, ein bescheidener Mensch zu sein?

► Rechnen Sie es sich hoch an, dass Sie lange über Dinge nachdenken, statt unbedacht zu reden oder zu handeln?

Wenn nicht: Wer hat Ihnen eingeredet, es sei schlecht, dass Sie
sind, wie Sie sind? Die Eltern? Die Lehrer? Die Kollegen? Der
Chef? Die heulenden Wölfe einer Gesellschaft, die selbst oft zum
Heulen ist? Und: Was sagt eigentlich Ihr innerstes Bauchgefühl,
wenn Sie all diese Einflüsterungen einmal abziehen? Könnte der
Grund, dass Sie zurückhaltend sind, darin liegen, dass es Ihnen
auf diese Weise gut geht und Sie ganz bei sich selbst sind?

Erst als das hässliche Entlein erkannte, dass es in Wirklichkeit
ein prächtiger Schwan war, fand es sein Glück.

### LEISE & WEISE

»Der Mensch ist mit nichts auf der Welt zufrieden,
ausgenommen mit seinem Verstande; je weniger er
hat, desto zufriedener.«
*August von Kotzebue, deutscher Dramatiker*

# DER COACHING-DIALOG:
# »MIR FEHLEN DIE WORTE!« (TEIL 2)

**Coach:** Kleines Gedankenspiel: Mal angenommen, bei Ihrem nächsten Meeting im Geschäft säßen nicht Ihre Arbeitskollegen am Tisch, sondern Ihre Schachfreunde: Was wäre dann anders für Sie?

**Klient:** Ich glaube, ich wäre lockerer. Vor vertrauten Menschen fällt es mir leichter, auch mal was Spontaneres zu sagen. Sonst denke ich die Dinge immer mehrfach durch und formuliere sie vor, ehe ich den Mund aufmache.

**Coach:** Offenbar wollen Sie beim Sprechen auf Nummer sicher gehen. Wovor fürchten Sie sich?

**Klient:** Dass ich Unsinn rede. Oder den Faden verliere. Lieber schweige ich, als einen schlechten Beitrag in den Raum zu werfen.

**Coach:** Aber es wäre okay für Sie, »Unsinn« gegenüber Ihren Schachkollegen zu reden?

**Klient:** Nein! Aber ich kann auf ihr Verständnis bauen, wenn's passiert.

**Coach:** Das heißt, bei Ihren geschäftlichen Meetings wird grundsätzlich *kein* Unsinn geredet? Alle Beiträge sind so fundiert und brillant, dass Sie das Niveau in die Tiefe rissen? Und keiner hätte Verständnis für eine weniger geniale Äußerung von Ihnen?

**Klient** (schmunzelnd): Das nun auch wieder nicht! Da sind oft große Schwätzer am Werk, die den Raum mit leeren Sprüchen füllen.

**Coach:** Die anderen hätten also doch Verständnis für Sie. Aber wie steht es mit Ihnen: Können Sie sich selbst mangelnde Perfektion verzeihen? Oder haben Sie die Latte Ihres Anspruchs so hoch gelegt, dass Sie keinen Sprung mehr wagen?

**Klient** (nach längerer Pause): Auweia, da bin ich mir nicht sicher!

## Fünf Coaching-Impulse für Sie:

▸ Schließen Sie die Augen und stellen Sie sich vor, Sie befinden sich in einer fremden Gruppe und müssen gleich etwas sagen. Was macht das mit Ihnen? Achten Sie auf Ihre Gedanken. Und spüren Sie durch Ihren kompletten Körper: vom Kopf über die Brust und die Fingerspitzen bis zu den Füßen.

▸ Belassen Sie die Ausgangsituation vor Ihrem inneren Auge, aber ersetzen Sie die fremden Menschen durch vertraute, in deren Gegenwart Sie sich wohlfühlen. Welche Menschen sind das? Wie viele dürfen es sein?

▸ Registrieren Sie genau, was sich an Ihrem Denken und Ihrem Körpergefühl verändert, wenn Sie sich unter vertrauten Menschen wägen. Welches sind die drei größten Unterschiede?

▸ Wie verändert sich Ihr Selbstanspruch auf einer Skala von eins (sehr niedrig) bis zehn (sehr hoch), wenn Sie unter Vertrauten statt Nicht-Vertrauten sind?

▶ Was wäre anders, wenn Sie Ihren Selbstanspruch allgemein senken würden: um einen Punkt, um zwei, um drei? Spüren Sie in sich hinein, welches Maß sich stimmig anfühlt – und leiten Sie Vorsätze für Ihr Verhalten daraus ab.

# Der Wetterbericht der Seele: Wie sehen Sie sich selbst?

Das Gesicht des Wettermanns ist noch trüber als die Satellitenkarte, auf die er jetzt mit einer entschuldigenden Geste deutet: »Leider wird es die nächsten Tage regnen.« Offenbar ist sicher: Niederschlag empfinden seine Zuschauer als niederschlagend.

Was aber, wenn vorm Bildschirm Hobbygärtner sitzen, die verzweifelt auf Regen warten? Hobbyangler, die dann mehr fangen? Bauern, denen der Regen die Ernte rettet? Kinder, die gern durch Pfützen hüpfen? Regenschirm-Verkäufer, denen Geld in die Kasse regnet?

Die Tatsache, dass es regnet, lässt sich positiv oder negativ deuten. Aber der Wettermann tut so, als sei der Regen per se ärgerlich. Schwarz-Weiß-Denken im Farbfernsehen.

Genauso ist das mit Ihren Eigenschaften als zurückhaltender Mensch. Viele »Wettermänner« reden Ihnen ein, dass Sie im Leben trübe Aussichten haben, wenn Sie nicht auf die Sonnenseite der hemmungslosen Selbstverkäufer wechseln. Vielleicht haben Sie diesen Standpunkt so oft gehört, dass Sie ihn nicht mehr hinterfragen.

Die folgende Tabelle lädt Sie ein, Ihr Selbstbild zu prüfen. Die linke Spalte beschreibt Verhaltensweisen, wie sie typisch für zurückhaltende und sensible Menschen sind. Sicher erkennen Sie sich in einigen Punkten wieder. Dieses Verhalten ist weder gut noch schlecht – es kommt ganz auf Ihre Bewertung an.

Was geschieht, wenn Sie es negativ interpretieren, wie der Wettermann den Regen? Dann rutschen Sie in Selbstanklagen ab – und denken wie in der zweiten Spalte. Und wenn Sie es positiv deuten? Dann treten hinter Ihren vermeintlichen Schwächen große Stärken hervor, Sie schöpfen Energie fürs Handeln und fühlen sich wohler in Ihrer Haut – und denken wie in der dritten Spalte.

Beide Sichtweisen enthalten in etwa dasselbe Maß an Wahrheit. Es liegt an Ihnen, für welchen Standpunkt Sie sich *entscheiden*. Überlegen Sie, welches Selbstbild vorteilhafter ist für Ihr Lebensglück und Ihre persönliche Entwicklung:

| Ihr (mögliches) Verhalten als zurückhaltender Mensch | Negatives Selbstbild | Positives Selbstbild |
|---|---|---|
| Sie sprechen mit leiser Stimme. | Ich piepse wie ein Mäuschen und setze mich in Gruppen nicht einmal stimmlich durch. Kein Wunder, dass ich immer überhört und nie ernst genommen werde! | Ich stelle den Inhalt in den Mittelpunkt, nicht meine Stimme. Im richtigen Moment sorgt gerade leises Sprechen dafür, dass andere ihre Ohren spitzen. |

| Ihr (mögliches) Verhalten als zurückhaltender Mensch | Negatives Selbstbild | Positives Selbstbild |
|---|---|---|
| Sie reden ohne fortwährenden Augenkontakt. | Ich kann Menschen einfach nicht die ganze Zeit in die Augen schauen, wenn ich rede! Tue ich's doch, fühle ich mich unsicher und verliere den Faden. Wahrscheinlich gelte ich als verschüchtert. | Ich bin gut darin, den Blick nach innen zu wenden und meine Gedanken zu sammeln. Wer mit mir spricht, kann mir entspannt zuhören und wird nicht durch ununterbrochenen Blickkontakt bedrängt. |
| Sie machen Pausen beim Sprechen. | Ich versage darin, im Gespräch spontan die richtigen Worte zu finden (obwohl ich mich beim Schreiben gut ausdrücken kann!). So entstehen peinliche Pausen. Ich fürchte, andere sagen über mich: »Er/sie hat eine lange Leitung!« | Ich nehme mir die Zeit, vor dem Sprechen zu denken. Das zeugt von einem hohen Anspruch an mich selbst und von Respekt vor meinem Gesprächspartner. Die Pausen geben ihm Zeit, meine Worte sacken zu lassen. Damit er nicht nur hört, sondern auch versteht. |

| Ihr (mögliches) Verhalten als zurückhaltender Mensch | Negatives Selbstbild | Positives Selbstbild |
|---|---|---|
| Sie melden sich in Gruppengesprächen selten zu Wort. | Das Gespräch geht wieder völlig an mir vorbei! Die ganze Zeit habe ich Ideen, aber ich bin einfach zu schüchtern, sie in großer Runde vorzutragen. Zumindest bin ich zu langsam, denn bis ich weiß, was ich sagen will, ist die Gelegenheit meist vorbei. | Ich schaffe es, Gruppendiskussionen vom Feldherrnhügel zu verfolgen, statt mich selbst im rhetorischen Getümmel zu verlieren. Dabei kommen mir Ideen, und ich erkenne Denkfehler der anderen. Diese Erkenntnisse kann ich auch noch nachträglich einbringen, etwa durch eine Rundmail. |
| Sie führen nicht gerne Smalltalk. | Ich leide unter einer Smalltalk-Phobie! Ich schaffe es einfach nicht, mit fremden Menschen in Kontakt zu kommen, ohne dass ich mir die Zunge dabei verknote. Und wenn ich doch mal den Mut fasse, komme ich mir vor wie ein Schauspieler: unecht und aufgesetzt. | Ich bin ein authentischer Mensch, der anderen nur dann Interesse und Nähe signalisiert, wenn diese tatsächlich bestehen. Vertrauen baue ich langsam auf, aber zuverlässig. Meine Spezialität sind Gespräche mit Tiefgang. Dafür werde ich geschätzt. |

| Ihr (mögliches) Verhalten als zurückhaltender Mensch | Negatives Selbstbild | Positives Selbstbild |
|---|---|---|
| Sie arbeiten nicht gern im Großraumbüro. | Es macht mich wahnsinnig, wenn ich mein Büro mit vielen anderen teilen muss. Dann bin ich abgelenkt, meine Konzentration geht flöten, und abends bin ich gerädert. Ich passe einfach nicht in die moderne Arbeitswelt, bin wie eine Schnecke, die sich immer wieder ins eigene Haus zurückziehen muss. | Meine Stärke ist, dass ich Stille aushalten und in jedem Kämmerlein gute Arbeit leisten kann. Ich brauche keine Ablenkung bei der Arbeit (wie viele Kollegen den Smalltalk), sondern kann mich rund um die Uhr in eine Sache knien. Ich nutze meine Arbeitszeit zum Arbeiten. Das merkt man den Ergebnissen an. |
| Sie behalten Persönliches für sich. | Ich bin zu verschlossen, ich schaffe es nicht, unbefangen über Privates zu sprechen, erst recht am Arbeitsplatz oder in großer Runde. Andere unterhalten mit ihren Privatstorys einen ganzen Saal – aber bei mir entsteht immer der Eindruck, dass ich gar kein Privatleben habe. | Ich bin in der Lage, Vertrauliches für mich zu behalten, privat genauso wie geschäftlich. Deshalb vertrauen andere mir oft ihre Geheimnisse an. Zwischen meinem Privatleben und der Öffentlichkeit habe ich eine saubere Grenze gezogen – im Gegensatz zu manch anderen, die zu viel von sich erzählen. |

| Ihr (mögliches) Verhalten als zurückhaltender Mensch | Negatives Selbstbild | Positives Selbstbild |
| --- | --- | --- |
| Sie haben nur wenige Freunde. | Es grämt mich, dass ich nur ein, zwei (vielleicht drei?) echte Freunde habe – dieselben seit Jahren. Von einem »Freundeskreis«, wie ihn andere um sich scharen, kann nicht die Rede sein. Manchmal frage ich mich, ob ich kontaktscheu bin – oder gar unbeliebt, weil seit Jahren keine neuen Freundschaften mehr entstehen. | Ich bin in der Lage, tiefe Freundschaften einzugehen und sie über Jahrzehnte aufrechtzuerhalten. Die wenigen Menschen, die ich »Freunde« nenne, sind wirklich welche. Ich kann mich auf sie verlassen. Und sie sich auf mich. Wenige tiefe Verbindungen sind mir lieber als viele oberflächliche. Ich bin ein loyaler Typ, ein Freund fürs Leben. |
| Sie meiden Partys und ähnliche Anlässe (meist). | Ich bin einfach ein ungeselliger Mensch, ein Partymuffel, der sich um solche Einladungen drückt. Damit stoße ich die Gastgeber vor den Kopf. Und natürlich sorgt meine Abwesenheit dafür, dass meine ohnehin geringe Zahl an Kontakten gering bleibt. Und abends sitze ich wieder mal zu Hause rum, während andere ihren Spaß haben. | Ich habe einen eigenen Kopf und entscheide selbst, wie ich meine Lebenszeit nutze. Es wäre unhöflicher, eine Einladung gegen die eigene Überzeugung anzunehmen, als sie freundlich abzusagen. Tiefere Kontakte kommen bei solchen Anlässen ohnehin selten zustande. Ich bin ein guter Gastgeber für mich selbst und genieße stille Abende. |

| Ihr (mögliches) Verhalten als zurückhaltender Mensch | Negatives Selbstbild | Positives Selbstbild |
|---|---|---|
| Ihre Spontaneität ist gering. | Ich bin zu unflexibel im Kopf, zu langsam! Andere setzen ihre Projekte in fünf Minuten völlig neu auf oder wissen nach 14 Tagen, ob sie ihren neuen Partner heiraten wollen. Und ich? Grüble ewig vor mich hin, ohne mir schließlich, wenn ich mich entscheide, ganz sicher zu sein. Ich bin ein Zauderer! | Planvolles Handeln ist meine große Stärke. Ich überlege lange, bevor ich eine Entscheidung fälle, aber dann ziehe ich die Sache auch durch. Ich lasse mich nicht so leicht ablenken und auf Nebenpfade locken, wie es bei Spontan-Entscheidern der Fall ist. Ich gelte als verbindlich. |
| Unter Druck bekommen Sie wenig zustande. | Wenn ich unter Druck gerate, habe ich einen leeren Kopf. Zum Beispiel wenn mich alle anglotzen und auf eine Antwort warten. Oder wenn ein Abgabetermin bedrohlich nahe rückt. Ich bin solchem Stress einfach nicht gewachsen! | Andere legen erst los, wenn der Termin drückt – ich dagegen erarbeite mir oft einen Vorsprung. Und auch in Gesprächen bin ich besser vorbereitet als andere; daran kann ich mich festhalten, wenn mir mal nichts einfällt. |
| Sie tun nicht gerne mehrere Dinge zur gleichen Zeit. | Ich bin multitasking-unfähig! Wenn ich mehrere Dinge gleichzeitig tun soll, fühle ich mich überfordert und kriege nichts mehr auf die Reihe. | Ich konzentriere mich aufs Wesentliche und regele die Dinge sorgfältig nacheinander, statt zur gleichen Zeit von allem ein bisschen zu erledigen, aber nichts so richtig. |

| Ihr (mögliches) Verhalten als zurückhaltender Mensch | Negatives Selbstbild | Positives Selbstbild |
|---|---|---|
| Sie leiden unter Kritik. | Ich habe einfach eine zu dünne Haut! Schon eine kleine Bemerkung reicht aus, dass ich mich angegriffen fühle und in Selbstzweifel verfalle. Manchmal beziehe ich sogar das Kichern einer Gruppe auf mich (obwohl ich gar nicht weiß, ob ich wirklich gemeint bin). Ich muss lernen, härter zu werden und Angriffe an mir abprallen zu lassen. | Ich habe ein ausgeprägtes Gespür für Stimmungen und Bedürfnisse, deshalb kann ich gut auf andere eingehen. Unsensible Menschen werden überraschend vom Blitz getroffen, zum Beispiel durch ein Kritikgespräch oder eine Kündigung – ich dagegen nehme Gewitter schon wahr, wenn sie langsam aufziehen. Und kann mich wappnen. |
| Sie weichen Konflikten aus. | Ich lasse mir zu viel bieten! Ich sage Ja, wenn ich Nein meine; ich gebe nach, wenn ich mich durchboxen sollte; und ich halte den Mund, wenn ich eigentlich schreien möchte. Manchmal komme ich mir wie ein Weichei vor. | Harmonie ist für mich ein wichtiger Wert. Ich verstehe es, in Gruppen zu einem guten Klima beizutragen. Ich bin in der Lage, eigene Interessen auch mal zurückzustellen, wenn es einem größeren Ziel dient. |

| Ihr (mögliches) Verhalten als zurückhaltender Mensch | Negatives Selbstbild | Positives Selbstbild |
|---|---|---|
| Sie preisen sich ungern an. | Ich bin ein Versager in Selbst-PR. Ob in Gehaltsverhandlungen, Vorstellungsgesprächen oder Gruppendiskussionen: Ich verkaufe mich völlig unter Wert. Es ist mir einfach peinlich, mir selbst auf die Schulter zu klopfen. | Ich konzentriere mich auf die Arbeit an sich, nicht aufs Reden darüber. Meine Arbeit ist oft tatsächlich so gut, dass sie für mich spricht – und ich nicht so laut trommeln muss wie jene, die es mangels Leistung dringend nötig haben. |

## LEISE & WEISE

»Man ist niemals zu schwer für seine Größe, aber man ist oft zu klein für sein Gewicht.«
*Gert Fröbe, deutscher Schauspieler*

# COACHING-DIALOG:
# »MIR FEHLEN DIE WORTE!«
# (TEIL 3)

**Klient:** Gut möglich, dass ich zu viel von mir verlange. Aber warum bloß?

**Coach:** Viele Menschen haben als Kinder Sätze gehört wie »Sei nicht so schüchtern!«, »Sprich nicht so leise!« oder »Mach beim Sprechen nicht so lange Pausen!«.

**Klient:** Treffer! Meine Eltern haben mir immer meinen Bruder als Vorbild unter die Nase gerieben: Der redete wie ein Wasserfall.

**Coach:** Solche Appelle können in Ihrem Kopf nachhallen. Eine heimliche Stimme, »Eltern-Ich« genannt, redet Ihnen immer noch ein: »Streng dich mehr an! Sei lauter, spontaner, wortgewandter, schneller!«[14]

**Klient:** Was ist schlimm daran? So verkehrt sind diese Hinweise ja nicht!

**Coach:** Appelle haben eine paradoxe Wirkung. Der sicherste Weg, einen Kopf zu vernageln, ist der Zuruf: »Sei doch mal spontaner!« Das erinnert Sie an Ihre vermeintliche Unzulänglichkeit, stülpt Ihnen einen fremden Wunsch über und führt zu einer inneren Blockade: Aus Angst, das Falsche zu tun, tun Sie gar nichts.

**Klient:** Was kann ich gegen meinen hohen Selbstanspruch tun?

**Coach:** Erlauben Sie es sich, unzulänglich zu sein! Es ist wie beim Fußball: Wer ein Tor erzielen will, schießt oft vorbei.

Das gehört zum Spiel, auch bei Wortmeldungen. Ein gewisses Risiko ist nötig für den Erfolg.

**Klient:** Ich will aber nicht wild um mich ballern. Wie kriege ich es hin, dass ich bei einer gezielten Wortmeldung im Meeting einigermaßen selbstsicher bin?

**Coach:** Gibt es jemanden in Ihrer Sitzungsrunde, zu dem Sie ähnlich viel Vertrauen wie zu Ihren Schachkollegen haben?

**Klient:** Ja, meinen Kollegen Reiner. Mit ihm gehe ich jeden Tag zum Mittagessen.

**Coach:** Dann tun Sie beim nächsten Meeting doch mal so, als wären Sie mit Reiner allein im Raum. Schauen Sie nur ihn an, wenn Ihnen eine Idee kommt. Blenden Sie die anderen Menschen im Raum aus und sprechen Sie in seine Richtung – als wäre es ein Gespräch zu zweit. Darin sind Sie gut, diese Stärke lässt sich übertragen.

**Klient:** Aber wenn ich was Blödes sage, hören es die anderen doch auch!

**Coach:** Meine Erfahrung sagt mir: Was ein Mensch mit Ihrem Selbstanspruch für »blöd« hält, ist immer noch gescheiter als die meisten Aussagen anderer.

## Fünf Coaching-Impulse für Sie:

▶ Welche Sätze haben Sie in jungen Jahren mit Blick auf Ihr zurückhaltendes Temperament gehört? Fertigen Sie zwei Listen an: eine mit positiven, eine mit negativen Aussagen. Welche wird länger?

▶ Schlüpfen Sie in die Rolle des Anwalts und verteidigen Sie sich gegen kritische Appelle: Was spricht für Ihr Temperament – und gegen die Forderungen von außen?

▶ Ersetzen Sie die Appelle durch großzügige Erlaubnissätze: Welche Ihrer Eigenarten sind völlig in Ordnung? Welche Fehler dürfen Sie sich selbst gestatten, wenn Sie sich zum Beispiel in Gruppen zu Wort melden?

▶ Welches Mitglied einer Gruppe, in der Sie sprechen möchten, könnte Ihnen als positiver Fixpunkt dienen? Und warum gerade dieses?

▶ Malen Sie sich aus, was bestenfalls passiert, wenn Sie sich auf das vertraute Gesicht konzentrieren und Ihre Stärke für Vier-Augen-Gespräche in der Gruppe nutzen: Wie fühlen Sie sich dann beim Sprechen, und wie kommt Ihr Beitrag rüber?

# 2 Der große Temperaments-Test:

## Introvertiert, hochsensibel, glücklich?

In diesem Kapitel erfahren Sie …

► wie introvertiert oder hochsensibel Sie sind,

► warum es oft kracht, wenn der Südpol des Temperaments auf den Nordpol trifft,

► wie ein »kitzliges« Gehirn einen zurückhaltenden Menschen prägt

► und welche Stärken Ihre Zurückhaltung Ihnen schenkt.

## Die Temperaments-Bombe

Die Bombe war kurz davor, mit einem lauten Knall zu platzen, als mich der Einkaufsleiter eines Modeherstellers anrief: Ich sollte den Streit zwischen zwei Kolleginnen schlichten, Karin Lose[15] (49) und Nicole Rehberg (28).

Sie teilten sich ein Büro, aber sonst verband sie nichts, nur gegenseitige Abneigung.

Der Streit hatte groteske Formen angenommen: Karin Lose weigerte sich, mit Nicole Rehberg zu sprechen. Wenn sie ihr sagen wollte, sie solle gefälligst ihr Kippfenster schließen, schrieb sie ihr eine Mail, von einer Schreibtischseite zur anderen. Nicole Rehberg wiederum hatte die Krise in ihrem Büro über sämtliche Firmenflure getragen und unterhielt in der Kantine große Runden damit.

Am Tag der Schlichtung saßen die beiden Frauen in einem kleinen Besprechungszimmer, jede am anderen Ende des großen Tisches. Sie sahen demonstrativ aneinander vorbei.

»Erzählen Sie mir, was zwischen Ihnen passiert ist«, eröffnete ich das Gespräch.

Nicole Rehberg ergriff sofort das Wort: »Wie soll ich mit jemandem arbeiten, der nicht mehr mit mir redet? Frau Lose ist einfach verstummt. Weiß der Teufel, warum sie kein Wort mehr rausbringt. Und außerdem …«

»Halt!«, sagte ich. »Fragen wir Frau Lose doch selbst.«

»Vielleicht spricht sie ja mit Ihnen!«, stichelte Frau Rehberg.

Ich richtete meinen Blick auf Karin Lose. Mit verschränkten

Armen saß sie da. Ihre Gesichtsmuskeln spannten sich an, es arbeitete in ihrem Kopf. Aufmunternd nickte ich ihr zu.

»Sehen Sie«, rief Nicole Rehberg triumphierend, »da kommt einfach nichts!«

Ich ermahnte sie, das Wort ihrer Kollegin zu überlassen. Kurz darauf sprach Karin Lose, leise, aber bestimmt: »Frau Rehberg ist unerträglich laut! Sie telefoniert den ganzen Tag. Die meisten Gespräche sind überflüssig. Außerdem erzählt sie alles, was in unserem Büro passiert, in der Kantine herum. Sie kann nichts für sich behalten.«

Nicole Rehberg schüttelte den Kopf. »Was kann ich dafür, dass du so lärmempfindlich und wortkarg bist? Ich war doch schon immer die Alleinunterhalterin in unserem Büro. Und eine Kantine ist kein Schweigekloster.«

»Zumindest solltest du Preisverhandlungen für dich behalten. Das ist streng vertraulich. Und deine Erzählungen in unserem Büro haben mich immer schon genervt. Ich will arbeiten, nicht reden.«

Nicole Rehberg rollte mit den Augen. »Als müsste man sich entscheiden, ob man redet oder arbeitet. Schon mal auf die Idee gekommen, dass beides zur gleichen Zeit geht?!«

»Aber nicht gründlich! Die schwierigen Vorgänge wandern immer auf meinen Tisch. Und dann steckst du dir in der großen Runde den Erfolg an den Hut. Meinen Anteil blendest du aus.«

»Ach ja, jetzt bin ich die Schuldige! Halte ich dir bei den Meetings denn den Mund zu? Wenn ich nicht von unseren Erfolgen erzähle, tut es niemand!«

Kein Zweifel: Hier waren nicht nur zwei Frauen, sondern zwei Temperamente aufeinandergeprallt. Der Schweizer Psychologe Carl Gustav Jung war es, der Anfang der 1920er-Jahre den Nord-

und den Südpol des menschlichen Temperaments entdeckte: Introversion und Extraversion.

Für den Introvertierten – hier Karin Lose – steht laut Jung das »Subjekt« im Mittelpunkt, sein Innenleben: »Seine eigene Gesellschaft ist ihm die beste. In seiner Welt, in der sich nur das verändert, was er verändert, fühlt er sich wohl. Seine beste Leistung ist das, was er (…) aus eigenem Antrieb und in eigener Art und Weise hervorbringt (…) Menge, Majorität, öffentliche Meinung und allgemeiner Enthusiasmus überzeugen ihn nie, sie veranlassen ihn bloß, sich noch mehr in seine unangreifbare Schale zu verkriechen.«[16]

Für den Extrovertierten – hier Nicole Rehberg – steht laut Jung das »Objekt« im Mittelpunkt, das Außenleben: »Interesse und Aufmerksamkeit folgen den objektiven Vorkommnissen, in erster Linie denen der nächsten Umgebung. Es sind nicht nur die Personen, sondern auch die Dinge, welche das Interesse fesseln. Dementsprechend richtet sich auch das Handeln nach den Einflüssen von Personen und Dingen.«[17]

Jung betonte, dass jeder Mensch beide Neigungen mitbringe, zur Introversion *und* zur Extraversion. Wer in sich gekehrt ist, kommt gelegentlich gern aus sich heraus; und wer nach außen gekehrt ist, geht gelegentlich gern in sich hinein. Diese »Tendenz zur Kompensation der Einseitigkeit seines Typus« hielt er für hilfreich, um ein »seelische(s) Gleichgewicht« zu erlangen.[18]

Jung, selbst ein Introvertierter, sah beide Typen als gleichwertig an, als ideale Ergänzung. Nie wäre er auf die Idee gekommen, die Introversion in das Licht einer krankhaften Schüchternheit zu rücken.

Dennoch bekam »Introversion« mit den Jahren einen negativen Beiklang. Deshalb prägte die US-Psychologin Elaine Aron

Anfang der 1990er-Jahre einen neuen Begriff: hochsensibel. Sie habe dem Persönlichkeitsmerkmal »einen anderen Namen gegeben«, sagt sie. »Es war immer da, man nannte es Schüchternheit oder Introvertiertheit.«[19]

Sensibel, also reizempfindlich, sind alle Introvertierten. Aber »hochsensibel«, also sehr reizempfindlich, ist nur ein Teil von ihnen (siehe Test ab Seite 77). Dieses Phänomen geht über die Grenzen des Temperaments hinaus: Extrovertierte machen etwa 30 Prozent aller Hochsensiblen aus.[20]

»Hochsensible nehmen ihre Umgebung in allen Aspekten intensiver wahr und denken mehr darüber nach«, erklärt die selbst hochsensible Elaine Aron. »Viel Energie verwenden wir darauf, unsere Gefühle zu ergründen und uns in andere hineinzufühlen. Es fällt uns schwer, schnelle Entscheidungen zu treffen. Außerdem sind wir schnell überreizt, leichter müde, weinen öfter.«[21]

Zurück zu den beiden Kolleginnen: Für Nicole Rehberg war es eine willkommene Abwechslung, bei der Arbeit zu telefonieren. In lautem Ton, wie viele Extrovertierte, führte sie diese Gespräche. In erster Linie ging es bei der Unterhaltung um das Gegenüber, nicht um die Sache. Diese Kontakte ließen ihr neue Energie zufließen. Dagegen nahm Karin Lose diese Außengeräusche als Störung ihres Innenlebens wahr: Sie konnte nicht mehr klar denken.

Introvertierte meiden Zerstreuung, um ihre Konzentration zu erhalten; Extrovertierte suchen sie, um ihre Konzentration bei Langeweile aufzufrischen. Denken Sie an das Bild der Regentonne: Wenn der Energievorrat sich leert, ist ein Schauer höchst willkommen.

Für die introvertierte Karin Lose war es selbstverständlich, Vorgänge aus ihrem Büro für sich zu behalten: Nie hätte sie in der

Kantine über vertrauliche Arbeitsvorgänge gesprochen, nie über ihr Privatleben. Dagegen wäre Nicole Rehberg geplatzt, wenn sie nicht alles erzählt hätte: Es reizte sie, Neuigkeiten kundzutun und in staunende Gesichter zu blicken.

Lose übernahm bei der Arbeit den Staffelstab, wenn die Dinge schwierig wurden. Introvertierte bohren gern dicke Bretter. Extrovertierte reizt die Menge: Sie löchern ein dünnes Brett nach dem anderen. Je schneller sie fertig sind, desto schneller können sie – endlich! – etwas Neues anfangen.

Und dass Nicole Rehberg bei den Meetings die Einkaufserfolge in großen Worten verkaufte, war auch kein Zufall: Als Extrovertierte liebte sie es, im Mittelpunkt zu stehen. Der Applaus war ihr ebenso wichtig wie die gelungene Arbeit. Dagegen beglückte Karin Lose der Arbeitserfolg an sich. Und sie fand es wichtig, auf dem Boden der Tatsachen zu bleiben. Große Worte waren ihre Sache nicht, und bei öffentlichen Anlässen hielt sie sich meist zurück – zumal ihr die richtigen Formulierungen unter Druck oft nicht einfielen.

Was ich unternahm, um die Bombe des Konflikts zu entschärfen? Ich habe die beiden Frauen in das »Kitzel-Geheimnis« eingeweiht (siehe nächstes Kapitel). Je mehr sie über Introversion und Extraversion erfuhren, desto mehr schrumpfte der Groll. Wo sie eine persönliche Feindin vermutet hatten, entdeckten sie nun ein anderes Temperament. Damit ließ sich leben.

Am Ende waren sie gewiss keine Freundinnen, aber wieder in der Lage, sich über das Schließen eines Kippfensters ohne Mailwechsel zu verständigen.

## LEISE & WEISE

»Ein Verstand, der die Füße in einem Sack von Vorurteilen stecken hat, der kann nicht nach dem Ziel laufen.«

*Bettina von Arnim, deutsche Autorin*

# Das Kitzel-Geheimnis – warum Introvertierte mehr spüren

Stellen Sie sich vor, ein Mensch ist extrem kitzlig. Beim Gehen spürt er, wie sein T-Shirt am Körper reibt, dieses feine Streicheln lässt ihn lächeln. Was passiert, wenn dieser Mensch von vielen Händen gleichzeitig gekitzelt wird? Findet er Vergnügen daran?

Nein! Er kreischt, ringt um Luft, wird fast wahnsinnig. Diesen Überreiz hält er nicht aus – er flieht! Leichtes Kitzeln belebt ihn, starkes erschöpft ihn. Gerade weil er extrem kitzlig ist, braucht er nur wenig Kitzel von außen. Von Orten, wo kitzelnde Hände lauern, hält er sich fern.

Und nun stellen Sie sich einen Menschen vor, der kaum kitzlig ist. Die Berührung seiner Kleidung stimuliert ihn nicht. Er sehnt sich aber nach mehr Kitzel. Nur wenn er kräftig gekitzelt *wird,* fühlt er sich angenehm stimuliert. Darum zieht es ihn zu den kitzelnden Händen.

Schon in den 1960er-Jahren stellte der Persönlichkeitspsychologe Hans Jürgen Eysenck eine These auf, die mittlerweile von der modernen Hirnforschung bestätigt wurde[22]: Jeder Mensch empfindet ein bestimmtes Erregungsniveau als optimal. Jeder will gereizt, aber nicht überreizt sein. Und diese psychische Komfortzone erreicht der eine Typ nur, indem er viele Reize von außen sucht; er ist extrovertiert. Und der andere Typ, indem er äußere Reize meidet und innere entfaltet; er ist introvertiert.

Stellen Sie sich das Gehirn des Introvertierten als kitzlig vor: Es ist sehr aktiv und spricht stark an auf das Glückshormon Dopamin. Eine kleine Menge dieses Neurotransmitters reicht, damit ein Introvertierter stimuliert und zufrieden ist. Wie der Kitzlige jede feine Berührung spürt, so schlägt bei ihm jeder feine Reiz der Außenwelt durch: jedes Wort, jedes Lachen, jede Grimasse, jeder Geruch, jede Bewegung, jeder Lichtreflex.

Reizarme Situationen fühlen sich für ihn gut an, denn die starken Innenreize plus schwache Außenreize ergeben sein optimales Erregungsniveau. Ein Gespräch mit einem Freund, ein Spaziergang in der Natur, eine nachdenkliche Stunde im Schaukelstuhl: Das kann einen introvertierten Menschen ausfüllen. Solange er sich selbst dabeihat, wird ihm nie langweilig; in seinem Kopf arbeiten Gedanken, Emotionen und Eindrücke.

Aber was geschieht, wenn zu der großen Menge an inneren Reizen eine große Menge an äußeren Reizen hinzukommt? Wenn die Welt um ihn herum brummt wie ein Bienenstock, bei Kongressen, Partys oder im Reisebus? Dann überfordert ihn die Dopamin-Schwemme im Gehirn. Es geht ihm wie dem Kitzligen: Der Überreiz erschöpft ihn; er macht dicht. Jetzt braucht er Zeit für sich alleine, um wieder Energie zu tanken.

Unter den Introvertierten gibt es zwei Typen: Die einen werden von der linken Hirnhälfte dominiert, die anderen von der rechten.[23] Die Linksdominierten sind Jünger der Logik: Sie kochen ihre Emotionen auf kleiner Flamme, haben ein Faible für

Details und kommen mit einer kleinen Dosis an menschlichen Kontakten aus. Wer sie schätzt, hält sie für sachorientiert und effektiv – wer sie nicht mag, für kalt und stur. Typische Berufe sind Ingenieur oder Buchhalter, Datenbank-Spezialist oder Software-Entwickler.

Dagegen folgen die Rechtsorientierten eher ihren Emotionen. Sie sind kreativer und denken in Bildern, lösen Probleme spielerisch und können sich leichter in andere Menschen einfühlen. Wer sie schätzt, hält sie für feinfühlig und empathisch – wer sie nicht mag, für dünnhäutig und leicht zu beeinflussen. Unter ihnen finden sich Journalisten, Grafiker, Ärzte und Lehrer, ebenso Künstler wie Schauspieler, Maler und Schriftsteller.

Wer von außen schaut, könnte meinen: »Der Introvertierte braucht im Leben keinen Kitzel.« Falsch! Aber dieser »Kitzel« ist zum großen Teil hausgemacht, er kommt von innen.

Umgekehrt beim Extrovertierten: Seine Dopamin-Empfindlichkeit ist schwächer. Deshalb sucht er reizreiche Situationen, denn die schwachen Innenreize plus starke Außenreize ergeben sein optimales Erregungsniveau. Viele Gesprächspartner, lautes Stimmengewirr, wechselnde Themen und Orte: Solche Stimulationen kitzeln ihn zur Lebendigkeit. Erst wenn der Tag zur Entdeckungsreise wird, wenn viel auf ihn einflutet, reicht der Kitzel aus: Dann klettert die Erregung auf sein Wohlfühl-Niveau.

Wer von außen schaut, könnte meinen: »Der Extrovertierte kocht über vor Innenleben.« Falsch! Die Lebendigkeit kommt nicht aus ihm heraus, sondern von außen in ihn hinein.

Was tun Extrovertierte, um sich zu stimulieren? Etwas übertrieben: Sie suchen Abwechslung und Lärm, entzünden Reizfeuerwerke. Sie heiraten einen neuen Partner spätestens nach 14 Tagen – und lassen sich nach 24 Tagen wieder scheiden. Sie springen aus Flugzeugen, idealerweise in Gruppen von der Größe eines Vogelschwarms, bestenfalls mit Fallschirm. Sie veranstalten Partys, so groß und laut, dass sie vorsichtshalber den Redakteur des Guinness-Buchs der Rekorde einladen. Sie wechseln im Gespräch alle zwei Minuten das Thema, empfinden langes Zuhören als Schlafmittel und laufen erst dann auf Hochtouren, wenn sie selbst das Wort ergreifen, von Gesprächspartner zu Gesprächspartner springen und der Lärmpegel es mit einer Konzerthalle aufnimmt.

Was tun Introvertierte, um eine Überstimulation zu verhindern? Etwas übertrieben: Sie sitzen lieber alleine in einem Erdloch, als mit einer Gruppe aus dem Flugzeug zu springen. Ein Abend zu dritt ist für sie schon eine rauschende Party. Niemals würden sie einen Fremden wie den Redakteur des Guinness-Buchs einladen, auch wenn sie verdammt gute Chancen auf die kleinste Party der Welt hätten. Und bitte keine Musik, die wäre schon Ruhestörung. Sie halten ihren Lebenspartner, wenn sie sich erst an seine Nähe gewöhnt haben, also frühestens nach ein paar Jahrzehnten, wie eine Rettungsboje fest. Sie reizt das Zuhören schon genug, sodass sie nicht auch noch große Reden schwingen müssen. Und natürlich empfinden sie Geräusche als Lärm, die ein Extrovertierter erst gar nicht hört (»Laute Musik? Läuft denn überhaupt welche?!«).

Dieser Unterschied hat vor allem mit den Genen zu tun; schon Babys bringen ein Temperament mit. Angenommen, Sie lassen auf einer Säuglingsstation einen Luftballon zerplatzen. Dann reagieren die einen Kinder heftig, die anderen kaum. Aber welche Babys weinen und rudern mit den Ärmchen? Und welche bleiben eher ruhig und gelassen: Introvertierte – oder Extrovertierte?

Der Harvard-Psychologe Jerome Kagan führte dieses Experiment mit etwa 500 Säuglingen im Alter von vier Monaten durch. Jahre später traf er sie wieder und fand durch Tests heraus: Introvertiert waren jene geworden, die damals stark auf die Reize reagiert hatten – extrovertiert jene, die ruhig geblieben waren. Dabei hätten Sie wahrscheinlich vor Lektüre dieses Kapitels getippt, die extrovertierten Babys seien mehr aus sich herausgekommen. Eben nicht! Für eine Überstimulation sorgte der äußere Reiz bei denen, die innerlich schon höchst gereizt waren: den Introvertierten.[24]

Als Erwachsene machen zurückhaltende Menschen dann wenig Lärm um ihr Empfinden, auch wenn sie Grund dazu hätten. Wissenschaftler der University of Texas untersuchten, wie Probanden auf Reize reagieren, hervorgerufen durch Hitze und Kälte.[25] Die Introvertierten durchzuckte der Schmerz früher und stärker; die Extrovertierten später und schwächer. Aber wer machte den meisten Lärm, wer stöhnte, klagte und forderte Schmerzmittel? Die Extrovertierten!

Wären die Schmerzen nicht gemessen worden, hätte jeder Beobachter gemeint: Die Extrovertierten müssen mehr ertragen! Kommt Ihnen dieses Muster bekannt vor? Kennen Sie vielleicht einen Chef, der Ihren schwatzhaften Kollegen für enorm fleißig hält, weil dieser am lautesten über seine Arbeitslast klagt und am vollmundigsten über angebliche Erfolge berichtet? Hier sollten die Wissenschaftler auch mal nachforschen …

## LEISE & WEISE

»Dumme Gedanken hat jeder, aber der Weise
verschweigt sie.«
*Wilhelm Busch, deutscher Dichter*

# Der große Temperaments-Test: Wie introvertiert oder hochsensibel sind Sie?

Dieser Test hilft Ihnen, sich selbst besser einzuschätzen. Finden
Sie heraus, wie introvertiert und/oder hochsensibel Sie sind –
und was Sie mit Ihren Qualitäten anfangen können.

Die folgenden dreißig Aussagen beziehen sich auf Sie. Jedes
Mal können Sie Ihre maximale Zustimmung durch eine 5 aus-
drücken, Ihre maximale Ablehnung durch eine 1. Am Ende addieren Sie die Punkte.

# Der Ankreuzschlüssel

1 = stimmt überhaupt nicht
2 = stimmt so gut wie nicht
3 = stimmt nur teils
4 = stimmt recht gut
5 = stimmt absolut

1. Oft maile ich lieber, als dass ich telefoniere.

2. Es fällt mir schwer, mit Fremden ins Gespräch zu kommen.

3. In großen Gruppen leidet meine Konzentration.

4. Smalltalk fällt mir schwer.

5. Es braucht Zeit, bis ich einem Menschen vertraue.

6. Mein Freundeskreis ist eher klein.

7. Nach Trubel brauche ich meine Ruhe.

8. Ich rede eher leise und langsam als laut und bestimmt.

9. Privates teile ich ungern mit Arbeits-kollegen.

10. Einzelgespräche liegen mir mehr als
    Gruppentalk.

11. Beim Arbeiten lasse ich mir ungern
    über die Schulter schauen.

12. Ein Einzelbüro ziehe ich dem Groß-
    raum vor.

13. Lieber mache ich ein Ding gründlich
    als mehrere oberflächlich.

14. Wenn ich erzähle, dann eher realis-
    tisch als übertrieben.

15. Dienstreisen und Team-Events
    schlauchen mich mehr als andere.

16. Manchmal kann ich die Gedanken
    anderer lesen.

17. Unerwartete Veränderungen stressen
    mich sehr.

18. Konflikte belasten mich und gehen
    mir lange nach.

19. Wenn im Fernsehen Blut fließt,
    schaue ich weg.

20. Ungerechtigkeiten gehen mir an
    die Nieren.

21. Fachliche Mängel ertrage ich bei Kollegen leichter als menschliche.

22. Ich nehme oft Kleinigkeiten wahr, die andere übersehen.

23. Ein Sonnenaufgang oder schöne Musik kann mich beglücken.

24. Fehler nehme ich mir lange krumm und strebe nach Perfektion.

25. Schlechte Laune anderer trübt meine Stimmung.

26. Ich kann es nicht sehen, wenn jemand gemobbt wird

27. Oft weiß ich schon vorher, wer in der Firma bald kündigt.

28. Ich kann früher als andere absehen, ob zwei ein Paar werden.

29. Laute Geräusche und extreme Gerüche belasten mich ungewöhnlich stark.

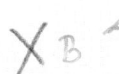

30. Eigentlich bin ich sanft, aber unter Druck fahre ich auch mal aus der Haut.

Bitte zählen Sie Ihre Punkte in Zehner-Schritten zusammen und
tragen Sie sie hier ein:

### Fragen                                    **Punktezahl**

1–15: Introversion/Extraversion              *71*

16–30: Hochsensibilität/Unempfindlichkeit    *63*

### Gesamt-Punktzahl:                         *144*

## Auswertung 1 (von 1 bis 15): Sind Sie introvertiert?

**Bis 37 Punkte:** Offenbar sind Sie ein Mensch, der zur Extraversion
neigt. Wenn viele Reize auf Sie einströmen, fühlen Sie sich wohl wie
ein Fisch im Wasser – weshalb Sie solche Situationen suchen: Sie veranstalten Partys, mögen Dienstreisen und schätzen Kongresse. Die
Gegenwart anderer Menschen schenkt Ihnen Energie. Sie mögen Risiken und Bewegung, das Bühnenbild Ihres Lebens darf sich verändern,
gerne rasch und spontan. Je mehr um Sie herum passiert, desto mehr
strahlen Sie. Ihre Meinung bilden Sie schnell, wechseln sie aber auch
häufig. Introvertiertes Verhalten gehört auch zu Ihrem Repertoire, ist
aber die Ausnahme.

**Größte Chancen:** Sie gehen auf Menschen zu und können sie rasch
für sich gewinnen. Wenn Sie reden, finden Sie oft spontan die richtigen Worte. So gelingt es Ihnen, Sympathien zu erobern und Kom-

petenz zu vermitteln. Ihre Auftritte in und vor Gruppen hinterlassen Eindruck. Ihr Netzwerk ist groß, bei nahezu jeder Frage wissen Sie, wen Sie anrufen können. Sie handeln schnell und entscheiden mutig.

**Größte Risiken:** Es besteht die Gefahr, dass Sie Quantität über Qualität stellen: viele Freunde haben, aber keine richtigen; viele Themen verfolgen, aber keines vertiefen; und vor lauter Reden das Zuhören und das analytische Denken vernachlässigen. Sie sind verlockt, zu sehr auf den Applaus der anderen zu schielen und zu wenig auf Ihre innere Stimme zu hören. Bei einem Punktwert von unter 30 besteht die Gefahr, dass Sie als oberflächlich, womöglich als Schwätzer wahrgenommen werden.

**38–45 Punkte:** Würde man die Menschen um Sie herum fragen, ob Sie introvertiert oder extrovertiert sind, wären sich alle darin einig, dass sie sich uneinig sind: Die einen erleben Sie offensiv, die anderen zurückhaltend. Offenbar gelingt es Ihnen, beide Temperamente zu leben.
Vielleicht sind Sie jemand, der nachmittags ein Buch im stillen Kämmerlein liest und ein Thema vertieft – und sich ein paar Stunden später bei einem Empfang daran erfreut, mit anderen Gästen zu plaudern. Was Sie bevorzugen, kann von Ihrer Stimmung abhängen und von der Situation.

**Größte Chancen:** Sie gleichen einer Amphibie, weil Sie sich in zwei Elementen nahezu gleich sicher bewegen: in Ihrer Innenwelt, aus der Sie tiefe Gedanken ziehen – und in der Außenwelt, in der Sie Kontakte schließen und (meist) sicher auftreten. Diese Bandbreite im Temperament prädestiniert Sie für Herausforderungen, die eine gesunde

Mischung aus Reflexion und Präsentation verlangen, zum Beispiel für Projektleitungen und andere Führungsaufgaben.

**Größte Risiken:** Es besteht die Gefahr, dass Sie zwischen beiden Temperamenten verhungern: Dann fehlt es Ihnen am (ganzen) Tiefgang des Introvertierten, aber auch an der (ganzen) Leichtigkeit des Extrovertierten. Dann laufen Sie Gefahr, ins Mittelmaß zu driften – zumal die Angehörigen beider Temperamente mit Ihnen fremdeln können, weil Sie sich so schlecht zuordnen lassen.

**Ab 46 Punkte:** Eine Wünschelrute, die innere Schätze aufspürt, würde bei Ihnen ganz sicher reagieren! Sie sind introvertiert und genießen es, mit sich allein oder unter wenigen Menschen zu sein. Ihr Innenleben ist so reich, dass Sie für Ihr Glück nur wenige äußere Impulse brauchen. Daraus beziehen Sie Energie und gute Gedanken. Sie sinnieren, reflektieren, gehen in sich. Ihr Gedankenradio sendet rund um die Uhr ein spannendes Programm. Gerne teilen Sie Ihre Erkenntnisse mit Vertrauten und spinnen sie gemeinsam weiter. Am wohlsten fühlen Sie sich in Situationen, die Sie selbst steuern können und die Ihnen vertraut sind, deshalb haben Sie ausgeprägte Gewohnheiten. Spontane Veränderungen bereiten Ihnen Unbehagen.

**Größte Chance:** Sie strahlen Ruhe und Unabhängigkeit aus. Als Zuhörer schenken Sie große Aufmerksamkeit und bringen Menschen zum Sprechen. Dabei beweisen Sie Einfühlungsvermögen und bekommen wichtige Informationen, die denen entgehen, die immer selbst das große Wort schwingen.
Zwei Pfunde, mit denen Sie wuchern könnten (aber es nicht tun, da Sie nicht zum Wuchern neigen), sind Substanz und Verlässlichkeit:

Sie befassen sich mit wenigen Themen, verstehen aber mehr davon als andere. Die Schatzkiste Ihrer Gedanken und Reflexionen ist reich gefüllt. Und wenn die Zahl Ihrer Freunde kleiner als bei anderen ist, so steht dem eine größere Loyalität und engere Bindung gegenüber. Was Sie anfangen, verfolgen Sie beharrlich. Was Sie heute zusagen, gilt auch noch übermorgen. Und lieber versprechen Sie zu wenig, als sich zu weit aus dem Fenster zu lehnen.

**Größte Risiken:** Es besteht die Gefahr, dass Sie von anderen unterschätzt und überhört werden – auch deshalb, weil Sie dazu neigen können, leise und monoton zu sprechen. Vielleicht gehen Sie Kontakten aus dem Weg, stellen Ihr Licht unter den Scheffel und setzen Ideen nicht schnell genug um. Dahinter kann die Angst stecken, Fehler zu begehen oder sich zu blamieren. Und da Sie Konflikte vermeiden, schlucken Sie manchmal Kröten, die Ihnen nicht guttun.

## Auswertung 2 (von 16 bis 30): Sind Sie hochsensibel?

**Bis 37 Punkte:** Offenbar ist Ihre Haut dick genug, die meisten schwächeren Reize abprallen zu lassen. Insgesamt sind Sie eher unempfindlich. Kritik nehmen Sie nicht persönlich. Mit Konflikten können Sie leben, mit Lärm und Menschenmengen umgehen. Und was die Stimmungen und Gefühle Ihrer Mitmenschen angeht, so sind Sie oft darauf angewiesen, dass diese darüber sprechen – denn von alleine spüren Sie nicht, was unter der Oberfläche passiert.

**Größte Chance:** Ihre seelische Robustheit versetzt Sie in die Lage, souverän durch schwierige Situationen zu kommen. Wenn Sie Führungskraft sind, können Sie damit umgehen, Mitarbeiter rügen oder entlassen zu müssen. Wenn Sie im Vertrieb arbeiten, verdirbt Ihnen die Absage eines Kunden nicht den Tag. Und auch beim Flirten haut Sie ein Korb nicht um. Deshalb gehen Sie Risiken ein und handeln beherzt. Mit Trubel, Menschenmengen und Stress können Sie in der Regel gut umgehen, ebenso mit Termindruck.

**Größte Risiken:** Sie laufen Gefahr, den Funkkontakt zum eigenen Herzen zu verlieren: Gehen Sie sensibel genug mit Ihren eigenen Gefühlen um? Spüren Sie wirklich noch, wo Ihre eigenen Grenzen liegen? Übertreiben Sie es nicht mit der Zahl Ihrer Termine? Wer auf den ersten Blick besonders robust erscheint, ist auf den zweiten Blick oft ein Burnout-Anwärter. Ebenso kann es Ihnen passieren, dass Sie andere Menschen verletzen, weil Sie sich zu wenig in sie einfühlen. Feine Signale können Ihnen entgehen, deshalb werden Sie oft von Entwicklungen überrascht.

**38–45 Punkte:** Vielleicht nimmt das Gras Ihrer Seele nicht jeden Windhauch wahr, aber es biegt sich schneller als bei anderen: Sie sind sensibel, wenn auch nicht hochsensibel. Sie haben ein Gespür dafür, was in anderen vorgeht. Sie schätzen es, wenn Harmonie herrscht, und tragen auch dazu bei. Und äußere Reize, zum Beispiel Lärm oder extreme Gerüche, können Sie irritieren – aber bringen Sie nicht völlig aus dem Tritt.

**Größte Chancen:** Auf der einen Seite bringen Sie eine gewisse Robustheit mit, auf der anderen Seite eine gewisse Sensibilität. An den meisten Tagen behalten Sie einen klaren Kopf, auch wenn viele Reize auf Sie einprasseln, so bei Dienstreisen oder in einer Gruppe fremder

Menschen. Gleichzeitig ist Ihre Wahrnehmung fein genug, dass Sie Ihre eigenen Bedürfnisse im Blick behalten und einschätzen können, wie es in anderen Menschen aussieht.

**Größte Risiken:** Sie laufen Gefahr, Ihre Robustheit zu überschätzen – gerade dann, wenn Sie sich unter weniger sensiblen Menschen bewegen und ihre Maßstäbe übernehmen. Laute Events, Termindruck und kritische Gespräche können Ihnen mehr zusetzen, als Sie es wahrhaben wollen. Das mag der Grund sein, warum Sie sich gelegentlich einen seelischen Panzer zulegen. Der schützt Sie zwar, hindert Sie aber dran, feine Schwingungen noch wahrzunehmen. Dann leiden Ihr Gespür und Ihre Erlebnistiefe.

**Ab 46 Punkte:** Sie sind hochsensibel, wie 15 bis 20 Prozent aller Menschen.[26] Deshalb verfügen Sie über die Qualitäten eines Wetterfrosches und nehmen wahr, was in der Luft liegt. Zum Beispiel merken Sie, wenn sich ein Streit zwischen zwei Kolleginnen anbahnt. Oder Sie ahnen schon, dass Ihr bester Freund sich die falsche Partnerin ausgesucht hat. Oder Sie spüren heute, in welche Richtung der Markt sich morgen dreht. Ihre Intuition ist oft ein verlässlicher Kompass.
Wenn Sie andere Menschen leiden sehen, und sei es nur im Film, leiden Sie mit. Stimmungen springen schnell auf Sie über. Reize nehmen Sie intensiver als andere wahr, zum Beispiel können Sie förmlich erschlagen werden von Lärm, Gerüchen und dem Stimmengewirr einer Party. Sie sehen Kleinigkeiten, die sonst keiner sieht (etwa ein Stirnrunzeln Ihres Gesprächspartners, das auf Kopfschmerz hindeutet), manchmal speichern Sie solche Erinnerungen mit der Präzision einer Filmaufnahme und können sie später wieder abrufen.

Gut möglich, dass die Tränen bei Ihnen leichter als bei anderen fließen, vor Freude wie vor Schmerz. Gerne leben Sie Ihren eigenen Rhythmus, statt sich äußerem Zeitdruck zu unterwerfen. Wahrscheinlich sind Sie introvertiert, wie 70 Prozent der Hochsensiblen – aber nicht unbedingt.

**Größte Chance:** Ihre hohe Sensibilität ist ein Lotse, der Sie in ein außergewöhnlich stimmiges und gefühlsreiches Leben führen kann. Sie spüren genau, was gut für Sie ist und was Ihnen schadet. Wenn Sie einen neuen Arbeitsplatz, einen Lebenspartner oder eine Wohnung wählen, liegen Sie erstaunlich oft richtig. Überhaupt haben Sie ein gutes Händchen dafür, sich ein inspirierendes Umfeld zu schaffen. Ihre Freunde sind oft Seelenverwandte. Sie können tief und sinnlich genießen: ein Gemälde oder ein Musikstück, ein Gourmet-Menü oder einen Waldspaziergang.

Als Gesprächspartner sind Sie sehr begehrt, da Sie auf andere eingehen, ihre Gefühle wahrnehmen und oft die richtigen, weil einfühlsamen Worte und Gesten finden. Ihre ausgeprägte Intuition geht oft mit bemerkenswerter Kreativität einher, deshalb öffnen sich Ihnen Denkräume, die anderen verschlossen bleiben. Im Beruf haben Sie eine fantastische Spürnase, heute schon einen Kurs einzuschlagen, der morgen gefragt sein wird. Sie blühen auf, wenn Sie andere Menschen unterstützen oder beraten und nach Ihren persönlichen Werten handeln können.

**Größte Risiken:** Ihre hohe Sensibilität sorgt dafür, dass Sie oft mehr Reize aufnehmen, als Sie verarbeiten können. Wenn Sie unter Druck stehen, zu Multitasking gezwungen sind oder sich in Menschenmengen konzentrieren sollen (so bei Partys, Kongressen oder im Großraumbüro), kann es passieren, dass Ihr Gedankenfaden abreißt. Dann scheint Ihr Kopf, weil er allzu voll ist, plötzlich leer. Und Sie brauchen Zeit und Abstand, um sich zu erholen.

Im Kontakten können Sie dazu neigen, sich selbst zu verlieren. Weil Sie genau spüren, was der andere will, fühlen Sie sich veranlasst, ihm genau das auch zu geben – ohne Rücksicht auf Ihre eigenen Bedürfnisse. Dann sagen Sie Ja, obwohl Sie Nein sagen wollen. Dann missachten Sie Ihre eigenen Grenzen (siehe auch ab Seite 280).

Die Goldwaage, auf die Sie fremde Worte legen, funktioniert manchmal allzu fein. Ebenso kann Ihre exakte Wahrnehmung dafür sorgen, dass Sie vor lauter Bäumen den Wald nicht mehr sehen und sich mit Entscheidungen schwertun.

## LEISE & WEISE

»Wer einmal sich selbst gefunden hat, kann nichts auf dieser Welt mehr verlieren.«
*Stefan Zweig, österreichischer Autor*

# Prominente Zurückhaltung:
# Der Schüler, der alles zweimal sagte

Die Lehrer verzweifelten an dem Grundschüler.[27] Sein Körper war schwach, er mied den Sport. Sein Geist schien träge, beim Auswendiglernen blieb wenig hängen. Und wenn ein Lehrer ihm eine Frage stellte, zuckte er zusammen. Erst nach einer gefühlten Ewigkeit kramte er umständlich eine Antwort aus seinem Kopf.

Beim Reden entwickelte der bedächtige Junge unfreiwillige Komik: Dieselbe Antwort gab er grundsätzlich zweimal. Beim zweiten Mal wiederholte er sie im Stillen: Seine Lippen bewegten sich tonlos. Offenbar prüfte er seine Worte.

Er galt als Außenseiter, als geistiger Spätentwickler. Aber war er wirklich ein begriffsstutziger Trottel, wie seine Lehrer es befürchteten? Oder dachte er nur gründlicher als die anderen? Fiel es ihm vielleicht schwer, sich unter Menschen zu konzentrieren, noch dazu auf Themen, die ihn nicht interessierten?

Seine Schwester Maja kannte ihren Bruder besser: Wenn er alleine und konzentriert auf *eine* Sache war, stellte er Unglaubliches auf die Beine. Maja beobachtete eines Tages, wie er ein Kartenhaus aufbaute. Sie selbst hatte das auch schon probiert mit anderen Kindern. Mehr als vier Stockwerke hatten sie nie geschafft. Doch ihr Bruder ging mit der Präzision eines Uhrmachers ans Werk, sein Kartenhaus wuchs und wuchs: fünf Stockwerke, sechs, sieben, acht. Mit offenem Mund sah sie, wie er schließlich 14 Stockwerke aufgetürmt hatte.

Der Junge war gesegnet mit den großen Stärken eines Introvertierten: mit Ausdauer, Konzentration, Eigenmotivation, Substanz. Er brauchte keine Lehrer, sondern spornte sich selbst an. Am liebsten arbeitete er für sich allein.

20 Jahre später war der »dumme« Schüler zum Star der modernen Naturwissenschaften geworden. Sein Studium der Mathematik und Physik hatte er mit 21 Jahren vorzüglich abgeschossen, mit 26 wurde er Doktor, wenig später Professor. Seine wissenschaftlichen Arbeiten gaben den Startschuss für eine neue Epoche der Physik. Er war Anfang 40, als ihm der Nobelpreis verliehen wurde.

Der Name dieses ebenso großen wie zurückhaltenden Mannes: Albert Einstein – berühmt für seine Relativitätstheorie, seine Intelligenz und seine rausgestreckte Zunge. Wer weiß, ob die Zunge nicht seinen einstigen Lehrern galt, die sein zurückhaltendes Naturell falsch gedeutet hatten.

## Der Stärken-Finder

»Wurden Sie als Kind für Ihr Temperament regelmäßig gelobt?« 50 zurückhaltenden Menschen habe ich diese Frage gestellt. Nur drei erinnerten sich an nennenswerten Zuspruch. 47 von ihnen fielen sofort kritische Sätze ein:

- ► »Komm doch *endlich* aus dir heraus!«
- ► »Schweig doch nicht *immer* vor dich hin!«
- ► »Hör *endlich* auf, alles persönlich zu nehmen!«
- ► »Grenz dich nicht *jedes Mal* aus!«
- ► »Brat nicht *immer* Extrawürste!«

Das Gefühl, auf der Anklagebank zu sitzen, begleitet viele Introvertierte und Hochsensible durchs Leben. Und die Rolle des Anklägers, die ihnen so oft vorgelebt wurde, übernehmen sie in späteren Jahren selbst:

▶ Wem immer wieder gesagt wurde, er solle mehr aus sich herauskommen, der brandmarkt sich selbst als »zu verschlossen«.

▶ Wer am laufenden Band aufgefordert wurde, nicht alles persönlich zu nehmen, hält sich mit der Zeit für eine Mimose.

▶ Wer stets dafür kritisiert wurde, sich zu viel um andere zu kümmern, hält sich nicht mehr für einen guten Menschen, sondern für einen »Gutmensch« (was wie ein Schimpfwort klingt und auch so gemeint ist).

▶ Und wer oft den Vorwurf hörte, er brate Extrawürste und grenze sich aus, sieht sich als Eigenbrötler, als sozialen Außenseiter.

Wie geht es Ihnen mit Ihren Antworten in dem Test? Sehen Sie ein Talent darin, dass Sie – falls das zutrifft – lieber mailen als telefonieren, nur schwer mit Fremden ins Gespräch kommen, nach Trubel Ihre Ruhe brauchen, vor Entscheidungen lange grübeln und sich beim Arbeiten ungern über die Schulter schauen lassen?

Falls Sie kein Talent darin sehen – warum nicht? Kann es sein, dass Sie als Archäologe Ihrer selbst nur die Schwächen ausgraben? Dann wird es Zeit, dass Sie sich von den alten Bremssätzen lösen und mit neuen Augen schauen!

Holen Sie dort, wo Sie bislang (vielleicht) »Schwächen« sehen, Stärken ans Licht. Dieser Stärken-Finder wiederholt zehn Sätze aus dem Temperamentstest, fünf zur Introversion, fünf zur Hochsensibilität – und regt an, welche Qualitäten Sie dahinter entdecken und für sich nutzen können:

▶ **Oft maile ich lieber, als dass ich telefoniere.**

*Sehen Sie es doch mal so:* Wahrscheinlich ziehen Sie den schriftlichen Ausdruck schon seit jungen Jahren vor und haben ihn auf ein hohes Niveau entwickelt. Ihr Wortschatz ist groß, und Sie können interessante Texte verfassen. Gutes Schreiben setzt klares Denken voraus, Sie verstehen es, Themen zu durchdringen und zu strukturieren. Vor allem arbeiten Sie effektiver als alle, die »nur mal schnell« anrufen wollen – aber dann doch eine Viertelstunde über Belanglosigkeiten plaudern. Ihre Schreibstärke prädestiniert Sie zum Beispiel dafür, Strategiepapiere zu verfassen oder bei einem Meeting das Protokoll zu führen – eine Aufgabe, die Ihnen große Macht verleiht: Sie entscheiden, was im Fokus steht und in Erinnerung bleibt. Gleichzeitig machen Sie auf sich und Ihren Namen aufmerksam. Wer schreibt, der bleibt!

*Drei Anregungen:*

1. Nutzen Sie Ihr Schreibtalent fürs Mündliche. Schreiben Sie sich vor wichtigen Auftritten »Spickzettel«, legen Sie sich Formulierungen zurecht. Das funktioniert vor Meetings genauso wie vorm Flirten.

2. Bringen Sie sich schriftlich in Debatten ein, zum Beispiel mit Entwürfen und Thesenpapieren. Achten Sie darauf, dass Ihr Name auf solchen Schriftstücken deutlich sichtbar ist.

3. Schließen Sie schriftliche Arbeiten mit Qualitäts-, aber ohne Perfektionsanspruch ab – sonst brauchen Sie zu lange und tappen in dieselbe Falle wie der introvertierte Autor Florian Werner, der von sich augenzwinkernd sagt, er feile »aus Furcht, den Empfänger durch unbedachte Wortwahl zu verletzen, selbst bei unwichtigen Mails an den Formulierungen (…), als handelte es sich um einen Beitrag zum Jahrbuch der Deutschen Lyrik«.[28]

▶ **Es fällt mir schwer, mit Fremden ins Gespräch zu kommen.**

*Sehen Sie es doch mal so:* Offenbar sind Sie in intensivem Kontakt mit sich selbst. Es drängt Sie nicht, andere Menschen anzusprechen, weil Ihre eigenen Gedanken interessant und tiefgängig sind. Oberflächlichen Austausch empfinden Sie als reizlos. Anscheinend verfügen Sie über geistige Unabhängigkeit. Statt Ihre Gedanken aus demselben Topf wie die anderen zu schöpfen, sind Sie Ihre eigene Quelle. Das befähigt Sie, gegen den Strom zu denken und unkonventionelle Ideen zu entwickeln. Als aufmerksamer Zuhörer und Beobachter können Sie Gruppen vor Denkfehlern bewahren und mit interessanten Impulsen versorgen.

*Drei Anregungen:*

1. Halten Sie Ihre besten Gedanken des Tages jeden Abend schriftlich fest: Welche Erkenntnisse haben Sie gewonnen? Und was leiten Sie daraus ab?

2. Machen Sie konstruktive Vorschläge, wenn Sie die Meinung anderer nicht teilen. Sorgen Sie dafür, dass Sie als Querdenker wahrgenommen werden, nicht als Quertreiber.

3. Tun Sie alles, Ihre Expertise weiterhin bekannt zu machen, etwa durch Facharktikel. Dann werden Sie von anderen angesprochen und müssen nicht jedes Gespräch selbst beginnen.

▶ **Nach Trubel brauche ich meine Ruhe.**

*Sehen Sie es doch mal so:* Dass Ihr Akku sich leert, ist kein Problem – sofern Sie wissen, wie das Ladegerät funktioniert. Offenbar ist Ihnen bewusst, wie Sie sich nach anstrengenden Gruppenereignissen regenerieren können: durch Rückzug und Entspannung. Wenn Sie allein sind, generieren Sie Kraft. Die Erschöpfung ist nützlich; sie weist Sie auf Ihre Grenzen hin. Wahrscheinlich haben Sie es gelernt, Trubel zu dosieren. Daran scheitern Menschen, die auf jeder Party tanzen müssen: Oft nehmen sie Einladungen so lange an, bis eine Burnout-Klinik sie – »völlig überraschend!« – aus dem Verkehr zieht.

*Drei Anregungen:*
1. Sorgen Sie dafür, dass Ihr Terminkalender genug Luft für Erholung enthält. Legen Sie auch im Alltag kurze Pausen ein, etwa durch Spaziergänge vor der Arbeit oder während der Mittagspause.
2. Nutzen Sie Ihr reiches Innenleben durch Meditation: Rufen Sie sich in stressigen Situationen die schönsten Augenblicke der letzten Monate vors innere Auge und tauchen Sie darin ein. Das entspannt.
3. Laden Sie Ihren Akku umso mehr auf, je mehr Stress Sie erwartet. Zum Beispiel wäre es klug, vor einer zweitägigen Messe einen entspannten Urlaubstag einzulegen.

### ▶ Vor Entscheidungen grübele ich lange.

*Sehen Sie es doch mal so:* Kommt es darauf an, Dinge schnell zu tun? Nein, sie richtig zu tun! Sie legen Wert auf gewissenhafte und stimmige Entscheidungen. Statt schnell die Weichen für einen vermeintlichen Triumphzug zu stellen (wie es viele Schwätzer tun), spielen Sie in Gedanken alle Möglichkeiten durch, auch das Scheitern. Diese Umsichtigkeit minimiert die Risiken und bewahrt Sie vor Fehlern. In Gruppen verstehen Sie es, eine Entscheidungsdebatte zu vertiefen. Sie analysieren gut und stellen die richtigen Fragen. Dieses Denken gegen den Strom verhindert Fehlentscheidungen und sorgt für gute Beschlüsse.

*Drei Anregungen:*

1. Nutzen Sie beim Grübeln zwei Brillen: nicht nur die schwarze, für die unerwarteten Risiken, sondern auch die rosafarbige, für die unerwarteten Chancen.

2. Durch welchen Rahmen – etwa ein persönliches Zeitlimit – können Sie dafür sorgen, dass Sie nicht nur so gründlich wie möglich, sondern auch so rasch wie nötig entscheiden?

3. Analysieren Sie die besten Entscheidungen Ihres Leben. Wie sind Sie vorgegangen? Woran haben Sie gemerkt, dass es passt? Und was können Sie daraus für die Zukunft lernen?

▶ **Beim Arbeiten lasse ich mir ungern über die Schulter schauen.**

*Sehen Sie es doch mal so:* Offenbar können Sie sich in eine Aufgabe versenken und benötigen keine Aufsicht. Sie wollen mit sich und Ihrer Arbeit im Reinen sein, ehe Sie andere daran teilhaben lassen. Dieser Selbstanspruch befähigt Sie, eine außerordentlich hohe Arbeitsqualität zu erreichen. Ihr bester Qualitätskontrolleur sind Sie selbst. Anders als die Schwätzer eilen Sie nicht mit dem Presslufthammer von Arbeitsbaustelle zu Arbeitsbaustelle, um überall viel Staub aufzuwirbeln, aber am Ende nur offene Baugruben zu hinterlassen. Vielmehr schließen Sie ab, was Sie anfangen – meist mit Erfolg.

*Drei Anregungen:*

1. Machen Sie sich bewusst, dass Ihr Selbstanspruch über den Ansprüchen der anderen liegt. Oft würden Sie schon für Arbeiten, die Ihnen selbst noch »unfertig« erscheinen, Lob einheimsen.

2. Suchen Sie nach einem gesunden Gleichgewicht zwischen

Qualität und Geschwindigkeit der Arbeit. Setzen Sie sich verbindliche Termine mit Außenwirkung, dann handeln und entscheiden Sie schneller.

3. Leisten Sie nicht nur herausragende Arbeit – sondern sprechen Sie auch darüber, indem Sie auf Qualitäten und Ergebnisse hinweisen. Diese Feinheiten entgehen oberflächlichen Chefs sonst oft.

▶ **Unerwartete Veränderungen stressen mich sehr.**

*Sehen Sie es doch mal so:* Sie haben es geschafft, Ihr Leben so einzurichten, dass Sie sich darin wohlfühlen. Ihre Feinfühligkeit befähigt Sie dazu, sich Menschen, Aufgaben und Orte zu suchen, die mit Ihnen korrespondieren. Anders als Schwätzern passiert es Ihnen eben nicht, dass Sie sich am laufenden Band mit falschen Freunden einlassen oder in unpassende Jobs stolpern. Ihre feinen Antennen warnen Sie rechtzeitig, wenn Ihr inneres Gleichgewicht durch Veränderungen in Gefahr scheint. Dann können Sie bewusst entscheiden, worauf Sie sich einlassen – und worauf nicht.

*Drei Anregungen:*

1. Nutzen Sie Ihr feines Gespür, um mögliche Veränderungen kommen zu sehen und sich darauf einzurichten. Zum Beispiel ist eine Umstrukturierung nur noch halb so bedrohlich, wenn Sie sich in Gedanken schon damit auseinandergesetzt haben.

2. Setzen Sie sich dafür ein, dass Erhaltenswertes auch erhalten bleibt. Schwätzer neigen dazu, immer sofort auf neue Produkte, neue Märkte, neue Lebenspartner, neue Wohnorte zu setzen. Stellen Sie die Vorteile des Bewährten dagegen!

3. Nutzen Sie Ihr Feingefühl, um Erfüllendes zu pflegen und un-

erwartete Veränderungen zu verhindern. Kümmern Sie sich zum Beispiel um Ihre Beziehung und schaffen Sie damit eine dauerhafte Basis.

▶ **Konflikte belasten mich und gehen mir lange nach.**

*Sehen Sie es doch mal so:* Sie besitzen die wichtigste Fähigkeit, um Freunde zu gewinnen oder Mitarbeiter zu führen: Sie sind empathisch! Sie versetzen sich in andere und legen Wert darauf, dass Sie sich mit ihnen wohlfühlen – und umgekehrt. Deshalb hantieren Sie nicht mit verbalem Sprengstoff, halten sich aus Lästergesprächen gern heraus und ziehen einvernehmliche Lösungen machtgesteuerten Amokläufen vor. Genau an solcher emotionalen Kompetenz fehlt es heute an vielen Orten, nicht nur in den Firmen, auch im Privatleben.

*Drei Anregungen:*

1. Prüfen Sie Ihren Blick auf Konflikte: Inwieweit kann es sein, dass sie manchmal notwendig sind, um die Luft zu reinigen? Welche Konflikte, die Sie belastet haben, erwiesen sich nachträglich als hilfreich?

2. Nutzen Sie Ihr ausgeprägtes Gespür für Harmonie, um Konflikte durch frühzeitige Vermittlung abzuwenden. Wo gleichen sich die Interessen? Welche Win-win-Lösungen lassen sich finden?

3. Vermitteln Sie bei Konflikten anderer. Bringen Sie die Parteien an einen Tisch, erspüren Sie die Verletzungen und tragen Sie dazu bei, dass sich wieder ein gutes Klima einstellt – sofern die anderen das wirklich wünschen.

▶ **Ungerechtigkeiten gehen mir an die Nieren.**

*Sehen Sie es doch mal so:* Offenbar sind Sie ein Mensch, der großen Wert auf Fairness legt. Nie kämen Sie auf die Idee, andere über den Tisch zu ziehen, nur weil es Ihrem Vorteil dient. Wer mit Ihnen Geschäfte macht oder in privater Verbindung steht, darf sicher sein, dass die Waage zwischen Geben und Nehmen in einem gesunden Gleichgewicht steht. Zudem macht es Sie bei vielen Menschen beliebt, dass Sie sich für Schwächere einsetzen und für Ausgleich sorgen.

*Drei Anregungen:*

1. Engagieren Sie sich für Fairness, sei es ehrenamtlich oder als Betriebsrat. In einer solchen Rolle können Sie sich vorzüglich entwickeln. Oft wird Ihnen der Einsatz für andere deutlich leichter fallen als der für sich selbst – was Sie dadurch aber lernen.

2. Kommunizieren Sie offen, was Ihnen Fairness bedeutet, und leben Sie danach – das wird Ihnen langfristig den Respekt von Chefs, Kollegen, Kunden und Freunden sichern.

3. Setzen Sie bei anderen nicht Ihren eigenen Gerechtigkeitssinn voraus. So mancher möchte Sie über den Tisch ziehen – dann hilft nur: Grenzen setzen und Zähne zeigen.

▶ **Schlechte Laune anderer trübt meine Stimmung.**

*Sehen Sie es doch mal so:* Offenbar gelingt es Ihnen, ein Gewitter zu erspüren, ehe der Blitz einschlägt – damit haben Sie vielen etwas voraus! Unzählige Menschen ahnen nicht, wie es anderen geht, weil ihnen die Antennen dafür fehlen. Und einige sind einfach zu sehr mit ihrem Lieblingsspiel beschäftigt: Ego-Lego. Solch unangenehme Schwätzer produzieren sich, klopfen Sprüche und denken nicht über den Tellerrand der eigenen Existenz hinaus. Sie dagegen hören sogar das Ungesagte, spüren Befindlichkeiten und können das Gefühlsbarometer ablesen. Dieses Talent lässt Sie Entwicklungen vorhersehen, zwischenmenschlich genauso wie an Märkten. Das kann Sie zu einem gefragten Berater machen.

*Drei Anregungen:*

1. Nehmen Sie wahr, wie fremde Stimmungen auf Sie wirken – und entscheiden Sie bewusst, wovon Sie sich anstecken lassen wollen. Und wovon nicht.

2. Nutzen Sie Ihre feinen Sensoren, um andere zu beraten. Weisen Sie Ihren Chef zum Beispiel auf Marktchancen hin – oder auf einen Kollegen, der gerade mehr Zuwendung braucht.

3. Gehen Sie nicht auf jedes Bedürfnis ein, das Sie bei einem anderen spüren. Fragen Sie sich vorher erst: Will ich das überhaupt? Und entspricht es auch meinen Bedürfnissen?

## ▶ Ich bin ein sanfter Mensch, aber unter Druck kann ich auch mal aus der Haut fahren.

*Sehen Sie es doch mal so:* Vielleicht hat es seinen Grund, dass Sie in gewissen Momenten aggressiv werden. Eben dann, wenn Sie in der Flut der Reize zu ertrinken drohen. In solchen Augenblicken ist es gut, dass Sie aus der Haut fahren, denn ein solcher Ausbruch erinnert Sie und andere dran: Hier sind meine Grenzen! Gerade als hochsensibler Mensch, der viel fürs Wohlfühlen anderer tut, ist es wichtig, dass Sie auch Ihr eigenes Wohlbefinden im Blick behalten.

*Drei Anregungen:*

1. Prüfen Sie in stressigen Situationen, wie viel Druck auf Ihrem Kessel ist – oft wird es Ihnen gelingen, Pausen einzulegen und Druck abzulassen, ehe es knallt.

2. Machen Sie sich bewusst, dass Aggression eine Form von Selbstschutz ist. Zum Beispiel hilft es, einen Menschen, der Sie fortwährend überfordert, auch mal anzuschnauzen. Das verschafft Ihnen Respekt.

3. Nehmen Sie solche Ausbrüche als wichtigen Hinweis: Offenbar ist das sensible Gleichgewicht Ihres Lebens gestört. Stellen Sie es wieder her!

## LEISE & WEISE

»Objektivität: Alles hat zwei Seiten. Aber erst, wenn man erkennt, dass es drei sind, erfasst man die Sache.«
*Heimito von Doderer, österreichischer Autor*

# Raus aus der Opfer-Rolle!

»Bitte sag den Introvertierten aber auch: Schuld sind nicht immer nur die anderen!« Das riet mir Michael, ein extrovertierter Bekannter, für dieses Buch. Als Beispiel nannte er eine Bürokollegin: »Vor den Meetings hat sie zu allen Fragen eine klare Meinung, wenn sie mit mir allein spricht. Aber bei den Sitzungen? Kein Wort von ihr!«

»Dann ist sie in der großen Runde blockiert«, spekulierte ich.

Er schüttelte den Kopf. »Sie entscheidet sich fürs Schweigen, sie sagt: ›Ich behalte das für mich, ich möchte niemanden verärgern. Vielleicht ist mein Gedanke ja falsch.‹ Aber sobald andere scheitern, höre ich von ihr: ›Hab's ja gewusst!‹ Ich finde das feige; sie will nichts riskieren!«

Er hatte sich in Rage geredet und setzte zum Rundum-Schlag an: »Ich kenne leise Experten, das sind sture Böcke. Sie stoßen andere Menschen grundsätzlich vor den Kopf. Sie verstecken sich hinter Zahlen und Fakten. Und ihre Empathie ist gleich null.«

»Du übertreibst!«

»Nein! Bei Entscheidungen glauben sie, dass es nur um die Sache geht. Dabei übersehen sie die Gefühle der Menschen. Einer unserer Projektleiter verschickt Mails mit Riesenverteiler und Fachchinesisch, statt einfach mal mit den Büronachbarn zu sprechen und ihre Interessen zu klären. Das ist nicht Schüchternheit, das ist Kalkül.«

Eine zugespitzte Meinung – aber liegt Michael völlig daneben? Nein, jedes unserer zwischenmenschlichen Probleme geht nicht nur auf andere, sondern auch auf uns selbst zurück; es handelt sich um systemische Wechselwirkungen. Darum sollten Sie ne-

ben Ihren Stärken auch Ihre persönlichen Herausforderungen
erkennen.

Nehmen Sie die Empathie. Wahr ist: Jeder Introvertierte
bringt eine hohe Reizempfindlichkeit mit, die es ihm erleichtert, sich in andere einzufühlen. Wahr ist aber auch: Nicht jeder
nutzt diese Fähigkeit. Wer vor allem mit der linken Gehirnhälf-
te denkt, also ein Logik-Typ ist, kann zu übertriebener Sachlich-
keit, Sturheit und sogar Ich-Bezogenheit neigen. Dann agiert er
unsensibel – andere nehmen ihn als kühle Mauer wahr, an der
sie abprallen.

In diesem Buch ist viel von Ihren (möglichen) Stärken die
Rede. Fragen Sie sich jedes Mal: Nutze ich diese Stärke überhaupt? Falls nein: Was hindert mich daran? Und wie kann ich
diese Eigenschaft aktivieren?

Sogar Stärken, die Sie erschlossen haben, können in Schwächen umschlagen – sofern Sie es mit ihnen übertreiben:

▶ Wer mit seinen Kollegen nur noch per Aktennotiz spricht,
  statt gelegentlich ein paar Worte zu wechseln, findet selbst als
  sprachgewaltiger Autor keine Freunde mehr.
▶ Wer sich mit alltäglichen Arbeiten und Entscheidungen so
  viel Zeit lässt, als wäre jede ein Jahrhundertprojekt, reißt mit
  seiner Arbeitsqualität die massiven Verzögerungen nicht raus.
▶ Und wer seine Privatsphäre so wichtig nimmt, dass er seinen
  Familienstand zum Staatsgeheimnis erklärt, bekommt für seine
  Verschwiegenheit keinen Orden, sondern wird dafür verlacht.

Natürlich wäre es bequem, sich als Opfer einer lauten Welt voller oberflächlicher Schwätzer zu definieren. Aber diese Haltung
würde Sie in die Ohnmacht treiben. Hilfreicher ist der Gedanke:

»Ich habe alles selbst in den Hand: Mein Verhalten beeinflusst die anderen!« Denn wie ein Echo davon abhängt, was Sie zuvor gerufen haben, so hängt der Umgang anderer Menschen mit Ihnen davon ab, wie Sie vorher mit ihnen umgegangen sind.

Probieren Sie Ihre Stärken aus wie Kleidungsstücke vor einem Spiegel und zupfen Sie so lange daran herum, bis sie wirklich sitzen; es kommt auf das richtige Maß an. Zum Beispiel darf Ihr diplomatisches Geschick nicht so weit gehen, dass Sie Ihren kritischen Standpunkt verleugnen – sonst gelten Sie bald als Meinungsschwächling und werden übergangen. Dagegen hilft Ihnen diplomatisches Geschick, Ihre Kritik so vorzutragen, dass sie niemanden verletzt. Dann beweisen Sie Feingefühl – und werden als Moderator geschätzt.

Folgende Fragen können Sie auf persönliche Entwicklungsfelder hinweisen:

▶ Zeige ich genug von mir, um als Mensch wahrgenommen zu werden, nicht nur als Sachvertreter?

▶ Füge ich mich so weit ins Puzzle einer Gemeinschaft ein, dass ich als Teil des Ganzen wahrgenommen werde, nicht nur als Einzelteil am Rande?

▶ Nutze ich meine Fähigkeit, einfühlsam zu sein, auch gegenüber Mitmenschen – oder bin ich zu sehr mit mir selbst beschäftigt?

▶ Gehe ich mit anderen typgerecht um, also mit Extrovertierten *auch* durch mündliche Kommunikation, statt nur auf dem Schriftweg?

▶ Sage ich meine Meinung auch dann, wenn ich riskiere, mich damit unbeliebt zu machen?

▶ Tue ich das, was ich für richtig halte, unabhängig vom Urteil anderer – oder verbiege ich mich in vorauseilendem Gehorsam?

Stehen Sie zu Ihrem Temperament, aber stehen Sie nicht auf der Stelle! Wagen Sie, was Sie voranbringt. Sagen Sie öfter Nein zu Forderungen, denen Sie bisher widerwillig nachkommen. Sagen Sie öfter Ja zu Möglichkeiten, die Sie nur aus Gewohnheit ablehnen. Schielen Sie weniger darauf, von anderen geliebt zu werden, und mehr darauf, sich selbst zu lieben.

Und sprechen Sie mit Vertrauten, wie andere Sie mit Ihrem Temperament wahrnehmen. Zum Beispiel hören sachorientierte Menschen oft, dass sie »nüchtern und kühl« scheinen, ohne es innerlich zu sein. Dann kann es helfen, die Sachebene zu überschreiten und eben doch mal einen intelligenten Smalltalk zu führen (siehe ab Seite 125) oder die eigenen Schwächen zu benennen, statt immer nur perfekt wirken zu wollen (siehe ab Seite 261).

Betrachten Sie sich liebevoll und sehen Sie dort, wo es noch hakt, die Chancen für Ihre Entwicklung. Dann haben Sie das Steuerrad Ihres Lebens in der Hand und können das nachhaltigste aller Ziele ansteuern: Ihr persönliches Wachstum.

### LEISE & WEISE

»Im Leben kommt es darauf an, Hammer oder Amboss zu sein – aber niemals das Material dazwischen.«
*Norman Mailer, US-Autor*

# 3 Stoppt den Action-Film!

## Warum Sie nicht auf jeder Hochzeit tanzen müssen

In diesem Kapitel erfahren Sie ...

- ▶ warum Menschen, die immer unterwegs sind, nie bei sich selbst ankommen,

- ▶ warum es eine gute Idee ist, in Ihren Kalender zu schreiben: »Treffen mit mir selbst!«,

- ▶ wie die Industrialisierung Schwätzer am Fließband produzierte

- ▶ und warum die Zeit der Großmäuler sich nun dem Ende zu neigt.

# Am Wochenende nach New York

»Was hast du am Wochenende vor?«, fragt mein Trainerkollege. Seine Augen taxieren mich wie beim Kartenspielen: Er ist neugierig, ob ich einen Trumpf auf der Hand habe. Beeindrucken könnte ich ihn mit einer Antwort wie:

▶ »Ich fliege nach New York, dort feiert mein alter Freund John, ein Bankvorstand, seinen Geburtstag.«
▶ »Morgen geht's nach Berlin, ich bin eingeladen beim Sommerfest des Bundespräsidenten.«
▶ »Ich rocke ab beim Springsteen-Konzert in Frankfurt und nutze danach meinen Backstage-Pass.«
▶ »Ich feiere in kleinem Rahmen, also mit 250 Gästen, mein zweijähriges Jubiläum als Vorsitzender des deutschen Weltreise-Vereins.«
▶ »Ich fliege zum Bungee-Jumping in die Pyrenäen, wo ich einen Anti-Angst-Kurs für Top-Manager leite.«

Die Augen des Kollegen fixieren mich noch immer, ein Zucken seines Mundwinkels verrät mir, dass ich schon zu lange schweige. »Ich habe den schönsten Termin im Kalender, den ich mir vorstellen kann«, sage ich.

Sein Kopf rückt näher. »Nämlich?«

»Keinen!«

»Das heißt, du willst offen sein für spontane Unternehmungen?«

»Du meinst, ob ich vielleicht zu einer kurzfristigen Reise aufbreche? Oder zu einer Spontan-Party einlade?«

Er lächelt. »Genau so was, ja!«

»Meine größte Reise des Wochenendes wird sein, dass ich zum Bäcker spaziere. Und meine spontanste Handlung, dass ich in dem Roman, wo ich auf Seite 212 bin, auf Seite 213 umblättere.«

Sein linkes Augenlid beginnt zu flattern. Dass ich so offen über mein actionfreies Wochenende berichte, macht ihn nervös. Höchste Zeit, dass er seinen Trumpf ausspielt:

»Ich bin morgen Nachmittag auf einer Vernissage in Düsseldorf«, verkündet er. »Danach feiert ein alter Freund von mir, Chef einer Agentur, im ›Kom(m)ödchen‹ seinen 50. Geburtstag. Am Sonntag fahre ich direkt vom Hamburger Flughafen in die Innenstadt, dort brunche ich mit einem Geschäftspartner. Und später, nach dem Golfen, leite ich die Sitzung des Lions Clubs.«

Triumphierend schaut er mich an. Ich sage: »Das klingt für mich, als könntest du nach dem Wochenende dringend ein Wochenende gebrauchen!«

Er lächelt mitleidig. »Also mich entspannt es, wenn ich so tolle Termine habe. Ich möchte mein Leben nutzen und nicht nur die Füße aufs Sofa legen.«

Aha, wer die Füße aufs Sofa legt, statt mit rauchenden Sohlen durch die Welt zu zischen, verschwendet also sein Leben. Der moderne Mensch als Action-Held, das Leben als Leinwand – und das Publikum darf raunen!

Vielleicht sollte ich dem Trainerkollegen erzählen, dass der Philosoph Martin Heidegger jene Zeit pries, die wir nicht zum Gegenstand der Ausbeutung, nicht zur »Um-zu-Zeit« degradieren; jene Zeit, in der wir unsere Seele entfalten, statt sie vom Termindruck zusammenfalten zu lassen.[29]

Vielleicht sollte ich den erfahrenen Therapeuten Mathias Jung zitieren, der ungeniert bekennt: »Einsamkeit ist eine Erholung für meine Sinne und meine kleinen grauen Zellen im Gehirn. Einsamkeit ist Rückzug auf mich selbst. In der Einsamkeit entwickle ich Distanz zu allem Vorgegebenen. Einsamkeit macht auch ein bisschen frech. Ich bin nicht mehr bereit, alles zu schlucken, was man mir vorsetzt.«[30]

Oder vielleicht sollte ich ihm erzählen, dass die spannendsten Reisen nicht ans andere Ende der Welt führen, sondern ins eigene Innere. Seit Jahren schreibe ich in meinen Terminkalender meinen eigenen Namen. Jedes Mal freue ich mich, eine Stunde oder einen Tag mit mir selbst zu verbringen. Jedes Mal frage ich mich: Was läuft gut in meinem Leben? Und wie kann ich es fortsetzen? Und was läuft schlecht? Und wie kann ich es verbessern? Solchen Tagen entsteige ich wie einem Jungbrunnen.

Aber all diese Gedanken würden einen Smalltalk sprengen. Also verabschiede ich mich höflich von dem Kollegen. Er ruft mir hinterher: »Dann ein schönes Erholungs-Wochenende!« Als wäre es eine Besonderheit, sich am Wochenende zu erholen.

Geht es Ihnen wie mir? Gibt es Tage in Ihrem Leben, an denen Sie einfach nichts unternehmen, sondern nur Ihre Ruhe haben wollen? Und nervt es Sie, sich dafür zu rechtfertigen? Die Schwätzer haben das ganze Leben zu einem Wettrennen gemacht. Es gewinnt, wer …

▶ mehr Termine im Kalender stehen hat,
▶ mehr Flugmeilen sammelt,
▶ mehr Mails pro Tag bekommt,
▶ mehr Facebook-Freunde aufbietet,
▶ mehr Menschen bei seiner Geburtstagsparty empfängt,

- ▶ mehr Follower bei Twitter hat,
- ▶ mehr Länder in seinem Urlaub bereist,
- ▶ mehr Projekte betreut,
- ▶ mehr Mitarbeiter führt,
- ▶ mehr Wortmeldungen beim Meeting schafft,
- ▶ mehr Vereinsmitgliedschaften unterhält
- ▶ und mehr SMS pro Minute empfängt.

Wir leben in einer »Casting-Gesellschaft«, einer »Kultur permanenter Selbstdarstellung«, resümieren die Medienwissenschaftler Bernhard Pörksen und Wolfgang Krischke.[31]

Statt seine Wünsche zu begrenzen, wie die alten Stoiker es rieten, pflegt der moderne Action-Held den inszenierten Hedonismus: Für jeden Wunsch, den er sich erfüllt, wachsen zwei neue nach – eine »innere Ungenügsamkeit«, die schon Immanuel Kant aufgefallen war.[32]

Der Philosoph selbst hasste Action, vermied Reisen und spazierte jeden Tag exakt zur gleichen Zeit durch Königsberg. Seine (ruhigen) Gewohnheiten waren ihm heilig. Eines Tages wurden diese empfindlich gestört, denn die Pappeln seines Nachbarn waren so hoch gewachsen, dass sie den Löbenicht'schen Kirchturm verdeckten, auf dem Kant seine Augen gern ausruhen ließ. Der Nachbar musste zur Säge greifen.[33]

Die Schwätzer von heute sehen nichts mehr, denn sie wollen gesehen werden. Und sie pflegen keine Gewohnheiten mehr, denn sie sind zu gewöhnlich, passen sich an und surfen stets auf der höchsten Welle. Ihre Eitelkeit und ihr Erlebnishunger lassen sie durch die moderne Welt streunen, hetzen, jetten.

Und heimlich haben sie schon ein zweites Wettrennen eröffnet: Wer leidet mehr? Wenn Manager über ihren Burnout sprechen, dann oft stolz und mit der heimlichen Botschaft: »Ich habe mich dem Feind, der Arbeit, heldenhaft gestellt und gekämpft bis zum Umfallen. Jetzt stehe ich wieder. Auf zur nächsten Runde!« Bald werden sich die Helden der Arbeit streiten, wer die meisten Herzinfarkte, die meisten Burnouts, die meisten Scheidungen und den höchsten Konsum an Aufputsch- und Schlafmitteln vorzuweisen hat.[34]

Und sicher stritten sie auch darüber, wer die meisten Kränze auf seinem Grab stapelt, wäre die Leinwand dann nicht schon schwarz – und der Action-Film vorbei.

### LEISE & WEISE

»Manche Hähne glauben, dass die Sonne ihretwegen aufgeht.«
*Theodor Fontane, deutscher Autor*

# Hallo, Spiegel, gibt's mich noch?

In unserer Großmaul-Gesellschaft sind die Menschen dazu übergegangen, ihren Terminkalender als Spiegel zu nutzen, um sich zu vergewissern: Gibt's mich noch? Wer mal keine Termine hat, keine SMS empfängt und zu keiner Party eingeladen ist, zweifelt an seinem Vorhandensein.

Die Hyper-Aktiven prahlen mit vollen Kalendern und spektakulären Unternehmungen, um ihr Dasein zu beweisen – obwohl sie nie »da« sind, sondern immer weg: in anderen Städten, auf anderen Partys, in einem anderen Leben. Sie meinen, es wild zu treiben, aber treiben nur mit dem Strom. Innerlich stehen sie still. Es geht ihnen nicht um die Tiefe ihrer Erlebnisse, nur um die Zahl. Ihre Welt ist ein Actiontheater.

Viele zurückhaltende Menschen werden in den Strudel dieses hyperaktiven Lebens gezogen. Dann tanzen sie auf Partys, auf denen sie nicht tanzen wollen, und wechseln beim Smalltalk verbales Falschgeld. Auf die Frage »Wie geht's?« antworten sie mit der Lüge »Gut!« – was nie zu Nachfragen führt, selbst wenn der Gegenstand, den sie unterm Arm tragen, eindeutig der eigene Kopf ist!

Dann haben sie zwar eine gute Antwort, wenn am Montag jemand fragt: »Was hast du am Wochenende gemacht?« Aber wenn sie sich selbst fragen, denken sie: »Ich habe Zeit verschwendet, mich selbst verraten!« Ein solches Leben gegen die eigene Natur rächt sich. Wer sich verstellt, steht seinem Glück im Weg.

Spielen Sie in diesem hohlen Actionfilm nicht länger mit. Ziehen Sie eine Lärmschutzmauer um Ihr Eigenleben. Einladungen, die Ihnen nicht einladend erscheinen, lehnen Sie ab. Wochenenden, an denen Sie sich erholen wollen, verbringen Sie terminfrei. Unnötige Dienstreisen lassen Sie sausen – wozu gibt es eigentlich Video-Konferenzen? Überflüssige Kongresse umfahren Sie weiträumig.

Und statt in sieben Tagen acht Länder zu bereisen, verbringen Sie Ihren Urlaub an einem vertrauten Ort, wo Ihr Herz bei einem Glas Rotwein aufgeht, wenn die Sonne beim Abendrot untergeht. Das Handy bleibt aus, sofern überflüssige Anrufe oder gar dienstliche Mails drohen. Statt Partylärm hören Sie Vögel zwitschern. Und wenn Sie Aufregung brauchen, greifen Sie im Bett noch zu einem guten Thriller.

»Ist doch langweilig!«, rufen die Actionhelden. Aber ist es spannender, so schnell durchs Leben zu rasen, dass man alles gesehen, aber am Ende nichts begriffen hat? Spannender, tausend fremde Menschen zu treffen, nur um die Begegnung mit sich selbst zu verhindern? Spannender, auf Partys, Vernissagen und Kongressen ein Denken zu pflegen, das ebenso »small« wie der gleichnamige Talk ist?

Der britische Autor Tom Hodgkinson, Vorkämpfer für ein freieres Leben, rät: »Fordere dir nicht zu viel ab. Tu weniger. Gibt dir Spielraum. Reduziere deine geplanten Besuche und Treffen auf ein absolutes Minimum, damit du Platz für (...) Dinge hast, die sich von ganz allein ereignen. (...) Lass große Lücken in deinem Leben, denn in ihnen spielt sich das Wichtigste ab.«[35]

An dieses Motto hielt sich der Rallye-Weltmeister Walter Röhrl: Seine Zeit mit lauten Siegerehrungs-Galas zu verschwenden, lehnte er grundsätzlich ab: »Was soll das Tamtam? Einen Tag später ist das Siegergefühl doch weg.« Einmal hat ihn das 10 000 Dollar Strafe gekostet. Doch seine Ruhe war ihm wichtiger.[36]

Also Ihren ersten Wohnsitz in einem Schneckenhaus einrichten? Nein! Dieses Buch wird Ihnen Wege weisen, wie Sie zur richtigen Zeit in der Außenwelt präsent sind. Denn sicher mögen Sie es, *gelegentlich* zu extrovertieren, eben doch auf eine Party zu gehen, eine Reise anzutreten, einen Kontakt zu suchen oder sich in eine Runde einzubringen. Tatsächlich fand der Psychologie-Professor William Fleeson von der Wake Forest University heraus: Zurückhaltende Menschen fühlen sich nach einer Gruppendiskussion am besten, wenn sie aus sich herausgekommen sind und mehr als sonst mitgeredet haben.[37]

Aber Ihr Motiv macht den Unterschied: Reden Sie mit, wenn Sie etwas zu sagen haben – und nicht, um es anderen recht zu machen. Gehen Sie auf eine Party, wenn Sie auf eine Party gehen *wollen* – und nicht, weil sie meinen, es zu müssen. Treten Sie eine Reise an, wenn Sie verreisen *wollen* – und nicht, weil Sie noch ein gutes Alibi für das Kreuzverhör im Büro nach der Rückkehr aus Ihrem Urlaub brauchen.

Und wenn Sie jemand fragt, was Sie am Wochenende vorhaben? Dann sollten Sie es in Ordnung finden, gelegentlich so wie ich zu antworten: »Nichts.«

---

### LEISE & WEISE

»Das ganze Unglück der Menschen rührt allein daher, dass sie nicht ruhig in einem Zimmer zu bleiben vermögen.«
*Blaise Pascal, französischer Autor*

---

## Prominente Zurückhaltung: Der tapfere Ritter gegen den Lärm

Das hätte sich der stille Künstler nicht träumen lassen, dass er sein Urlaubsgrundstück wie im Agententhriller verlassen muss: im Laderaum eines Lieferwagens. Eigentlich wollte er sich auf Sylt erholen, ruhig und abgeschieden. Aber im Jahr 2002 brach die Hölle über ihn herein: Drei Kamerateams umlagerten sein Grundstück. Und die Boulevard-Zeitungen gingen ihn mit fetten Schlagzeilen an.

Begonnen hatte alles harmlos: »Wir saßen draußen im Garten, und uns fiel auf, dass es der fünfte Tag war, an dem Rasen gemäht wurde – und zwar (...) mit lautem schweren Zweitakter-Gerät, was besonders nervig ist. Was so stört, ist nicht das gleichbleibende Geräusch, sondern dieses Ram, Ram. Wie Kanten-Trimmer, Motorsägen oder Laubbläser. Es ist die Hölle. Menschen suchen Ruhe, und sie kriegen sie nicht, weil überall gemäht wird.«[38]

Der Künstler schickte einen zugespitzten Leserbrief an die Lokalzeitung: »Vergeblich suchten wir in unserem Ferienparadies Erholung: Stattdessen waren jeden Tag um uns herum die ›Gartennazis‹ (eine Wortschöpfung des Kabarettisten Georg Ringswandl für fanatische Rasenstutzer, Heckenspießer und Halmausrotter) mit schwerem Gerät und Höllenlärm damit beschäftigt, kleinen, unschuldigen Grashalmen den Garaus zu machen.«[39] Er schlug feste Tage zum Rasenmähen vor, so wie es feste Tage für die Müllabfuhr gibt. »Dann ist zwar ein Urlaubstag versaut, aber wenigstens nur einer.«

Die Boulevard-Medien strickten daraus einen »Skandal« und stellten den Künstler als kleinkariert dar. Die ersten Leserbriefe bliesen in dasselbe Horn, er empfand sie als »sehr unfreundlich (...), als ob Rasenmäher-Lärm der Menschen liebstes Geräusch wäre, das ich ihnen nicht gönnen würde«. Aber als der Presselärm nachließ, bekam er »immer mehr Briefe, die sagten: ›Sie sprechen uns aus der Seele.‹«[40]

Völlig klar: Hier war ein leiser Mensch mit der Lärmgesellschaft zusammengeprallt. Für Schwätzer mögen Außengeräusche eine Abwechslung sein, das Brummen der Rasenmäher womöglich genauso wie das Rauschen der Brandung. Dagegen treibt künstlicher Lärm Introvertierte und Hochsensible zuverlässig in den Wahnsinn: Je mehr Gedanken in einem Kopf flüstern, desto weniger zusätzlichen Lärm von außen verträgt er.

Die Extrovertierten, von Haus aus schnell, hatten zuerst auf die Medienkampagne reagiert: Sie beschimpften den Lärmverächter.

Die Zurückhaltenden, von Haus aus bedacht, brauchten ein paar Tage länger, um ihre Zustimmung zu artikulieren.

Der Name des tapferen Ritters gegen den Lärm: Reinhard Mey. Seine feinnervigen Lieder, die er in stillen Stunden ersinnt, berühren Millionen von Menschen. Wann er Sylt am liebsten mag, verrät sein Song »Ich liebe das Ende der Saison«: im späten Herbst, weil dann »die lauten Stimmen der Saison verklungen sind«.[41] Und mit ihnen die Rasenmäher!

## Die Opa-Wilhelm-Strategie

Mein Opa Wilhelm war ein stiller Mann, ein Bauer im Hochschwarzwald. Auf kargem Land hielt er Kühe, baute Kartoffeln an und machte Holz. Zwei Weltkriege erlebte er, den ersten als junger Mann, den zweiten mit über 45 Jahren. Sein Hof lag in einem Tal mit wenigen Häusern. Wochenlang kam kein Fremder vorbei. Laut waren nur der Wind, der in die Wipfel der Fichten fuhr, und der Bach, der sich gurgelnd ins Tal stürzte.

Mein Opa war ein großer Schweiger. Am liebsten saß er vor seinem Hof auf einer kleinen Bank, den Hut weit ins Gesicht gezogen, blinzelte in die Abendsonne und frönte seinem einzigen Laster: Er rauchte Stumpen. Und die schmeckten ihm so gut, dass er sie, wenn sie nur noch ein paar Zentimeter lang waren, auf sein Taschenmesser spießte, um weder einen Zug zu verpassen noch sich die Finger zu verbrennen.

Seine Lebensleistung war enorm: Neun Kinder hat er mit seiner Frau Maria durchgebracht. Das Land, das er bewirtschaftete, war so groß wie ein mittlerer Stadtpark. Die längste Zeit arbeitete er ohne Traktor, ohne Motorsäge, ohne moderne Technik. Und das in einer Gegend, wo es im Winter oft meterhoch schneite und das Thermometer schon mal auf minus 25 Grad abstürzte.

Nie habe ich meinen Opa große Reden schwingen hören, nie habe ich erlebt, dass er sich als tollen Hecht verkaufte. Er war Meister im Schweigen. Sogar bei Familienfeiern hörte man von ihm so gut wie nichts außer Schmatzen (er aß gern und schnell). Und wenn ihm der Trubel zu bunt wurde, zog er sich in seinen Garten auf den Stuhl neben den Johannisbeer-Sträuchern zurück. Und zündete sich einen Stumpen an.

Mein Opa musste kein guter Selbstverkäufer sein, denn er verkaufte nicht sich selbst: Er verkaufte Fleisch und Milch, Holz und Kartoffeln. Wenn ihm die Kühe eingegangen wären, hätten sich seine Milchkunden nicht ersatzweise große Sprüche einschenken lassen. Und wer Holz bei ihm kaufen wollte, hätte den Ofen im tiefen Winter nicht mit Wilhelms Ausreden heizen können, warum gerade kein Holz gemacht war.

Jeder im Dorf wusste: Der Wilhelm ist zuverlässig. Seine großen Qualitäten waren bekannt, ohne dass er sie in großen Worten vor sich hertrug.

Sein Glück war es, dass er, anders als viele Altersgenossen, von der Industrialisierung nicht in eine Stadt gespült und zum anonymen Arbeiter oder Angestellten gemacht worden war. Zu Beginn des 20. Jahrhunderts liefen die Fließbänder auf Hochtouren: Überall schossen Fabriken aus dem Boden. Große Firmen öffneten ihre Tore und riefen nach Arbeitskräften. Die Landbevölkerung folgte diesem Ruf, den Städten schwoll der Bauch, immer mehr Häuser, immer mehr Menschen drängten sich auf immer engerem Raum.

Was in der Geschichte der Menschheit die Ausnahme gewesen war, die fortwährende Begegnung mit fremden Menschen, wurde zum Normalfall. Und plötzlich war eine Disziplin gefragt, die bis dahin kaum eine Rolle spielte: schnelles Eindruck-Schinden.

Wer mit seinen Nachbarn die Schulbank gedrückt, die Kirche besucht, den Stammtisch geteilt und die Ernte eingefahren hatte, dessen Stärken und Schwächen waren bekannt. Den Menschen um sich herum etwas vorzumachen wäre lächerlich gewesen.

Aber wer in den Städten mit fremden Menschen zusammentraf, musste zeigen, wer er ist. Von den Großfirmen wurde man nicht für erbrachte Leistung eingestellt (denn die wurde erst nach der Einstellung sichtbar), sondern für *versprochene*. Sogar wer mit seinen Händen arbeitete, musste sich mit seinem Mund verkaufen.

Gefragt waren plötzlich Eigenschaften, die mein Opa Wilhelm in seinem stillen Dorf nie benötigt hatte: eine flinke Zunge und ein Ego in der Größe eines Scheunentors. Qualitäten auf den zweiten Blick halfen in der Hektik der modernen Städte nichts, weil es oft beim ersten Blick blieb. Es kam nicht mehr darauf an, was einer war, sondern was er von sich zeigte. Die »Charakterkultur« wurde abgelöst von einer »Persönlichkeitskultur«, wie das die Historikerin Warren Susman ausdrückte.[42]

Die Menschen begannen, an ihrer »Persönlichkeit« zu basteln: Rhetorik-Schulungen kamen in Mode, Selbstdarstellung wurde gelehrt. Und in den USA begeisterte der Ex-Vertreter Dale Carnegie die Massen, indem er als Kursleiter und Autor lehrte, wie man andere beeinflusst und besser redet.[43] Seine Bücher entwickelten sich zu Millionen-Sellern.

Fortan nahmen sich stille Menschen vermehrt als »schüchtern« wahr und Bescheidene als »schlechte Selbstverkäufer«. Ihre Eigenarten erschienen plötzlich eigenartig, ihr Temperament als Mangel. Lärmende Selbstverkäufer machten das Rennen.

Diese Entwicklung nahm über Jahrzehnte an Fahrt auf, überdauerte die Weltkriege und geriet vollends zur Raserei, als sich die Gesellschaft in den 1970er-Jahren wandelte: von Industrie und Landwirtschaft zur Dienstleistung. Seither werden Produkte verkauft, die *unsichtbar* sind: Beratung, Service und Projektarbeit.

Den Tisch des Schreiners konnte man anfassen und nach handwerklichen Kriterien beurteilen. Eine schräge Tischplatte hätte er nicht geradereden können. Aber wie viele Berater, Projektleiterinnen und moderne Fachkräfte reden ihren Kopf aus der Schlinge – weil sich eine Arbeit, die vor allem aus Worten besteht, durch Worte geradrücken lässt? Die Fähigkeit, sich und seine Arbeit gut zu verkaufen, scheint wichtiger als die Arbeit an sich.

Die Wirtschaft gibt den Takt vor: Manager treten wie Entertainer vor ihre Aktionäre. Computer, Handys und Digitalisierung schwappten aus den Büros bis ins letzte Kinderzimmer. Die Globalisierung macht den Globus zur Hüpfburg: Die Mitarbeiter sollen von Kontinent zu Kontinent springen, je nach Bedarf der Firmen. Der moderne Mensch soll ein Tausendsassa sein: immer flexibel, immer effektiv, immer fehlerfrei.

Jede Begegnung gerät zum Speeddating. Wer seinen Gesprächspartner in den ersten 30 Sekunden nicht gewinnt, hat ihn angeblich verloren. Dann ist der Flirt im Eimer, das Vorstellungsgespräch gelaufen. Wir kennen uns nicht mehr. Wir wechseln den Arbeitgeber, die Branche, die Stadt. Wir sind Durchreisende, winken uns zu und verschwinden.

Der Wirtschaftsvordenker Gunter Dueck sieht uns im Zeitalter der »Topimierung«: »Ein gewaltiger Teil der Lebensenergie wird verschwendet, um zu topimieren, sich darzustellen, schönzureden, ›zu heucheln‹ (…) Und dann stehen wir verloren und verlassen in den Produktglitzerwelten (…).«[44]

Die Flüchtigkeit der Begegnungen erklärt, warum so viele Blender durchstarten. In einem Dorf konnte der Sprücheklopfer schnell enttarnt werden – und ein zurückhaltender Mann wie mein Opa Wilhelm wurde ihm vorgezogen.

Aber heute kann es passieren, dass ein Chef seine Mitarbeiterin das ganze Jahr nicht mehr so lange am Stück sieht wie bei den 60 Minuten im Einstellungsgespräch – dieser Eindruck prägt. Heute kann ein Kongressredner eine Halle mit schlauen Sprüchen füllen, ehe er wieder in die Anonymität abtaucht (statt, wie im Dorf, an seinen Taten gemessen zu werden). Heute weiß der Städter kaum, wer sein Nachbar ist, wohl aber, wie er auftritt.

Deshalb scheint das Zeitalter der Großmäuler auf dem Höhepunkt. Aber aus meiner Beratungspraxis kann ich Ihnen versichern: Es hat ihn überschritten. Die Actionhelden fallen immer öfter auf die Schnauze. Gut möglich, dass die Zukunft wieder Typen wie meinem Opa Wilhelm gehört. Woran das liegt? Nicht zuletzt an den neuen Medien, wie Sie gleich lesen werden.

## LEISE & WEISE

»Bescheidenheit ist eine Eigenschaft, für die der Mensch bewundert wird, falls die Leute je von ihm hören sollten.«
*Edgar Watson Howe, US-Autor*

# Das entzauberte Fabelwesen

Dieser Mann war der Traum der schlaflosen Personaler-Nächte. Mit 35 Jahren hatte Lars Kleine-Wengert alles erreicht. Sein Lebenslauf strotzte vor Rekorden. Eine neue Vertriebskette hatte er mit Riesenerfolg aufgebaut, umjubelte Verkaufsschulungen in mehreren Sprachen gegeben. Und nach einer Fusion war es ihm geglückt, aus zwei ineffektiven Vertrieben eine schlagfertige Einheit zu bilden, mitsamt Kostensenkung. Überall, wo er anfing, purzelten die Umsatzrekorde.

Sein Vorstellungsgespräch bei dem mittelständischen Spielzeughersteller war ein Triumphzug gewesen: Mit seiner Redekunst, einer Mischung aus Smalltalk und gepfefferter Selbst-PR, hatte er sofort das Herz des Personalchefs und des Geschäftsführers erobert. Jedes seiner Worte saß so perfekt wie sein Maßanzug.

Nebenbei ließ er durchblicken, er stamme aus einer alten Unternehmerfamilie und habe den Business-Erfolg schon mit der Muttermilch aufgesogen. Nachdem er in Großfirmen alles erreicht habe, sehne er sich nun wieder »nach kurzen Entscheidungswegen«. Deshalb habe er sich beworben und sei bereit, eine »Ausstiegsklausel« im alten Vertrag zu nutzen, um kurzfristig anzufangen.

Dass ein Supermann wie er eingeflogen war, lag nicht zuletzt an der Stellenausschreibung. Wieder einmal war (sinngemäß) ein Fabelwesen gesucht worden: jung wie Bill Gates in der Garage, aber erfahren wie Helmut Schmidt auf dem Sterbebett; weltmännisch wie Karl Lagerfeld, aber bodenständig wie der Junge von nebenan.

Lars Kleine-Wengert bekam den Job. Und er ließ keinen Stein

auf dem anderen: Er strukturierte seinen Vertrieb um, stellte das Produktsortiment auf den Kopf, kommandierte seine Leute zu Schulungen, erhob seine Stimme oft zu Ansprachen und traf sich den Rest der Zeit mit seinen neuen Key-Account-Kunden auf dem Golfplatz.

Die Geschäftsleitung verfolgte dieses actionreiche Treiben mit einer großen Befriedigung: Endlich ein Vertriebsleiter, der in die Vollen ging!

Weniger begeistert waren die Vertriebsmitarbeiter, denn ihr eloquenter Chef wirkte auf sie dilettantisch: Er torpedierte eine bewährte Anti-Rabatt-Politik. Er zerhackte die Vertriebsgebiete in neue, völlig sinnlose Bereiche. Und wenn es wichtige Fragen zu klären gab und er gerade mal nicht auf dem Golfplatz war, schob er die Antwort auf.

Die Umsätze gingen zurück, aber sogar das deutete Kleine-Wengert zu seinen Gunsten: »Wer aus dem Stand springen will, muss erst mal in die Knie gehen: Für den künftigen Umsatzschub müssen wir eine vorübergehende Verschnaufpause einkalkulieren.« Die Geschäftsleitung nickte ergriffen.

Einer seiner frustrierten Mitarbeiter, vom dem ich die Geschichte habe, beschrieb die Lage so: »Er brachte nichts auf die Reihe, aber uns hat er wie Nachhilfeschüler behandelt. Jedes Seminar haben wir als Strafarbeit empfunden. Das war extrem demotivierend.« Zumal er den Schwarzen Peter auch öffentlich seinen Mitarbeitern zuschob: »Die Produkte sind einwandfrei, aber an der Präsentation müssen wir feilen!« Wieder nickte seine Geschäftsleitung zufrieden. Dabei waren die Produkte nicht mehr zeitgemäß und hätten dringend modernisiert werden müssen.

»Es ging uns so richtig auf den Keks, wie er sich in den Mittelpunkt gespielt hat«, erzählte der Vertriebsmitarbeiter weiter. »Dabei hatten wir das Gefühl: Der Kerl versteht nichts vom Vertrieb. Und irgendwann kam einer auf die Idee: Lass uns doch mal schauen, ob wir im Internet herausfinden, wo er früher gearbeitet hat.«

Also folgte die Vertriebsmannschaft der digitalen Spur ihres Chefs; der seltene Doppelname ließ sich kinderleicht googeln, die Detektive wurden fündig: Erst stießen sie auf Teilnehmerkommentare zu seiner Vertriebs-Schulung, die als »das schlechteste Training aller Zeiten« bezeichnet wurde. Eigentlich hätte die Schulung aus zwei Teilen bestehen sollen, aber der zweite Teil war ausgefallen (wie aus einer Notiz hervorging); offenbar hatte der Veranstalter die Notbremse gezogen.

Und jedes Mal, wenn Lars Kleine-Wengert eine neue Stelle angetreten hatte – etwa alle zwei Jahre –, war er von seinen neuen Firmen als Messias begrüßt worden: große Pressemeldung! Danach fanden sich noch dürftige Hinweise auf angebliche Vertriebsreformen. Und die nächste Meldung fiel immer sehr sachlich aus: »Neuer Vertriebsleiter eingestellt. Auf Lars Kleine-Wengert folgt …«

Keine Lorbeeren für einen, der mit Erfolg gearbeitet hatte? Das stank zum Himmel! Wie gut, dass ihr Chef bei Facebook und Xing eine hohe dreistellige Zahl an »Freunden« gesammelt hatte, darunter zahlreiche Ex-Mitarbeiter. Vorsichtig tasteten sich die Vertriebler an diese Kontakte heran. Und schon bald hagelte es Antworten wie:

► »Ach, hör mir auf mit dem! Der hat sich als Schaumschläger erwiesen. Erst gefeiert, dann gefeuert!«

► »Der hat hier einen Misthaufen aus lauter Problemen hinterlassen. Und ehe er ging, hatten zwei der besten Mitarbeiter gekündigt.«

▶ »Stimmt, die Zahlen sind zuerst gestiegen, weil er mit Rabatten nur so um sich geworfen hat. Die Verluste standen dann später in den Büchern.«

▶ »Schulungen in mehreren Sprachen? Vielleicht sollte er erst mal Deutsch lernen ☺ – mein Zeugnis war voll mit Rechtschreib-Fehlern.«

▶ »Ausstiegsklausel aus seinem Vertrag? So ein Quatsch: Bei uns ist er vor sechs Wochen rausgeflogen!«

Es kam sogar ans Licht, dass der angebliche Spross einer Unternehmerfamilie aus einem Beamtenhaushalt stammte. Alles an ihm war Fassade, ausgeschmückt und angedichtet.

Als diese Informationen zur Geschäftsleitung durchgesteckt wurden, schrumpfte das Fabelwesen auf seine wahre Größe zusammen.

Das Internet entwickelt sich zum modernen Fluch für die Maulhelden, es stellt Verhältnisse her wie einst im Schwarzwald-Dorf meines Opas Wilhelm: Nahezu jeder ist mit jedem in Kontakt, manchmal über ein paar Ecken. Und nahezu jeder hat die Chance, einen zu sprechen, der den neuen Kontakt länger kennt und damit besser durchschaut als er selbst.

Immer öfter stolpern die Schwätzer über ihre eigene Vergangenheit. Statt jedes Mal die Karten neu mischen zu können, sprechen sich ihre rhetorischen Tricks und ihre windigen Erfolgsstrategien herum. Das Deckmäntelchen der Anonymität, das ihnen die Industrialisierung überwarf, wird durch die digitalen Medien zunehmend gelöchert: So schnell sie auch rennen, ihr Ruf holt sie ein! Auch Personalchefs können mittlerweile googeln. So mancher Held wird als Maulheld enttarnt.

Zurückhaltende Menschen profitieren davon. Erstens hinterlassen sie keine verbrannte Erde, die im Internet auf alle Zeiten vor sich hin dampft, sondern wohlbestellte Äcker. Und zweitens haben sie einen guten Leumund: Wer Menschen anspricht, die ihren Weg gekreuzt haben, hört meist Gutes.

Der Wind in der Gesellschaft dreht sich. Als ich vor 15 Jahren mit Karriereberatungen begann, waren die häufigsten Frage noch: »Wie komme ich auf der Karriereleiter *rasch* weiter?«, »Wie kann ich mein Gehalt *schnell* steigern?« oder »Welche Zeitmanagement-Tipps machen mich *auf Anhieb* effektiver?« Es ging um Tempo, um Aufstieg, um äußere Anerkennung. Gefragt waren Aktionisten, sie kamen vorwärts.

Heute interessiert immer mehr Menschen, wie sie aus Berufs- und Privatleben ein stimmiges Gesamtpaket schnüren können. Nicht das höchste Gehalt zählt, nicht die höchste Position, sondern die höchste Erfüllung. Und erstaunlich viele Führungskräfte buchen keine Aufstiegs-, sondern eine Abstiegsberatung: Sie wollen vom Chefsessel auf die Fachebene zurück – einfach um ein schöneres Leben zu genießen.

Die Blütezeit der Schneller-höher-weiter-Mentalität, die Ära der polternden Gipfelstürmer, klingt langsam aus. Gefragt ist eine neue Nachhaltigkeit, sie geht aus von Fragen wie: »Kann ich meine Werte auf längere Frist verwirklichen?«, »Tue ich im Leben etwas Sinnvolles für mich und andere?« und »Gehe ich vernünftig um mit meiner Gesundheit und den Ressourcen?«.

Wer eine Beförderung ablehnt und ein Ehrenamt vorzieht, wer sich als Manager eine Auszeit für seine Kinder nimmt oder wer lieber seine gebrechlichen Eltern pflegt, als seine Karriere voranzutreiben, der erntet immer öfter Respekt. Früher wurden reine Erfolgsmenschen bewundert – heute bewundern wir Menschen, die mit sich im Reinen sind. Nachhaltiges Glück schlägt schnellen, oberflächlichen und allzu lauten Erfolg.

Am Ende wurde Lars Kleine-Wengert, das Fabelwesen, übrigens wieder mal durch einen Nachfolger ersetzt. Es war ein zurückhaltender Typ. Auch Firmen lernen dazu.

### LEISE & WEISE

»Sieh zu, dass du ein ehrlicher Mensch wirst, denn damit sorgst du dafür, dass es einen Schurken weniger auf der Welt gibt.«
*Thomas Carlyle, schottischer Essayist*

# 4 Die Smalltalk-Lüge:

## Wie Sie den Phrasen-Hasen abhängen

In diesem Kapitel erfahren Sie ...

- ▶ warum Rhetorikkurse alles nur noch schlimmer machen,

- ▶ weshalb ein guter Smalltalk von Haltung lebt, nicht von Worten,

- ▶ wie Sie verhindern, dass Schwätzer Sie zutexten,

- ▶ und wie Sie mit der »Reporter-Methode« den spannendsten Smalltalk Ihres Lebens führen.

# Die rhetorische Gehirnwäsche

Seit Jahren beriet ich den Geschäftsführer eines kleinen Auto-
zulieferers. Sein Büro lag am Ende des Flurs, auf dem Weg begegneten mir Mitarbeiter. Sonst sagten sie schlicht »Hallo«. Aber
heute? Schon die Empfangsdame trällerte: »Genießen Sie Ihren
Tag, er kommt nicht wieder!« Auf dem Flur schob ein Lagerarbei-
ter seinen polternden Wagen an mir vorbei: »Genießen Sie Ihren
Tag, er kommt nicht wieder!« Und eine Auszubildende rief über
den Gang: »Genießen Sie Ihren Tag, er kommt nicht wieder!«

Ich kam mir vor wie im Hauptquartier einer Sekte. Und der
Mann, zu dem ich ging, war als Geschäftsführer wohl der Sek-
tenguru. Ich betrat sein Büro und sagte schwungvoll: »Genießen
Sie Ihren Tag, er kommt nicht wieder!«

Freudig überrascht sah er von seinem Computer auf: »Kann
es sein, dass Sie im selben Rhetorik-Training wie meine Leute
waren?«

Hatte ich es doch geahnt! Er strahlte: »Meine Leute setzen den
Inhalt des gestrigen Rhetorik-Seminars um. Wir müssen höfli-
cher mit Kunden umgehen. Ich wollte den Maulfaulen mal eine
Lektion in Sprachkunst geben.«

Ebendiese Lektion war der Fehler! Ein schlichter Gruß, ehrlich gemeint, kommt freundlicher rüber als eine gestelzte Phrase,
mühsam antrainiert. Selbst wenn die Mitarbeiter nicht alle dieselbe Begrüßung gewählt hätten (eine besondere Empfehlung des
Seminarleiters): Niemand schätzt aufgesetzte Rhetorik.

Fast alle Smalltalk-Trainings, Verkaufsschulungen oder Flirtkurse leiden an einem unheilbaren Mangel: Tausende von Menschen, leise und laute, zarte und grobe, bekommen dieselben Ratschläge übergestülpt. Man empfiehlt ihnen bestimmte Wendungen, um Gespräche zu eröffnen, bestimmte Gesten, um Lebendigkeit zu signalisieren. Und sogar das Lächeln wird ihnen wie eine Maske aufgesetzt.

Aus Individuen werden Pappfiguren mit rhetorischem Anstrich. Sie sagen in einer Situation, was *man* in dieser Situation sagt. Und weil sie nicht meinen, was sie sagen, fühlen sich die Angesprochenen nicht wirklich gemeint.

Haltung schlägt Rhetorik. Hängen bleibt nicht, was Sie sagen, ohne es zu meinen – sondern was Sie meinen, ohne es zu sagen. Ihr Empfinden ist eine kräftige Grundfarbe; sie schimmert durch unter dem dünnen Rhetorik-Anstrich. Das gilt beim Smalltalk und in jeder Situation, in der Sie mit Menschen sprechen.

Der Führungs- und Dialektik-Experte Rupert Lay schreibt treffend: »Techniken sind sekundär. Die Persönlichkeit ist das Primäre (…) Für das Überzeugungsvermögen ist die Überzeugungskraft wichtiger als die Beherrschung von Überzeugungstechniken! (…) Man muss schon ziemlich naiv oder ziemlich geldgierig sein, wenn man verspricht, Dialektik zu lehren, und nur Techniken vermittelt.«[45]

Freundliche Smalltalk-Wendungen werden schnell als Desinteresse enttarnt, wenn sie nicht zu Ihnen passen. Die perfekten Rednergesten kommen als hilfloses Rudern rüber, die Merkel-Raute wird ausgelacht. Und das beste Argument wird als Notbehelf durchschaut, wenn es aus dem Rhetorik-Ratgeber und nicht von Herzen kommt.

Jede Lücke zwischen Ihrer Persönlichkeit und Ihrer Rhetorik ist ein Nistplatz für Zweifel. Zurückhaltende Menschen tun gut daran, nicht fremden Ratschlägen, sondern ihrem eigenen Wunsch nach Stimmigkeit zu folgen. Ungelenke Worte können, wenn echt, mehr als aalglatte Rhetorik bewirken. Und ehrliches Schweigen dient einer Beziehung mehr als ein aufgesetztes Reden.

Prüfen Sie, was wirklich zu Ihnen passt: Welche Smalltalk-Einstiege gehen Ihnen leicht über die Lippen? Welches Maß an Sichtbarkeit, etwa in einem Meeting, ist Ihnen noch angenehm? Wie viel Redner-Rhetorik dürfen Sie mit auf eine Bühne nehmen, ohne zum Schauspieler zu werden?

»Genießen Sie Ihren Tag, er kommt nicht wieder«: Schon bei der Empfangsdame hatte ich gespürt, dass der Satz eine Phrase war: mündlich statt herzlich. Ebenso künstlich hatten der Versandarbeiter und die Auszubildende auf mich gewirkt.

Vier Wochen später besuchte ich den Autozulieferer erneut. Alle sagten wieder schlicht »Hallo«. Der rhetorische Anstrich war abgeplatzt, die Grundfarbe durchgekommen. Und ich genoss meinen Tag – weil's mir keiner mehr wünschte!

## LEISE & WEISE

»Es ist verdammt schwer, einen Menschen zu nehmen, wie er ist, wenn er sich anders gibt, als er ist.«
*Ernst Ferstl, österreichischer Autor*

# Der Wettkampf im Fahrstuhl

»Pling«: Die Tür des Fahrstuhls öffnet sich, Sie steigen ein. Zwei Menschen, keine Armlänge entfernt, glotzen an die Fahrstuhlwand. Die Tür schließt sich, der Lift ruckt an. Und jetzt – auf die Plätze, fertig, los! – kommt Ihr Einsatz. Beginnen Sie im Erdgeschoss ein Gespräch, das Sie im dritten Stock unvergesslich gemacht hat. Sprühen Sie vor Charme und Geschichten. Strahlen Sie Sympathie und Intellekt aus. Nutzen Sie Ihre Chance.

»Elevator Pitch« heißt diese Disziplin. Jedes Gespräch ein Kurz-Werbespot in eigener Sache. Schinde in möglichst kurzer Zeit möglichst großen Eindruck!

Die letzte Konsequenz der Großmaul-Gesellschaft heißt: Eloquenz. Der Mund hat die Rolle des Gehirns übernommen, die Sprechblase das Denken ersetzt. Wer es nicht schafft, seine Herrlichkeit in zwei Sätzen und drei Sekunden zu vermitteln, hat offenbar nichts zu bieten. Zurückhaltende Menschen fühlen sich unter Druck gesetzt. Mein Klient Olav Bahlheim (27), ein Verwaltungswirt, erzählte:

»Wenn ich bei uns zu jemandem in den Fahrstuhl steige, dann rattert es schon in meinem Kopf: ›Was sage ich jetzt bloß?‹ Wie wäre es mit: ›Sie wollen also in den dritten Stock?‹ Aber das käme mir so blöd vor, als würde ich zu einer blonden Frau sagen: ›Sie haben also blonde Haare.‹«

»Sie fürchten, sich lächerlich zu machen?«, fragte ich.

»Ja! Vielleicht sollte ich einfach sagen: ›Endlich wird's Sommer!‹ Aber ich habe gelesen, dass es für Smalltalks kein abgedroscheneres Thema als das Wetter gibt. Und ich will mir ja nicht anmerken lassen, dass mir nichts Besseres einfällt.«

»Ich sehe schon: Sie würden am liebsten etwas richtig Gescheites sagen.«

»Genau! Zum Beispiel könnte ich ja ein Blitzreferat über meine Rolle bei der hausinternen Verwaltungsreform halten. Aber was gibt mir das Recht, andere mit Eigenwerbung zu belästigen?«

»Und für welches Thema entscheiden Sie sich dann?«

»Der Lift nimmt mir meist die Entscheidung ab: Es macht ›Pling‹, und die Tür geht auf. Die Leute steigen aus. Und dann fahre ich allein in den fünften Stock hinauf. Das heißt: nicht ganz allein.«

»Steigt normalerweise noch jemand zu?«

»Mein schlechtes Gewissen! Es steht neben mir und schimpft: ›Unmöglich, dass du wieder kein einziges Wort gesagt hast. Da hättest du dir gleich auf die Stirn schreiben können: Langweiligster Gesprächspartner des Universums!‹«

Viele zurückhaltende Menschen fühlen sich gedrängt, mit dreifachem Salto über ihren eigenen Schatten zu springen. Der hohe Anspruch verschließt ihren Mund. Beim Versuch, besonders locker zu sein, verkrampfen sie.

Prüfen Sie einmal: Was erwarten Sie von sich, wenn Sie zu anderen in einen Fahrstuhl steigen? Wie wollen Sie bei einer Party oder einem Kongress auftreten, wie viele Gespräche führen, welchen Eindruck hinterlassen?

Mal angenommen, Sie antworten: »Es ist okay, bei einer Fahrstuhlfahrt nichts zu sagen.« Und: »Es ist schön, wenn sich bei einer Party ein Gespräch ergibt, aber auch in Ordnung, wenn nicht.« Und: »Wenn ich beim Kongress ein Gespräch führe, dann nicht, um einen bestimmten Eindruck zu hinterlassen.«

Die Kreativitätsforschung weiß, wie sich gute Ideen sicher verhindern lassen: Man muss sie mit Gewalt finden wollen; das blockiert. Und es gibt einen sicheren Weg, auf gute Ideen zu kommen: Sie *nicht* zu suchen; das befreit. Wenn Ihr Gehirn in den entspannten Alphazustand schaltet, ähnlich wie zwischen Bewusstsein und Schlafen, macht Ihre Kreativität einen Sprung, und die Gedanken treiben völlig ungezwungen durch Ihren Kopf.[46] Lockern Sie die Erwartungsschraube ein paar Umdrehungen, schon fallen Ihnen Smalltalks leichter.

Und wenn Sie sich doch mal verhaspeln? Kein Problem, die Selbst-PR-Expertin Petra Wüst sagt mit Recht: »Während wir das Gefühl haben, stotternd nach Worten zu ringen, fällt unserem Gegenüber gar nichts Besonderes auf. Denn die Leute sind hauptsächlich mit sich selbst beschäftigt. Sie wollen ja auch einen guten Eindruck machen, kluge Fragen stellen, gewitzte Antworten geben.«[47]

Je echter Sie auftreten, desto sicherer werden Sie sich fühlen. Ihre Kommunikation kann sich aus zwei Quellen speisen: aus Charakter-Ethik oder Image-Ethik.[48] Die Charakter-Ethik spiegelt Ihr Inneres, Ihre Werte und Ihre Einzigartigkeit. Sie sind, wie Sie sind, statt sich nur zu geben.

Die Leitfrage der Image-Ethik aber lautet: Wie sehen mich die anderen? Ein Mensch redet, um sein Ansehen wie einen Aktienkurs nach oben zu treiben. Die Image-Ethik ist das Leitbild der Kommunikations-Gurus. Sie sagen, guter Smalltalk sei wichtig, weil Sie damit andere beeindrucken, als unterhaltsam gelten und eine Kostprobe Ihres Kommunikationstalents geben. Aber wer auf Effekte schielt, wirkt schnell affektiert.

Ein stimmiger Smalltalk setzt bei zurückhaltenden Menschen voraus, dass sie der Charakter-Ethik folgen: Geben Sie sich so, wie Sie sind. Sprechen Sie über Themen, die Sie wirklich interessieren. Und meiden Sie alles, was Ihnen aufgesetzt erscheint.

Stimmigkeit verleiht Ihnen Stimme.

## LEISE & WEISE

»Nicht Worte sollen wir lesen, sondern den
Menschen, den wir hinter den Worten fühlen.«
*Samuel Butler, englischer Dichter*

## DER COACHING-DIALOG:
## »ICH BIN EINFACH ZU HÖFLICH!« (TEIL 1)

**Klientin:** Ich werde beim Smalltalk immer wieder zugetextet von Egomanen. Was kann ich dagegen tun?

**Coach:** Anders gefragt: Was tun Sie dafür, dass sich diese Small-Stalker ausgerechnet auf Sie stürzen?

**Klientin:** Ich glaube, ich strahle aus, dass ich ein offenes Ohr habe. Ich höre wirklich hin, wenn jemand erzählt. Ich bin geduldig, nicke und stelle viele Nachfragen.

**Coach:** Sie fragen nach, auch wenn Sie jemand zutextet?

**Klientin** (zögert): Ja, doch. Ich mache das automatisch. Ich bin einfach zu höflich!

**Coach:** Sie feuern andere an, wenn sie Sie langweilen – und zugleich ärgern Sie sich, gelangweilt zu werden?

**Klientin:** Das ist doof, ich weiß. Aber es stimmt schon.

**Coach:** Finden Sie es denn höflich, Interesse vorzutäuschen, wo keines ist?

**Klientin:** Aber ich kann doch nicht sagen: Halt den Mund, dein Geschwätz interessiert mich nicht!

**Coach:** Doch, das können Sie. In anderen Worten. Schlagen Sie doch mal eine höfliche Übersetzung vor!

**Klientin** (grübelt): Vielleicht sollte ich sagen, wenn mich unser IT-Experte wieder mal auf dem Flur volltextet: »Danke für deine Infos. Mehr kann ich nicht aufnehmen, mein Speicher ist jetzt voll.« Oder wenn die Kollegin zum Smalltalk in mein Büro einfällt und nicht mehr gehen will: »Genug geplaudert – ich muss nun weiterarbeiten!«

**Coach:** Klingt doch gar nicht so schwierig.

**Klientin:** Aber ich fürchte, die reden dann einfach weiter. Die kennen ja von mir, dass ich ohne Ende zuhöre.

**Coach:** Dann gehen Sie einfach langsam weiter auf dem Flur. Oder wenden sich im Büro wieder Ihrem Bildschirm zu. Wenn Sie dagegen nur sagen, dass Sie jetzt weitermachen wollen, aber nach wie vor offene Ohren signalisieren …

**Klientin:** … dann lade ich die anderen ein, einfach weiterzureden. Das leuchtet mir ein!

## Fünf Coaching-Impulse für Sie:

▶ Auf einer Skala von eins (für gering) bis zehn (für sehr ausgeprägt): Wie hoch schätzen Sie Ihre Geduld als Zuhörer beim Smalltalk ein?

▶ Wann wird diese Geduld strapaziert? Und von wem? Denken Sie an eine Situation, in der ein Gespräch weiterlief, das Sie eigentlich beenden wollten.

▶ Angenommen, Ihre Geduld wäre auf der Skala einen Punkt geringer: Was würde sich an Ihrem Verhalten verändern? Inwieweit wären die Stoppsignale an Ihren Gesprächspartner klarer? Was würde eine Kamera dann filmen können?

▶ Und was geschähe bei zwei Punkten weniger? Und bei drei? Spielen Sie beides in Gedanken durch. Welches Verhalten scheint Ihnen am ehrlichsten und stimmigsten?

▶ Bitte lesen Sie die folgenden drei Möglichkeiten, einen

Smalltalk zu beenden – und suchen Sie sich die für Sie stimmigste aus. Leiten Sie daraus eine individuelle Variante ab.

- Sie geben Ihrem Gesprächspartner die Hand, nicken freundlich und sagen: »Danke für unser Gespräch, jetzt muss ich weiter.«
- Sie schauen auf die Uhr und sagen: »Oh, ich hab die Zeit aus dem Auge verloren. Bitte entschuldigen Sie mich.«
- Sie reduzieren den Blickkontakt und die nonverbale Rückmeldung, etwa durch Nicken oder Wörtchen wie »Verstehe!«. Automatisch wird seine Redefreude gebremst. Diesen Moment nutzen Sie, um sich freundlich zu verabschieden.

## Achtung, Small-Stalker!

Smalltalk beginnt oft mit dem Wetter – und geht nicht selten mit einer Katastrophe weiter. Schwätzer kommen *immer* auf das wichtigste Thema der Welt zu sprechen: sich selbst. Aus ihrer Sicht gibt es nur zwei interessante Menschen: sie selbst am Vormittag – und sie selbst am Nachmittag.

Wenn ein solches Prachtexemplar vor Ihnen steht, helfen nur zwei Waffen: Ohropax oder extrabreites Klebeband. Leider gehört beides nicht zur üblichen Smalltalk-Ausstattung. Deshalb kann es passieren, dass der Small-Stalker Sie volldröhnt mit seiner Pracht und Herrlichkeit. Ihre Ohren klingeln. Aber seine Laune steigt von Wort zu Wort!

Stellt er einen Bezug zu Ihnen her? Nein. Hört er Ihnen zu?

Kein bisschen. Interessiert er sich für Sie? Nicht die Bohne. Er spricht zu Ihnen, wie er zu einer Mauer reden könnte.

Gut kann ich mich an eine Sommerparty bei Markus erinnern, einem Seminarvermittler. Eingeladen waren rund 50 Trainer und Seminarleiter, vor allem extrovertierte Menschen. Als ich um 19.15 Uhr eintraf, brodelte es im Festzelt schon. Überall standen Grüppchen und Paare, scherzten, lachten und redeten gegen die laute Musik an.

Ich wollte eine Feldstudie betreiben: Wie unterhielten sich die Kollegen, meist Kommunikationstrainer, untereinander? Es wurde ein aufschlussreicher Abend.

Zum Beispiel hörte ich Ina und Bernd zu. Die beiden waren einander gerade vorgestellt worden, ich kannte sie flüchtig. Bernd war Spezialist für Konfliktworkshops, Ina unterstützte Firmen bei der Personalsuche. Wie würde ihr Smalltalk verlaufen?

Bernd begann: »Woher kennst du eigentlich Markus, unseren Gastgeber?«, und schob hinterher: »Also ich habe ihn bei den Petersberger Trainertagen kennengelernt. Seither treffen wir uns jeden Sonntag zum Business-Frühschoppen. Du weißt schon: viel Frühschoppen, wenig Business. Obwohl ich immer sage: Was tut ein Wahrsager, wenn der die Zukunft sehen will? In die Kristallkugel schauen. Und was tut ein Trainer, wenn er neue Kunden sehen will? Ins Glas mit ihnen schauen!«

Sein Lachen klang wie ein synthetischer Tusch für seinen Scherz, und er fuhr fort: »Letztes Jahr habe ich bei unserem Frühschoppen den Inhaber einer Hotelkette kennengelernt. Das hat mir einen tollen Auftrag gebracht, sechsstelliges Volumen, Workshops in allen deutschen Großstädten.«

Er öffnete den Mund, um weiterzureden – aber Ina kam ihm zuvor: »Weißt du, wie ich an meinen besten Kunden gekommen bin? Ich saß im Flugzeug nach Toronto, ein Vortrag beim Goethe-Institut. Da schnarcht neben mir ein Kerl so laut, dass ich denke: Entweder ich bringe ihn mit Worten zum Schweigen, oder ich ziehe ihm die Sauerstoffmaske über. Also wecke ich ihn. Er fährt hoch, grunzt und stellt sich als CEO eines deutsch-kanadischen Maschinenbauers vor. Eine halbe Stunde später sind wir im Geschäft. Im Flugzeug fliegen mir immer die besten Aufträge zu!«

»Nein, nicht im Flugzeug – im Taxi! Wenn zum Beispiel vier Leute am Taxistand warten – und nur ein Taxi fährt vor. Das habe ich vor ein paar Jahren in Berlin erlebt, da …« Und nun ratterte er die nächste Erfolgsgeschichte runter.

Was passiert in diesem Smalltalk? Jeder missbraucht den anderen als Stichwortgeber. Jeder lauert darauf, das Wort an sich zu reißen. Jeder ist höchst interessiert an seinen eigenen Geschichten – und höchst uninteressiert an denen des anderen.

Zwar fragte Bernd am Anfang: »Woher kennst du Markus?« Aber er will nur seine eigene Geschichte platzieren. Jedes seiner Worte heischt nach Applaus. Und das sechsstellige Auftragsvolumen ist Protzerei pur.

Sein Pech: Ina ist genauso gestrickt – sie geht nicht auf seine Imponier-Story ein, sie serviert eine eigene. Natürlich Flugzeug, natürlich Übersee, natürlich CEO. Und der Auftrag – Applaus, Applaus! – ist nach einer halben Stunde in trockenen Tüchern.

Der Höhepunkt des Small-Stalkings: Als Ina sagt, sie bekomme im Flugzeug die besten Aufträge, antwortet Bernd mit: »Nein (…), im Taxi.« Natürlich meint er *nicht,* dass Ina die besten Aufträge im Taxi bekommt – sondern er selbst. Jedes Wort, jede Aussage, jeden Gedanken bezieht er nur auf sich.

Während Bernd sprach, ließ Ina ihren Blick über die Köpfe der anderen Partygäste streifen, nippte am Sektglas und trat ungeduldig von einem Stöckelschuh auf den anderen. Und als Ina sprach, wirkte Jan so abwesend, als wäre er schon auf der Tanzfläche.

Woran scheitern die Smalltalks der Schwätzer? Dass es zwei Menschen gibt, die sprechen wollen – aber keinen, der zuhören will!

Ihre Chance: Als zurückhaltender Mensch hören Sie gerne zu, können Themen vertiefen und fühlen sich in andere Menschen ein. Schenken Sie Ihrem Gegenüber Raum und echtes Interesse. Sie müssen nicht das Richtige sagen, um ein guter Smalltalk-Partner zu sein – Sie müssen vor allem richtig zuhören!

Zuhören heißt *nicht,* dass Sie sich von Small-Stalkern zutexten lassen: »Nette, höfliche Menschen haben die große Neigung, immer auf ihren Gesprächspartner einzugehen. Auch wenn der dummes Zeug redet«, warnt die Kommunikationstrainerin Barbara Berckhan. Sie rät, das »Machtvakuum« zu schließen und die eigenen Interessen energischer nach außen zu vertreten.[49]

Statt auf »dummes Zeug« einzugehen, können Sie den Smalltalk steuern. Entlocken Sie Ihrem Smalltalk-Partner Unterhaltsames – und Sie werden als unterhaltsam wahrgenommen. Sogar Schwätzer beginnen, sich mehr für Sie zu interessieren – weil sie sich durch Ihre Aufmerksamkeit beschenkt fühlen und etwas zurückgeben wollen; die Wissenschaft nennt das reziprokes Verhalten. Echtes Interesse ist wie eine Taube und kehrt meist in den eigenen Schlag zurück.

### LEISE & WEISE

»Ein Langweiler ist ein Mensch, der redet, wenn du wünschst, dass er zuhört.«
*Ambrose Bierce, US-Autor*

# DER COACHING-DIALOG: »ICH BIN EINFACH ZU HÖFLICH!« (TEIL 2)

**Klientin:** Ich glaube, es hat auch mit Höflichkeit zu tun, dass ich Fremde so ungern anspreche. Dann komme ich mir aufdringlich vor.

**Coach:** Was genau denken Sie in solchen Momenten?

**Klientin:** Zum Beispiel: »Wahrscheinlich hat der gar keinen Bock auf ein Gespräch mit mir. Und ich dränge mich ihm auf!«

**Coach:** Haben Sie mal überlegt, dass es umgekehrt sein könnte? Gehen Sie davon aus, der andere spricht gerne mit Ihnen – dann fällt Ihnen der erste Schritt zum Smalltalk leichter.

**Klientin:** Und was, wenn ich mich irre – und einen Brummbären anspreche, der sich von mir genervt fühlt?

**Coach:** Dann merken Sie das früh genug. Aber lassen Sie sich nicht allein von einer fantasierten Zurückweisung abhalten. Sonst handeln Sie wie jener Mann, der sich einen Hammer vom Nachbarn leihen will. Er malt sich aus, eiskalt abgewiesen zu werden. Dieser Gedanke kreist in seinem Kopf wie eine Hornisse und macht ihn rasend. Schließlich klingelt er und brüllt: »Behalten Sie Ihren Hammer, Sie Rüpel!«[50]

**Klientin** (schmunzelt): Aber Ihr Vergleich stimmt nicht ganz: Ich spreche die Leute erst gar nicht an – ich werde nicht unhöflich.

**Coach:** Vielleicht doch! Denn was Sie denken, strahlen Sie aus: durch Ihre Mimik und Ihre Körpersprache. Ihre nonverbale Botschaft kann ähnlich rüberkommen wie die verbale des Mannes mit dem Hammer: Ich pfeif auf euch! Dann sprechen Sie nicht nur weniger Menschen an – sondern werden auch seltener angesprochen.

**Klientin:** Und Sie meinen: Wenn ich erwarte, als Gesprächspartner willkommen zu sein, verändert sich das?

**Coach:** Ja, Ihr Körper und Ihr Gesicht spiegeln Ihre Gedanken. Außerdem macht Ihnen eine positive Annahme Mut. Wer den Hammer will, muss danach fragen.

## Fünf Coaching-Impulse für Sie:

- ▶ Schreiben Sie Ihre drei besten Gründe auf, um einen Smalltalk zu umgehen. Eine Klientin von mir notierte:
  - »Ich blamiere mich doch nur.«
  - »Die Leute wollen wie ich ihre Ruhe.«
  - »Smalltalk liegt mir einfach nicht.«
- ▶ Führen Sie jeden dieser Gedanken fort, indem Sie einen Katastrophenfilm daraus entwickeln. Meine Klientin malte sich eine so große Blamage aus, dass der ganze Saal lachte, das Fernsehen darüber berichtete und sie ihren Arbeitsplatz verlor. Inwieweit verliert der Stressgedanke an Bedrohlichkeit, wenn Sie ihn bis ins Lächerliche übertreiben?
- ▶ Jetzt gehen Sie Ihre Sätze erneut durch und stellen sich vor: Das Gegenteil ist wahr! Meine Klientin malte sich

zum Beispiel aus, sich beim Smalltalk bestens zu profilieren (statt zu blamieren). Was verändert dieser Gedanke in Ihnen?

▶ Betrachten Sie beide Sätze, die negativen und die positiven. Inwieweit hat jeder davon einen Zipfel der Wahrheit erwischt? Bilden Sie einen dritten Satz, der realistisch ist. Was verändert sich, wenn Sie diesen Satz Ihrem Denken zugrunde legen?

▶ Nutzen Sie unverfängliche Situationen, etwa in der Supermarktschlange, um ein paar Worte mit anderen Menschen zu wechseln. Inwieweit wächst Ihr Mut, wenn Sie es regelmäßig tun? Experimentieren Sie mit Haltungen und Ansprachen.

## Die Reporter-Methode

Stellen Sie sich vor, Sie sind Reporter und sollen ein Interview führen – mit jemandem, der zu Ihnen in den Fahrstuhl steigt, neben Ihnen im Bus sitzt oder Ihnen auf einer Party begegnet. Und stellen Sie sich weiter vor, hinter Ihnen steht ein Kameramann, der *den anderen* beim Antworten filmt.

Diese Vorstellung kann befreien: Erstens steht Ihr Gesprächspartner im Fokus, Sie sind nicht im Bild. Zweitens haben Sie einen guten Grund, ihn anzusprechen, denn Interviews gehören zu Ihrem Beruf. Und drittens sollen Sie Antworten hervorkitzeln, die wirklich unterhaltsam sind – das macht Spaß.

Drei Sender sind Ihre Auftraggeber: der Abenteuer-Kanal, der Service-Sender und Träume & Co. TV. Es geht um lockere Unterhaltung. Ihre Fragen sollen Vorlagen für interessante Statements liefern.

Was unterscheidet die Reporter-Methode von einem klassischen Smalltalk? Nehmen Sie zum Beispiel eine Taxifahrt. Beim typischen Smalltalk würden Sie nach banalen Gemeinsamkeiten zwischen sich und dem Fahrer suchen:

▸ Beide schauen Sie auf die Straße: »Ganz schön viel Verkehr hier. Ist das um diese Zeit immer so?«
▸ Beide sehen Sie dasselbe Wetter: »Ich komme gerade aus dem Urlaub. Wie war das Wetter hier in den letzten Wochen?«
▸ Beide hören Sie dieselbe Musik: »Oh, das ist mein Lieblingssong, der da im Radio läuft. Spielt der Sender immer so gute Musik?«

Stößt Sie diese Art von Smalltalk ab? Ein Gespräch ohne Substanz erscheint Ihnen vielleicht wie ein Auto ohne Benzin: bewegungsunfähig. Damit ein solcher Smalltalk läuft, müssen Sie ihn immer wieder künstlich anschieben. Das strengt an. Und platte Fragen ziehen platte Antworten nach sich.

Aber Sie sind ja als Reporter unterwegs, also überlegen Sie: Welche Fragen müsste ich stellen, um etwas Spannendes zu hören? Jeder der drei Sender, für die Sie arbeiten, verlangt ein eigenes Vorgehen:

1. **Abenteuer-TV:** Hier kreist das Gespräche um Erlebnisse und Kurioses: Jeder Mensch geht durch Abenteuer, mal im Beruf, mal privat. Viele davon sind spannend wie ein Kinofilm. Wa-

rum sollten Sie sich mit Standard-Talk zufrieden geben, wenn Sie Aussicht auf einen Hollywood-Stoff haben und sich bestens unterhalten können? Als Reporter werden Sie Fragen stellen, die genau diese Tür öffnen.

2. **Service-TV:** Jeder Mensch weiß Dinge, die Sie gerne wüssten – zum Beispiel durch seine Kenntnisse im Beruf, im Hobby oder in seiner Heimatregion. Als Reporter leitet Sie der Servicegedanke: Rufen Sie dieses Wissen ab. Das macht die Zuschauer schlauer und sorgt für kostenlose Beratung.

3. **Träume & Co. TV:** Hier kreist der Talk um die Wünsche, Träume und Leidenschaften Ihres Interview- bzw. Smalltalk-Partners: Welches Thema zaubert ihm Glanz in die Augen? Wovon träumt er, was bringt ihn ins Schwärmen, welche Vision lockt ihn? Das Erfolgsgeheimnis solcher Gespräche basiert auf dem Resonanzgesetz: Sobald ein Mensch mit Leidenschaft spricht, werden Sie auch leidenschaftlich zuhören. Dann ist er kein Angeber, sondern ein Geber: Er teilt seine Empfindungen und Leidenschaften mit Ihnen. Und das bereichert.

Ein Smalltalk nach dem Reporter-Prinzip ist frei von Langeweile und Heuchelei. Mit den drei Sendern im Hinterkopf werden Ihnen immer spannende Fragen einfallen. Ganz egal, ob Sie eine halbe Minute oder eine halbe Stunde plaudern: Die richtigen Fragen vertreiben Langeweile und machen Schauspieler-Rhetorik überflüssig.

Meine Klientin Irene Klein (51), eine zurückhaltende Filialleiterin, wollte die Methode tatsächlich bei einer Taxifahrt testen. Ich empfahl ihr, fünf Reporterfragen für jeden ihrer Sender vorzubereiten. Heraus kam Folgendes:

**Fragen für Abenteuer-TV:**

▸ Wir fahren ja nur ein paar Kilometer zusammen – welches war die längste und lukrativste Fahrt, die Sie je bekommen haben?

▸ Welche prominenten Fahrgästen hatten Sie schon im Taxi – und was ist Ihnen von den Fahrten in Erinnerung geblieben?

▸ Welches war der schrägste Fahrgast, den Sie je im Taxi hatten?

▸ Welcher Tag war für Sie der schönste, seit Sie Taxi fahren?

▸ Hatten Sie schon mal das Gefühl, Kriminelle zu fahren?

**Fragen für Service-TV:**

▸ Ich merke schon, dass Sie als Taxifahrer viel Erfahrung am Steuer haben: Welches sind die häufigsten Fehler, die Sie bei anderen Autofahrern beobachten?

▸ Angenommen, Sie wären selbst Taxigast – woran würden Sie merken, ob der Fahrer gut ist?

▸ Manchmal finde ich es schwer, auf die Schnelle ein Taxi zu bekommen, etwa bei Feierabend oder bei Blitzeis – haben Sie als Insider einen Tipp, wie es am schnellsten klappt?

▸ Wahrscheinlich holen Sie oft Menschen von Ausflugszielen und Lokalen ab. Wovon schwärmen die Leute in dieser Stadt am meisten?

▸ In der Innenstadt habe ich immer Probleme, einen Parkplatz zu finden. Sie kennen doch jeden Winkel dieser Stadt – haben Sie einen Tipp?

**Fragen für Träume & Co. TV:**

▸ Wir fahren ja nur in die Innenstadt. Angenommen, Sie könnten jetzt an einen beliebigen Ort dieser Welt fliegen oder fahren – wo wären Sie am liebsten?

▶ Angenommen, eine gute Fee würde in Ihr Taxi steigen – wie sähen Ihre drei Wünsche aus?

▶ Was würden Sie am allerliebsten tun, wenn Sie heute den ganzen Tag zur freien Verfügung hätten?

▶ Wollten Sie schon als Kind Taxifahrer werden? Oder welcher andere Traum hat Sie geleitet?

▶ Haben Sie ein Vorbild im Leben? Wer ist es? Und warum?

Welche Fragen hätten Sie notiert? Probieren Sie die Übung aus, indem Sie an einen Smalltalk-Partner denken, dem Sie begegnet sind oder noch begegnen werden. Welche Fragen wären interessant genug, sogar ein Fernsehpublikum zu unterhalten – und deshalb erst recht Sie und Ihr Gegenüber? Machen Sie sich Notizen:

**Fragen für Abenteuer-TV:**

1. _____

2. _____

3. _____

4. _____

5. _____

**Fragen für Service-TV:**

1. _____

2. _____

3. _____

4. _____

5. _____

**Fragen für Träume & Co. TV:**

1. _____

2. _____

3. _____

4. _____

5. _____

Was unterscheidet diese Fragen von dem, was Sie gesagt haben oder sonst gesagt hätten? Auf welche Antworten sind Sie am neugierigsten? Und wie schwer wird es Ihnen fallen, nun ein Gespräch zu starten und in Gang zu halten?

Später berichtete mir Irene Klein, wie ihr Smalltalk verlaufen ist. Begonnen hatte sie mit der Abenteuer-TV-Frage: »Wir fahren ja nur ein paar Kilometer zusammen – welches war die längste und lukrativste Fahrt, die Sie je bekommen haben?«

Mit einem Schlag war der Düsseldorfer Taxifahrer hellwach. In bewegenden Worten schilderte er, wie ihn vor drei Jahren eine junge Türkin herbeiwinkte, mit Koffer in der Hand und Tränen in den Augen. Als Ziel der Fahrt nannte sie: Istanbul. 2500 Kilometer, mehrere Tage Fahrzeit. Sie verhandelte einen Pauschalpreis und versprach, die Übernachtungen zu übernehmen.

Es war eine Reise gegen die Zeit, denn die Mutter lag auf dem Sterbebett. Die junge Frau war zu aufgelöst, um selbst Auto zu fahren, litt aber unter Platzangst in Flugzeugen und Zügen, wenn sie zusammen mit vielen Menschen war. Deshalb das Taxi.

Und so verfolgte Irene Klein mit gespitzten Ohren, wie der Roadtrip der beiden Fremden, des Taxifahrers und der Türkin, verlief; wie die Fahrt sie immer mehr zusammenschweißte; und wie sie schließlich *beide* am Bett der Mutter standen und seither in engem Kontakt sind. »Die Geschichte hat länger als die Taxifahrt gedauert. Doch ich wollte nicht aussteigen, ich wollte sie erst zu Ende hören. Es war die spannendste Taxifahrt meines Lebens.«

Glauben Sie, dieser Smalltalk hat Irene Klein Überwindung gekostet? Glauben Sie, sie musste nach Worten suchen, um die richtigen Nachfragen zu stellen? Alles geschah wie von allein. Wahres Interesse trägt weiter als die beste Rhetorik.

Und jetzt versetzen Sie sich in den Taxifahrer: Glauben Sie, er hat diese Taxifahrt als spannend empfunden? Und ob! Was die Zuhörerin gut unterhält, erlebt der Sprechende meist ebenso; daher heißen (gute) Gespräche »Unterhaltung«.

Seit diesem Tag freut sich Irene Klein auf jede Taxifahrt. Mittlerweile weiß sie, mit welchem Trick sie auch bei Glatteis schnell ein Taxi bekommt, und sie kennt die Geheimtipps unter den Lokalen in ihrer Stadt (dank ihrer Service-TV-Fragen). Sie wurde aufmerksam auf den Autor Fernando Pessoa, den ihr ein portugiesischer Taxifahrer als Vorbild nannte, und hörte mit Genuss die Geschichte, wie aus einem kleinen Jungen, der immer Taxifahrer werden wollte, ein Taxi-Unternehmer mit einer Flotte von zwölf Wagen geworden ist (dank Fragen für Träume & Co. TV). Und sie weiß sogar, wie sich der Schauspieler Götz George gab, wenn er nicht vor der Kamera stand, sondern Fahrgast in einem Taxi war (dank Abenteuer-TV).

Natürlich hat sie die Methode auf ihr Berufs- und Privatleben übertragen. Heute freut sie sich, wenn sie andere Menschen in Gespräche verwickeln kann. Immer hat sie ihre drei Sender im Hinterkopf, immer spannende Fragen auf den Lippen. Dabei schnappt sie viele Geschichten auf, die sie bei anderen Smalltalks weitererzählen kann. Ihr Renner ist nach wie vor: eine Taxifahrt nach Istanbul.

## LEISE & WEISE

»Solange man selbst redet, erfährt man nichts.«
*Marie von Ebner-Eschenbach, österreichische Autorin*

# DER COACHING-DIALOG:
# »ICH BIN EINFACH ZU HÖFLICH!« (TEIL 3)

**Klientin:** Welche Sätze empfehlen Sie mir, um einen Smalltalk zu beginnen?

**Coach:** Was sagen Sie denn bislang?

**Klientin:** Naheliegendes. Bei einem Kongress frage ich: »Wie hat Ihnen der Vortrag gefallen?« Oder auf dem Rückweg von der Kantine: »Na, wie hat's Ihnen geschmeckt?«

**Coach:** Was missfällt Ihnen daran?

**Klientin:** Die Fragen kommen mir platt und künstlich vor.

**Coach:** Lassen Sie uns bei dem Kongress bleiben: Was würden Sie von Ihrem Gesprächspartner denn wirklich gerne wissen?

**Klientin:** Zum Beispiel welche Passagen des Vortrags ihn begeistert haben – und wo er anderer Meinung ist. Oder: Wen er auf dem Podium am langweiligsten fand – und wen am spannendsten. Ich mag mehr Substanz und weniger Plattheit.

**Coach:** Und was hält Sie davon ab, solche Fragen zu stellen?

**Klientin:** Ich fürchte, das würde einen Smalltalk sprengen.

**Coach:** Oder bereichern! Die besten Fragen sind solche, die Ihrem Stil entsprechen und spannende Antworten hervorlocken. Außerdem sind Ihre genannten Fragen ein Kompliment: Sie legen Wert auf die Meinung des anderen.

**Klientin:** Aber das ginge doch auch mit meiner Standardfrage »Wie fanden Sie den Vortrag?«!

**Coach:** Eben nicht! Die spezifische Frage transportiert den

Subtext: »Ich will deine Meinung hören!« Bei der allgemeinen Frage aber kommt rüber: »Ich will einfach nur mit dir plaudern.«

**Klientin:** Heißt es nicht immer: »Sei beim Smalltalk diplomatisch, frage nie nach einer Meinung!«?

**Coach:** Ich halte das für Quatsch. Meinung bringt Farbe ins Gespräch. Mittlerweile sehen das einige Smalltalk-Experten wie Alexander von Schönburg genauso. Er empfiehlt sogar, das Gespräch mit kleinen Provokationen zu beleben.[51]

**Klientin:** Haben Sie noch einen Tipp, wie ich auf spannende Fragen komme?

**Coach:** Fragen Sie nach Superlativen. Nicht: »Wie war der heutige Tag?«, sondern: »Was hat Ihnen heute *am meisten* Spaß gemacht?« Nicht: »Was haben Sie in Ihrem Urlaub alles gesehen?«, sondern: »Was war der *schönste* Anblick in Ihrem Urlaub?« Dann sind *zwei* Menschen neugierig auf die Antwort; denn Ihr Gesprächspartner muss erst mal nachdenken. Aus dieser Selbstklärung zieht er Vergnügen und Gewinn.

## Fünf Coaching-Impulse für Sie:

► Wer hat Sie in den letzten Jahren auf elegante Weise in einen Smalltalk verwickelt? Analysieren Sie die ersten Sätze und das Vorgehen Ihrer Gesprächspartner. Was davon passt zu Ihnen? Leiten Sie eigene Ideen daraus ab.

▶ Welche Smalltalks waren die besten, die Sie je angesto-
ßen haben? Was war anders als sonst? Finden Sie Ihre
persönlichen Erfolgsrezepte heraus – und nutzen Sie sie
für die Zukunft.

▶ Legen Sie eine Liste mit fünf Punkten an: Was nervt Sie
am meisten an Smalltalks?

▶ Nun gehen Sie Ihre Liste durch und vollenden hinter jeder
Aussage den Satz: »Stattdessen wünsche ich mir ...« Da-
raus ergeben sich die Besonderheiten Ihres persönlichen
Smalltalk-Stils. Setzen Sie ihn in der Praxis um!

▶ Notieren Sie sich zehn typische Smalltalk-Fragen – und
nun versuchen Sie, die Fragen zu spezifizieren und spannender zu machen, etwa indem Sie Superlative einflechten. Probieren Sie die Fragen in Gesprächen aus und achten Sie auf die Wirkung.

# 5 Die No-Casanova-Strategie:

## Warum ehrlich am längsten liebt

In diesem Kapitel erfahren Sie …

- ► warum Chefärzte keine Krankenschwestern mehr heiraten,

- ► warum es ideal für Zweisamkeit ist, wenn Sie mit sich allein sein können,

- ► wie Sie einen Flirt beginnen, ohne sich selbst peinlich zu finden,

- ► und wie Ihre Beziehung mit einem lauten oder leisen Menschen gelingt.

# Beziehungsmarkt: Herz zu verkaufen!

Seit die Eltern es sich abgewöhnt haben, ihre Kinder eigenhändig zu verheiraten, geht die »romantische Liebe« um: Niemand bekommt seinen Partner mehr zugewiesen – jeder darf ihn sich aussuchen. Und so läuft Romeo los, um Julia zu finden, und umgekehrt. Am Ende greifen die Engel in ihre Harfen. Und wenn die beiden nicht gestorben sind, dann lieben sie sich noch heute.

Das klingt nach einem Paradies, aber seien wir ehrlich: Dieser Singlemarkt ist die Hölle, besonders für zurückhaltende Menschen. Denn wie schafft man es, einen Traumpartner – und drunter macht es heute keiner! – für sich zu gewinnen? Indem man sich als Exemplar derselben Gattung vorstellt: als traumhaften Partner.

Aber wir alle, ob leise oder laute Menschen, haben unsere Schwächen: Im Bett haben wir öfter Albträume als Sex. Unser Allgemeinwissen ist stellenweise so lückenhaft wie eine Zahnreihe nach einer Schlägerei in der Bronx. Männerköpfe werfen zu viele Haare ab (denkt der Mann), Frauenkörper setzen zu viele Pfunde an (denkt die Frau). Laute Geräusche lassen uns zusammenfahren, und leise Zweifel plagen uns. Perfekt sind wir nicht – aber sollen es sein. Unversehrt sind wir nicht – aber sollen es sein. Das Werbefernsehen hat uns zu Darstellern gemacht, deren Drehbücher vor guter Laune und vor Erfolgsstorys strotzen. Alle Kummerfalten sind weggebügelt, sobald wir vor die Türe treten. Immer lächeln, immer fröhlich sein, immer funktionieren!

Bei der Partnersuche sind Erfolgsdarsteller gesucht. Auf dem

Beziehungsmarkt und in den Partnerbörsen werden Herzen gehandelt. Angebot trifft Nachfrage, daraus entsteht der Preis. Vorbei die Zeit, als der Chefarzt eine Krankenschwester heiratete. Heute wollen viele ein gutes Geschäft machen, wenn sie ihre Ich-AG mit einer anderen fusionieren lassen. Der gemeinsame Aktienwert, das gesellschaftliche Ansehen, soll gefälligst steigen.

Der Reiche tut sich mit einer Reichen zusammen, die Akademikerin sucht den Akademiker, die Schönheit einen Schönen. Und die Geschäftsführerin fahndet nach einer männlichen Führungskraft als Partner mit denselben Methoden, mit denen sie Personal für ihre Firma sucht: Ihre Kontaktanzeige definiert, welche Eigenschaften und Qualifikationen ein Bewerber mitzubringen hat.

So gerät das erste Date zum Bewerbungsgespräch, und die indirekten Fragen lauten: »Welches sind deine größten Stärken? Und welches deine größten Schwächen? Wo willst du in fünf Jahren stehen? Und was würden mir deine Freunde über dich erzählen?« Wer falsche Antworten gibt oder größere Lücken im Beziehungs-Lebenslauf gestehen muss, landet schnell auf dem Stapel der Aussortierten.

Dieser Beziehungsmarkt hat mit romantischer Liebe so viel zu tun wie ein Meuchelmord mit Nächstenliebe. Und er führt dazu, dass sich die Marktteilnehmer gezwungen fühlen, ihre schwachen Seiten zu verstecken und ihre starken Seiten zu übertreiben.

Das fällt zurückhaltenden Menschen besonders schwer. Wahrscheinlich wäre es Ihnen höchst peinlich, sich auf ein Silbertablett zu setzen und sich einem Fremden als Sahneschnittchen zu verkaufen. Eher fragen Sie sich selbst: »Würde es überhaupt passen zwischen uns?«

Und während Sie grübeln, wie Sie einen Flirt beginnen könnten, kommt Ihnen vielleicht ein großes Mundwerk zuvor und sagt zum Menschen Ihrer Wahl den ungeheuer geistreichen Satz: »Na, heute auch allein unterwegs?« – schon beginnt ein Gespräch zwischen den beiden. Und Sie schauen nur zu. Natürlich ist Super(wo)man eingeflogen, alles klingt nach Erfolg und Action. Beiläufig ist von einem Urlaub in der Karibik die Rede, einem wichtigen Geschäftsabschluss und vom Bürgermeister, natürlich ein Freund der Familie.

Schwätzer tun einfach, was sie am besten können, sie schwätzen drauflos – und schon sind sie mit potenziellen Partnern im Gespräch. Wenn sie mal einen Korb kassieren, scheint sie das nicht zu stören, postwendend sprechen sie mit derselben Masche die nächste Frau oder den nächsten Mann an. So lange, bis es klappt. Und es klappt garantiert!

Im Gespräch erwecken sie den Eindruck, dass sie mit ihrem Gegenüber schon seit mindestens 20 Jahren verheiratet sind. Zumindest erzählen sie intime Geschichten, etwa über ihre letzten Aktiengeschäfte, natürlich mit Mordsgewinn. Derweil kann es passieren, dass ihre Hand sich immer wieder kurz auf die Schulter oder den Arm des anderen legt (wie von Flirtgurus dringend empfohlen[52]). Sie tasten sich langsam heran, um dann – gerne schon in der ersten Nacht – zur Tat zu schreiten.

Zurückhaltende Menschen kommen sich manchmal wie die B-Ware des Beziehungsmarktes vor. Das hat unter Umständen auch mit Botschaften aus der Kindheit zu tun: Die stillen (und oft sensiblen) Männer sind aufgewachsen in einer Gesellschaft, die noch immer das alte Männlichkeitsideal predigt: »Ganze Kerle« sind gefragt, stark, initiativ und wortgewaltig. So mancher zurückhaltende Junge bekam vom Vater zu hören: Mach den Mund öfter auf! Geh unter Menschen! Wehr dich! Werde ein Mann!

Und Muttis schützende Hand hielt die Wogen der Welt davon ab, über ihrem »schüchternen Jungen« zusammenzuschlagen.

Aber wie soll einer, der als halber Mann gesehen wurde, sich auf dem Beziehungsmarkt plötzlich als toller Kerl verkaufen? Der radioaktive Vorurteilsmüll, in seinem Kopf abgeladen, strahlt noch immer. Und so werfen sich manche zurückhaltende Männer vor, dass sie eben keine Draufgänger sind. Und je mehr sie das denken, desto mehr sinkt die Flagge ihres Mutes auf Halbmast.[53]

Und zurückhaltende Frauen? Haben vielleicht als Mädchen nicht nur gelernt, sich makellos wie ihre Barbie-Puppe zu präsentieren, sondern auch, allzeit sozial zu sein: Ein gutes Mädchen rauft nicht, sondern schlichtet. Und sie ist keine Egoistin, sondern immer für andere da: für die Puppen, die Geschwister, die Familie.

Und wenn sie sich als Mädchen eben doch Zeit für sich selbst genommen hat, weil sie es für ihren Energiehaushalt brauchte, wurde das oft missverstanden als Desinteresse an den Mitmenschen, als Kälte. Und im Kopf der erwachsenen Frau bleibt dann womöglich hängen: »Ich bin eigenbrötlerisch und kümmere mich zu wenig um andere. Vielleicht verdiene ich es nicht, geliebt zu werden.«

Und wenn frau zur Selbstkritik neigt, ist sie von ihrem Spiegelbild kaum begeistert, sondern fragt sich: Finden mich andere hässlich? Bestimmt kann mir niemand in die Augen schauen, ohne sich zu stören an diesem beginnenden Augenfältchen, das schon tiefer als der Grand Canyon ist! Vielleicht bin ich ein Mauerblümchen. Zumal ich nicht so locker wie andere flirte.

Die Selbstverkäufer aber triumphieren nur auf den ersten Blick. Mit Recht warnt Roman Maria Koidl in seinem Buch »Scheißkerle« vor Männern, die sich als »Traumprinzen« ausgeben, »schönen Schein« erzeugen und ein Beziehungsidyll versprechen. Er rät: »Werden Sie erwachsen, suchen Sie sich einen Kerl, der Sie liebt. Es gibt keine Perfektion, jedenfalls nicht über den Zeitraum von sechs Wochen hinaus.«[54] Wer diese Erfahrung gemacht hat, liebt danach klüger.

Der »Beziehungsmarkt« ist von Partneragenturen und Werbefernsehen in die Köpfe hineingeredet worden, er kommt nicht aus den Herzen heraus. Niemand sehnt sich nach einem Käufer, der mit ihm ein profanes Tauschgeschäft eingeht; jeder sehnt sich nach einem »Liebhaber«: einem Menschen, der ihn lieb hat. Das gilt für Extrovertierte genauso wie für Introvertierte. Erst die Gewissheit, mit allen Schwächen akzeptiert zu sein, lässt eine tiefe Beziehung zu. Diese Mutterliebe, wie Erich Fromm das nennt, ist die reinste Form der Liebe: Sie stellt keine Bedingungen, sie meint den Menschen an sich.[55]

Zurückhaltende Menschen lieben leiser, aber oft auch reifer. Und das ist ihr (Beziehungs-)Glück.

## LEISE & WEISE

»Liebe ist nicht das, was man erwartet zu bekommen, sondern das, was man bereit ist zu geben.«
*Katharine Hepburn, US-Schauspielerin*

## Die Landkarte der Liebe

Wer tauchen will, muss schwimmen können. Kann er nicht schwimmen, erreicht er den Grund nur unfreiwillig: Er säuft ab – er hat ja keine Wahl.

Wer eine Beziehung eingehen will, muss allein sein können. Kann er nicht allein sein, erreicht er Beziehungen nur unfreiwillig: Er stürzt (sich) hinein – er hat ja keine Wahl.

Wer nicht allein sein kann, bringt es fertig, am Abend desselben Tages, an dem die alte Beziehung geplatzt ist, eine neue einzugehen. Wer keinesfalls allein frühstücken, allein fernsehen, allein spazieren gehen oder allein mit seinen Gedanken sein will, ergreift Gegenmaßnahmen. Wer sich davor fürchtet, allein aufzuwachen, nimmt jemanden mit ins Bett. So einfach ist das.

Und so kompliziert. Denn der Partner ist dann kein sorgsam ausgewählter Herzensmensch, er ist nur Mittel zum Zweck: ein Pflaster, das so lange auf die Einsamkeit geklebt wird, bis es sich ablöst – und durch ein neues Pflaster ersetzt werden muss. Aber wer ist schon gern austauschbar?

Meine Klientin Paula Anders (39) hatte sich mit einem Kollegen eingelassen, der als Spaßvogel der Abteilung galt. Die ersten Wochen waren unterhaltsam. »Aber dann habe ich gemerkt: Alle seine Geschichten wiederholen sich«, erzählte Paula Anders. »Er hat sich für alles ein bisschen interessiert, ob Bücher oder Eishockey. Aber mit nichts war er richtig vertraut. Schon gar nicht mit mir!«

»Woran haben Sie das gemerkt?«, fragte ich.

»Er hat nie nachgefragt! Wenn er wusste, dass ich beim Arzt

war, kam nie die Frage: ›Wie war's?‹ Wenn ich sagte, dass mein Tag katastrophal war, antwortete er: ›Apropos katastrophaler Tag, bei mir war heute …‹ Er kam immer wieder auf sich zurück. Und mit der Zeit merkte ich: Er war ein Luftikus!«

»Wie meinen Sie das?«

»Einmal hatten wir uns zum Abendessen verabredet. Ich saß schon am reservierten Tisch, da kam eine SMS von ihm – leider sei ihm was dazwischengekommen. Das passierte nicht zum ersten Mal. Ich war natürlich extrem misstrauisch.«

»Weil Sie an eine andere Frau dachten?«

»Klar! Ich wusste ja, wie schnell er bei mir zur Sache gekommen war.«

Nach drei Monaten war die Beziehung vorbei. Und Paula Anders fasste den Vorsatz: »Ich suche nach einem Partner, auf den ich mich wirklich verlassen kann.«

Mit diesem Wunsch ist sie nicht allein. Seit Jahrzehnten beobachtet der Eheforscher John Gottman Paare in seinem Labor: wie sie miteinander reden, streiten, umgehen. In neun von zehn Fällen kann er schnell vorhersagen, ob eine Beziehung halten oder scheitern wird. Mit den Jahren hat er die Geheimnisse der glücklichen Ehen herausgefunden. Und welches Geheimnis nennt er an erster Stelle? Dass Sie die Landkarte Ihres Partners kennen und auf dem neuesten Stand halten sollten![56] Zum Beispiel ist es gut, wenn Sie wissen, …

▶ welche Lebensphilosophie ihn leitet,

▶ wie seine liebsten und verhasstesten Arbeitskollegen heißen,

▶ was er mit einem Lottogewinn täte,

▶ über welches Geschenk er sich am meisten freuen würde,

▶ wer sein bester Freund der Kindheit war,

▶ welchen Urlaub er am meisten genossen hat,

▶ welche Phasen sein Leben geprägt haben,

▶ welches seine liebsten Verwandten sind,

▶ welche Ängste ihn plagen

▶ oder welche Wünsche ihn antreiben.

Gottman schreibt: »Ohne eine solche Partner-Landkarte kann man den anderen nicht wirklich kennen. Und wenn man jemanden nicht wirklich kennt, wie soll man ihn dann wirklich lieben können?«[57] Ein oberflächlicher Mensch steht vor seinem (langjährigen) Partner wie vor einem exotischen Land: Er kennt die Geschichte kaum, beherrscht die Landessprache nicht und hat keine Ahnung von der Seelenlandschaft.

Doch ist er viel zu unphilosophisch, um zu wissen, dass er nichts weiß: Sein eigenes Land erklärt er zum Maß aller Dinge. Wenn er es toll findet, um 23.45 Uhr noch spontanen Besuch von Freunden zu bekommen, nimmt er an, den anderen erfreue diese Überraschung auch. Seine Liebe ist groß, kein Zweifel. Aber sie gilt: ihm selbst!

Als einfühlsamer Mensch bringen Sie die Fähigkeit mit, sich die Landkarte des anderen zu erschließen: weil Sie hinschauen, weil Sie nachfragen, weil Sie sich einfühlen. Dieselbe Münze bekommen Sie oft zurück, schon Freiherr von Knigge wusste: »Interessiere dich für andere, wenn du willst, dass andere sich für dich interessieren sollen!«[58]

Eine Partnerschaft mit einem einfühlsamen Menschen kann unter anderem aus folgenden Gründen reizvoll sein – nicht alle diese Eigenschaften müssen auf Sie zutreffen, aber sicher ein beachtlicher Teil:

**1. Gutes Händchen für Partnerwahl:** Können Sie gut mit sich allein sein? Und kennen Sie sich selbst? Wunderbar, dann haben Sie alle Zeit der Welt, um einen Partner zu wählen. Und als guter Analytiker wissen Sie: Wer bin ich? Wer ist der andere? Und passen wir zusammen? Aus früheren Beziehungen ziehen Sie Lehren. Ihr direkter Draht zum Bauchgefühl signalisiert Ihnen, wie hoch der Kribbelfaktor ist. Wer mit Ihnen eine Partnerschaft eingehen darf, wird von Ihrer Liebe nicht zufällig getroffen wie der Baum vom Blitz – sondern erwählt und in seiner Einzigartigkeit erkannt. Das fühlt sich gut an!

*Tipp:* Nehmen Sie sich die Zeit, die Sie brauchen, lassen Sie sich nicht drängen. Es dauert, bis Sie das Tor zu Ihrem Herzen öffnen, dann aber richtig. Andererseits sollten Sie bereit sein, ein kalkulierbares Risiko einzugehen und zu handeln; letztlich stellt sich die Qualität einer Partnerwahl immer erst im Beziehungsalltag heraus.

**2. Langfristige Perspektive:** Sind Sie ein Mensch, der eine Weile braucht, bis er Feuer fängt – aber dann brennt seine Liebe dauerhaft? Das verschafft Ihnen Stetigkeit: Statt möglichst viele Beziehungen anzufangen, ziehen Sie es vor, wenige Beziehungen zu vertiefen. Schließlich kostet es Energie, sich auf einen Menschen einzulassen. Sie legen Wert auf die Qualität des Zusammenlebens, auf tiefes Interesse und intensiven Austausch. Dass Sie immer wieder Ruhephasen für sich allein brauchen, kann die Beziehung entspannen und Ihrem Partner Freiräume geben. Das Leben mit Ihnen bereichert, Sie schöpfen immer wieder Gedanken, Ideen und Inspirationen aus sich heraus.

*Tipp:* So schön es ist, eine tiefe Beziehung zu führen: Sorgen Sie dafür, dass Sie sich nicht auf einen Menschen fixieren. Bewahren Sie sich Ihre Freiräume. Halten Sie Ihren (kleinen) Freundeskreis am Leben. Ein Wechsel zwischen Binnen- und Außenimpulsen tut Ihrer Beziehung gut.

**3. Feine Einfühlung:** Blicken Sie über den Tellerrand Ihrer eigenen Existenz? Fühlen Sie sich in andere ein? Dann haben Sie ein Gespür, wie es Ihrem Partner geht und was Ihrer Beziehung guttut. Sie sind in der Lage, sich auf ihn einzulassen und in seine Welt einzutauchen. Dieses Interesse ist die größte Wertschätzung, die Sie einem Menschen schenken können. Ein Gespräch mit Ihnen ist ansprechend, weil sich Ihr Partner wirklich gemeint fühlt. Beim Zuhören fallen Ihnen Details auf. Und Sie stellen anregende Fragen, die den anderen unterstützen, sich besser kennenzulernen und zu wachsen.

*Tipp:* Gerade als hochsensibler Mensch besteht Ihre Herausforderung darin, vor lauter Einfühlung für den anderen die eigenen Gefühle und Bedürfnisse nicht zu vergessen. Auch wenn Sie wissen, was Ihr Partner will, sollten Sie sich fragen: Will ich das auch? Sagen Sie Nein, wenn Sie Nein meinen. Denn jeder Kompromiss, den Sie nur Ihrem Partner zuliebe eingehen, wirft Sie aus dem inneren Gleichgewicht und schadet langfristig der Beziehung.

**4. Verlässlichkeit:** Sind Sie ein Mensch, der zu seinem Wort steht? Einer, der wenig verspricht, aber viel hält? Dann sind Sie bei Verabredungen eher zu früh als zu spät da. Mit Ihnen lassen sich große Pläne nicht nur machen, sondern auch umsetzen. Und die Wahrscheinlichkeit ist groß, dass Sie in einer Beziehung treu sind. Es würde gegen Ihre Grundsätze verstoßen und viel Energie kosten, ein Doppelleben zu führen.

*Tipp:* Achten Sie darauf, dass Ihr Selbstanspruch im Einklang mit Ihren persönlichen Bedürfnissen steht. Wenn Sie Ihren Partner zum Beispiel Unterstützung im Beruf oder bei der Erziehung zusagen, dann lassen Sie sich selbst auch von ihm unterstützen. Nur wenn die Waage einer Beziehung im Gleichgewicht steht, fühlt sich das für Ihren hohen Gerechtigkeitsanspruch gut an.

## LEISE & WEISE

»Das, was man nicht kennt, kann man nicht lieben, sonst liebt man etwas anderes, nämlich ein Phantom, und das ist das Gewöhnliche.«[59]
*Friedrich Nietzsche, Philosoph*

# DER COACHING-DIALOG:
# »FLIRTEN MACHT MIR NASSE HÄNDE.«
# TEIL 1:

**Klient:** In einem Flirtratgeber habe ich gelesen: Sprich möglichst viele Frauen an und sammle pro Tag vier Telefonnummern, um die Wahrscheinlichkeit auf einen Treffer zu erhöhen. Wie denken Sie darüber?

**Coach:** Was sagt Ihr Gefühl?

**Klient:** Es fällt mir schon schwer, eine einzige Frau anzusprechen. Mein Bedürfnis, das jeden Tag viermal zu tun, hält sich in engen Grenzen.

**Coach:** Welche Bedenken haben Sie?

**Klient:** Abgesehen davon, dass ich dann den ganzen Tag mit schweißnassen Händen und surrendem Kopf durch die Gegend liefe? Ich käme mir wie ein Flirtautomat vor: Nächste Frau, selber Spruch.

**Coach:** Und wie wählerisch könnten Sie sein?

**Klient:** Gar nicht! Ich müsste jede Gelegenheit nutzen. So viele potenzielle Flirtpartnerinnen begegnen mir im Laufe eines Tages nicht.

**Coach:** Welche Vorteile hätte es, wenn Sie pro Tag vier Frauen ansprächen?

**Klient:** Vielleicht würde ich selbstbewusster. Aber wenn ich viele Körbe kassiere, könnte auch das Gegenteil passieren: dass ich mich gar nicht mehr traue.

**Coach:** Nach meinem Gefühl ist es die falsche Methode für Sie, aus jeder Frau gleich die Telefonnummer quetschen zu wollen. Das sind Tipps für Aufreißer, die Frauen wie Tennispokale sammeln. Hilfreich für Sie könnte es sein, öfter unverfängliche Gespräche mit Frauen zu beginnen – zum Beispiel im Bus, in der U-Bahn oder in der Kinoschlange.

**Klient:** Aber was soll das bringen?

**Coach:** Zwei Vorteile: Sie tun, was Ihnen schwerfällt. Und je öfter Sie es tun, desto leichter wird es Ihnen fallen; man nennt das systematische Desensibilisierung. Eine bestimmte Zahl pro Woche, sagen wir drei bis fünf Kontakte, wäre hilfreich – dann haben Sie ein klares Ziel.

**Klient:** Und der zweite Vorteil?

**Coach:** Wenn Sie nicht flirten wollen, steigt die Wahrscheinlichkeit, dass sich doch ein Flirt entwickelt – weil Sie unverkrampfter sind.

## Fünf Coaching-Impulse für Sie:

▶ Wer hat mit Ihnen besonders nett geflirtet? Finden Sie heraus, was Ihnen an dieser Ansprache so gut gefallen hat.

▶ Angenommen, Sie müssten diese Methode auf sich übertragen: Wie sähe Ihre Variante aus? Machen Sie sich Notizen.

▶ Wenn es Ihre Aufgabe wäre, einen Flirt wortlos zu beginnen: Wie würden Sie vorgehen? Probieren Sie die Wirkung des Lächelns und der nonverbalen Signale aus.

► Nehmen Sie sich vor, wie oft Sie pro Woche mit Frauen oder Männern Gespräche beginnen. Notieren Sie jeden Abend, wie Sie sich dabei gefühlt haben. Was verändert sich an Ihrer Sicherheit nach einer Woche? Einem Monat? Einem Vierteljahr?

► An welchen Orten, wo Sie auch andere Menschen treffen, fällt Ihnen das Flirten besonders leicht, weil Sie sich dort wohlfühlen oder schnell ein Gesprächsthema haben (etwa im Museum oder in der Buchhandlung)? Sorgen Sie dafür, dass Sie dort möglichst oft sind.

## Partnersuche als Staatsgeheimnis

Niemand wusste, dass Laura Kleinfeld (28) einen Freund suchte. Sie behielt es wie ein Staatsgeheimnis für sich. Und sie »suchte« nicht wirklich, sondern hoffte, vom Einschlag eines Liebeskometen getroffen zu werden. In der Beratung war das Thema zufällig zur Sprache gekommen, als ich sie nach ihren drei größten Wünschen gefragt hatte.

»Aus welchen Gründen sprechen Sie mit niemanden darüber, dass Sie einen Partner suchen?«, frage ich.

Ihre Augen funkelten gefährlich. »Soll ich etwa damit hausieren gehen? Ich bin eher schüchtern, das wäre mir peinlich.«

»Aber wenn Sie in einem Restaurant sitzen und Hunger haben, bestellen Sie doch Ihr Essen – statt zu hoffen, dass jemand Ihre Wünsche errät.«

»Bei wem, bitte schön, soll ich einen Freund bestellen?«

»Erzählen Sie Ihren Freunden und engen Bekannten, wie Sie sich Ihren neuen Partner vorstellen. Vielleicht kennt jemand einen Mann, der zu Ihnen passt und ebenfalls sucht.«

»Aber meine Freundinnen sind keine Party-Tanten. Die leben fast alle in Beziehungen und haben keinen so großen Freundeskreis.«

»Introvertierte Freundinnen sind umso wertvoller: Fragen Sie nach, wie sie ihre Partner kennengelernt haben. Vielleicht sind Ideen für Sie dabei.«

Sie rührte in ihrer Kaffeetasse. »Meine beste Freundin hat ihren Mann bei der ehrenamtlichen Sozialarbeit kennengelernt. Die beiden sind sich langsam nähergekommen. Aber was soll ich für mich daraus lernen?«

»Versuchen Sie mal eine Analyse!«

»Vielleicht sollte ich einer Gruppe beitreten, die ein Anliegen verfolgt, das mir am Herzen liegt, etwa im Umweltschutz – dort treffe ich Gleichgesinnte und habe gleich ein Gesprächsthema. Und ich könnte dafür sorgen, dass ich einen potenziellen Partner auf natürliche Art mehrfach treffe – etwa durch gemeinsame Projektarbeit. Dann kann sich ein Kontakt langsam entwickeln. Und ich stehe nicht unter Druck wie bei einem einmaligen Date.«

Sie nahm einen Schluck Kaffee und dachte nach. »Aber ich finde es schwer, mit einem ins Gespräch zu kommen, wenn ich ihn so richtig gut finde. Dann bin ich blockiert.«

»Die Kunst besteht vielleicht darin, mit ihm schon im Gespräch zu sein, wenn Sie seine Qualitäten entdecken. Wenn Sie schon an eine Beziehung denken, ehe Sie das erste Wort sagen, kommt nichts Gescheites dabei heraus.«

»Aber worüber im Gespräch? Mir fehlen so oft die Themen!«

»Sie sind eine gute Beobachterin. Hören Sie hin, was ein

Mann über sich erzählt, auch anderen gegenüber. Haken Sie
bei solchen Punkten ein. Oder beobachten Sie seine Besonderheiten, etwa dass er mit der linken Hand schreibt. Und dann
fragen Sie nach.«

Sie zog ein Gesicht, als stieße ihr der Kaffee bitter auf. »Ich
soll so was Plattes sagen wie: ›Schau an, du bist Linkshänder!‹?«

»Eine solche Beobachtung drückt Wertschätzung aus: Sie haben sich mit seinen Eigenarten befasst. Aber was würde Sie bei
einem Linkshänder wirklich interessieren?«

»Ich habe mich schon immer gefragt, wie es Kindern geht,
die merken: Ich bin anders als die anderen, ich verwende meine
linke Hand als rechte. Ich könnte fragen, wie das bei ihm war.«

»Da hätte er sicher viel zu erzählen.«

Ihr Gesicht hellte sich kurz auf, ehe es sich wieder verfinster-
te. »So ein Gespräch am Rand einer Gruppe geht ja noch. Aber
bei Dates bin ich immer völlig blockiert. Ich weiß einfach nicht,
was ich von mir erzählen soll.«

»Fragen Sie Freunde und Freundinnen, welche Geschichten
aus Ihrem Leben sie besonders gerne hören. Das können lusti-
ge oder spannende Erlebnisse sein. Vieles davon wird sich gut
für ein Date eignen. Schreiben Sie sich einen kleinen Stichwortzettel.«

Sie fuhr die Unterlippe nach vorne und blies Luft in ihren
Scheitel. »Ich soll einen Stichwortzettel auf dem Tisch liegen haben, so nach dem Motto: ›Moment, ich suche gerade nach Anek-
dote Nummer fünf.‹?«

»Schon allein das Notieren frischt Ihre Gedanken auf.«

»Aber meine Geschichten werden kaum für Stunden reichen!
Und bestimmt erzählen andere Frauen witziger als ich.«

»Aber hören andere Frauen auch so gut zu? Sind sie so einfühlsam? Können sie ein Gespräch durch spannende Fragen beleben? Ich glaube, Sie dürfen Ihren Stärken vertrauen.«

»Aber welche Fragen soll ich denn stellen?«

»Finden Sie heraus, was er für ein Typ ist. Welche Träume schwirren durch seinen Kopf? Was würde er mitnehmen auf eine einsame Insel? Wann ist er in seinem Leben am glücklichsten? Ein solches Gespräch hebt sich ab vom üblichen Flach-Talk.«

Sie griff eine Haarsträhne und zwirbelte sie. »Aber auch das Zuhören strengt mich in einer solchen Situation an. Irgendwann schalten meine Ohren auf Durchzug. Vor Jahren hatte ich mal ein Date über fünf Stunden. Der Typ hat ignoriert, dass ich die ganze Zeit angedeutet habe, wir könnten allmählich aufbrechen.«

»Legen Sie vorher fest, wie lange das Treffen dauert. Sie können zum Beispiel ankündigen, dass Sie am nächsten Morgen früh aufstehen müssen und deshalb leider nicht so viel Zeit haben.«

»Aber wie soll ich in, sagen wir, 1 ½ Stunden herausfinden, ob ich mit einem Typen vielleicht 1 ½ Jahrzehnte leben will?«

»Müssen Sie das denn? Wenn ein Mann interessant ist, dann treffen Sie ihn öfter. Und je mehr Sie sich auf ihn eingestellt haben, desto weniger Energie werden Sie diese Gespräche kosten. Dann funktioniert Ihre Intuition noch besser.«

Dieses Gespräch zeigt: Manche Introvertierte denken lange nach, ehe sie *nicht* handeln: Partnersuche bedeutet für sie Überwindung. Es erfordert viel Energie,

▶ sich auf einen fremden Menschen einzulassen,

▶ sich unter Stress von der besten Seite zu präsentieren,

▶ sich in einen vermeintlichen Wettbewerb mit anderen zu begeben,

▶ eine (Lebens-)Entscheidung zu fällen ohne exakte Entscheidungskriterien.

Aber das Risiko, die Sache dem Zufall zu überlassen, ist noch viel größer: Gerade wer gut mit sich allein sein kann, läuft Gefahr, dass er sich an eine Partnerschaft mit sich selbst gewöhnt. Am Ende steht die Frage: Will ich keinen Partner? Oder fehlt es mir nur an der Energie oder an Wegen, ihn zu finden?

Der große Vorteil daran, sich einen Ruck zu geben: Aktives Suchen erhöht die Wahrscheinlichkeit auf eine erfüllende Partnerschaft. Und viele Introvertierte sind gute Menschenkenner, das hilft ihnen dabei. Dagegen kann der Liebeskomet, der sie zufällig trifft, ein schnell verglühender Irrläufer sein.

### LEISE & WEISE

»Je mehr Geist man hat, desto mehr originelle Menschen entdeckt man. Alltägliche Leute finden bei den Menschen keine Unterschiede.«
*Blaise Pascal, französischer Autor*

# DER COACHING-DIALOG: »FLIRTEN MACHT MIR NASSE HÄNDE.« (TEIL 2)

**Klient:** Mehrfach schon bin ich mit Frauen zusammengekommen, die nicht zu mir gepasst haben. Ich versteh das nicht, eigentlich bin ich ein Menschenkenner.

**Coach:** Beschreiben Sie einmal, wie Sie die Frauen kennengelernt haben.

**Klient:** Ich zwinge mich, in Discos zu gehen. Oder zu Partys. Oder zu großen Veranstaltungen.

**Coach:** Sie zwingen sich?

**Klient:** Ich weiß ja, dass ich zu Hause vorm Fernseher niemanden kennenlerne.

**Coach:** Und wie kommt es dann zu den Begegnungen?

**Klient:** Ich sorge dafür, dass ich aufgekratzt bin. Mit meiner Lieblingsmusik und ein, zwei Gläsern Wein bringe ich mich in Stimmung. Dann spreche ich Frauen an. Und bin für meine Verhältnisse sehr gesprächig.

**Coach:** Sie bewegen sich an Orten, wo Sie nicht gerne sind, mit einem Auftreten, das Ihnen nicht entspricht. Warum sollten Sie dann die Richtige kennenlernen?

**Klient:** Warum denn nicht?

**Coach:** Weil Sie jemanden darstellen, der Sie nicht sind. Sie erwecken eine Erwartung, die Sie später nicht halten können. Und Sie stellen sich selbst eine Falle: Wenn Sie sich am Anfang einer Beziehung als gesprächiger Partylöwe geben, kämpfen Sie später damit, dieses indirekte Ver-

sprechen einzuhalten. Dabei erschöpfen Sie Ihren Energiehaushalt.

**Klient:** Soll ich denn stumm in einer Ecke stehen und auf
meine Stirn schreiben: »Sensibler Schweiger, bitte aus eigener Initiative ansprechen!«

**Coach:** Nein, stehen Sie zu Ihrer Persönlichkeit! Geht die
Welt denn unter, wenn jemand bemerkt, dass Sie etwas
scheu sind? Ich glaube, viele Frauen finden das sogar at-
traktiv.

**Klient:** Aber diese Frauen sprechen mich nicht von allein an!

**Coach:** Bleiben Sie initiativ. Aber in einer Tonlage, die zu Ihnen passt. Bringen Sie sich mit Ihrer Lieblingsmusik in Stimmung. Aber lassen Sie den Wein weg, dann steigt der Pegel
Ihrer Authentizität. Außerdem muss es nicht immer eine persönliche Begegnung sein. Seriöse Partnerportale im Internet
bieten zurückhaltenden Menschen die große Chance, sich
einer Partnerin langsam auf dem Schriftweg anzunähern.

## Fünf Coaching-Impulse für Sie:

► Angenommen, Sie lernen einen attraktiven Partner kennen: Wäre es für Sie in Ordnung, dass Sie als zurückhaltender Mensch wahrgenommen werden?

► Falls nein: Warum nicht? Bitte fertigen Sie eine Liste mit
  Gründen an, weshalb Sie gerade wegen Ihrer Zurückhaltung ein besonders attraktiver Partner sind.

- ▶ Denken Sie an die gelungenste(n) Partnerschaft(en) Ihres Lebens: Wie und mit welchem Auftreten haben Sie diese(n) Menschen kennengelernt? Bitte analysieren Sie Ihre Erfolgsrezepte.
- ▶ Denken Sie an die weniger gelungene(n) Partnerschaft(en) Ihres Lebens: Wie und mit welchem Auftreten haben Sie diese(n) Menschen kennengelernt? Bitte analysieren Sie, wie Beginn und Ende der Beziehung zusammenhängen können.
- ▶ Als Drehbuchautor sollen Sie sich selbst mit einem potenziellen Partner auf Ihre Weise Kontakt aufnehmen lassen. Bitte beschreiben Sie zwei Szenen:
  - • Wie Sie *glaubwürdig* extrovertieren, also offensiver als sonst sind, ohne die eigene Natur über Bord zu werfen.
  - • Wie Sie Ihre Zurückhaltung nutzen, um in Kontakt zu kommen.
  - • Welche der beiden Möglichkeiten fühlt sich für Sie stimmiger an? Und wann lässt sich welcher Weg umsetzen?

## Ist mein Schatz ein Gegensatz?

Erst ziehen sich Gegensätze an – dann ziehen sie sich aus. Heißt es. Aber stimmt das wirklich? Welche Menschen Sie bevorzugen, können Sie leicht herausfinden: Schauen Sie Ihre Freunde an! Zieht es Sie …

- ▶ als Leisen zu den Lauten?
- ▶ als Nachdenklichen zu den Oberflächlichen?

- ▶ als Feinfühligen zu den Grobschlächtigen?
- ▶ als Planer zu den Planlosen?
- ▶ als Langsamen zu den Schnellen?
- ▶ als Zweifler zu den Entschlussfreudigen?

Ich vermute, Sie haben Ihre Freunde eher nach Ähnlichkeit gewählt. Es fühlt sich einfach besser an, wenn Ihr Freund bei einer Verabredung fünf Minuten zu früh auftaucht, wie Sie selbst, statt grundsätzlich fünf Minuten zu spät. Und es ist für die Freundschaft gut, wenn Persönliches, das Sie ihm erzählen, auch nicht aus Versehen durch eine lose Zunge ausgeplaudert wird. Instinktiv zieht es uns zu Menschen mit ähnlichen Werten und ähnlichem Temperament.

Aber gilt das auch für die Liebe? Hat Carl Gustav Jung nicht gesagt, jeder von uns strebe danach, seine Persönlichkeit zu komplettieren und das, was ihm fehlt, bei anderen zu suchen?[60] Und wäre es nicht töricht von der Evolution, ein Paar aus zwei Gleichen zu bilden, statt sinnvolle Ergänzungen zu wählen?

Zum Beispiel profitiert der in sich gekehrte Mann von einer kontaktfreudigen Frau, die Behörden-Telefonate erledigt, Nachbarschaftskontakte pflegt und als Erste von der freien Altbauwohnung hört. Und die extrovertierte Frau fährt gut mit ihm, wenn er mal wieder die Lösung für ein verzwicktes Problem ausbaldowert, die richtigen Aktien kauft und den Kindergartenplatz für die Kleine schon kurz nach der Geburt reserviert.

Wahr ist: Zurückhaltende Menschen ziehen Freunde und Partner vor, die ihnen ähnlich sind; die Interessen stimmen zu 86 Prozent überein, wie ein Team des Wellesley College in Massachusetts herausgefunden hat.[61] Und Forschungen der Mannheimer Gesellschaft von Beatrice Rammstedt und Jürgen

Schupp belegen: Je ähnlicher sich die entscheidenden Persönlichkeitsmerkmale der Partner sind, desto länger bleiben sie zusammen.[62]

Und doch können Introvertierter und Extrovertierter glückliche Partnerschaften führen, wenn sie ihren Temperamentsunterschied erkennen und bewusst damit umgehen. Dann ergänzen sie einander, statt sich auf den Geist zu gehen – wie es Zurückhaltende bei Beziehungen mit Hardcore-Schwätzern erleben, auch wenn die locker für zwei reden.

Wo liegen die Herausforderungen, wenn Sie sich als zurückhaltender Mensch mit einem Extrovertierten zusammentun? Und wo, wenn Ihr Herzensmensch ebenfalls ein Introvertierter ist? Hier jeweils zwei (etwas überspitzte) Szenarien, wie es laufen sollte und wie nicht:

*Leben mit einem extrovertierten Partner*

**So nicht:** Ihr Partner zieht den Colt immer schneller als Sie: Wenn es um ein gemeinsames Urlaubsziel geht, hat er schon gebucht, ehe Sie Ihre Meinung ausgesprochen haben. Überhaupt tritt er als Pressesprecher der Paar AG auf. Zum Beispiel sagt er bei Anfragen für Partys, Wochenend-Trips und überraschende Grillfeten sofort: »Wir kommen!« Während er schon die Klamotten aus dem Schrank kramt, fragt er vorsichtshalber noch: »Du kommst doch mit?« Er schiebt die große Welle, wie ein Motorboot auf dem Meer, und Sie schlingern in seinem Fahrwasser wie auf wackligen Wasserskiern hinterher – in eine Richtung, in die Sie gar nicht fahren wollen!

Wenn Sie vorhaben, über Ihre Gefühle zu sprechen, kann das an drei Umständen scheitern: dass er nicht zuhören will, dass er nicht zuhören kann oder dass er selbst etwas erzählt. Für stille Stunden müssen Sie sich wie eine Katze aus dem Haus und in den nächsten Wald schleichen. Ansonsten ist für Dauerbeschallung gesorgt.

Sie haben immer etwas vor, genauer gesagt: er mit Ihnen. Seinen Willen setzt er gerne durch. Und Sie sagen ungern »Nein« – was er als »Ja« deutet. Nie haben Sie Ruhe. Nie können Sie durchatmen. Immer fühlen Sie sich erschöpft. Zugleich haben Sie ein schlechtes Gewissen, weil Sie sich im Vergleich zu Ihrem Partner als wortkarg, kontaktscheu und träge empfinden.

Und wenn Sie nach Jahren doch mal über Ihre Bedürfnisse sprechen, schnauzt er garantiert: »Warum hast du das nicht früher gesagt? Du redest einfach nicht über deine Gefühle?!«

**So klappt's:** Haben Sie mal überlegt, wie viele Vorteile es bietet, einen extrovertierten Partner zu haben? Als Außenminister können Sie ihn hinschicken, wo Sie selbst nicht hinwollen, ob zu Elternabenden, Versammlungen oder Straßenfeiern. Er repräsentiert Sie (und Ihre Familie) gern. Und Sie haben derweil Zeit zu lesen, zu sinnieren, zu spazieren. Dass Sie gut allein sein können, gibt ihm die Freiheit, unter Menschen zu gehen – dort langweilt er sich nie. Und dass er unter Menschen geht, gibt Ihnen Raum für stille Stunden mit sich selbst – was Sie nie langweilt. Das passt gut zusammen. Und weil er gerne erzählt, können Sie guten Gewissens auch mal still sein.

Er spornt Sie an, Ihre extrovertierte Seite mehr zu leben. Denn – geben Sie es zu! – manchmal wünschen Sie sich, öfter Menschen zu treffen, ein paar Einladungen mehr anzunehmen und spontaner zu sein, wenn eine hübsche Gelegenheit winkt. Sein Schwung kann Sie mitreißen. Und so mancher Termin, vor dem Sie sich gedrückt hätten, stellt sich am Ende doch als Bereicherung heraus.

Aber diese Rechnung geht nur auf, wenn Sie mit Ihrem Partner offen besprechen, wie sich Ihr Temperament von seinem unterscheidet: Was macht es mit Ihnen, wenn Sie dauernd unter Menschen sind? Wie lange brauchen Sie, um sich von einer Party zu regenerieren? Was kann er dazu beitragen, dass sich Ihr Energietank füllt?

Erst solche Gespräche machen ihm klar, dass seine Erfrischungsbäder in Menschenmassen für Sie ein (manchmal) schmerzlicher Hagel an Sinneseindrücken sind. Vereinbaren Sie, wie viel Zeit Sie für sich allein brauchen. Sagen Sie ihm im Gegenzug zu, wie oft Sie pro Woche bereit sind zu gemeinsamen oder öffentlichen Unternehmungen. Sorgen Sie für gesunde Abwechslung zwischen Zweisamkeit und Treffen mit anderen.

Und lernen Sie, über Ihre Gefühle zu sprechen; denn er errät sie selten. Deshalb sollten Sie »Nein« sagen können. Ihr extrovertierter Partner braucht klare Aussagen, keine Andeutungen (»Eigentlich wollte ich ja ...«).

Und unterstützen Sie ihn dabei, seine Interessen zu vertiefen, Ausdauer zu entwickeln und ein besserer Zuhörer zu werden. Dann lernt er von Ihnen. Und Sie von ihm.

*Leben mit einem introvertierten Partner*

**So nicht:** Weil Ihr Partner genauso zurückhaltend wie Sie ist, haben Sie sich Ihr Leben als eigenes Universum eingerichtet. Gegen diese Idee spricht nichts – bis auf die Tatsache, dass Ihnen andere Menschen wie Außerirdische vorkommen. Und es könnte von Nachteil sein, dass Sie Ihren Chef wie ein Marsmännchen anglotzen.

Und wenn Sie grundsätzlich alle Außentermine ablehnen, von
der Familienfeier bis zur Straßenfeier, laufen Sie Gefahr, dass andere eine Vermisstenanzeige für Sie beide aufgeben. Zumindest
bleiben die Einladungen mit der Zeit aus.

Da Sie und Ihr Partner völlig aufeinander bezogen sind, schleu-
dert Sie seine Abwesenheit in tiefste Einsamkeit, auch wenn er
nur zum Brötchenholen um die Ecke geht; von einer Dienstreise
ganz zu schweigen. Dann hat sich Ihre harmonische Zweisamkeit
in eine Abhängigkeit gesteigert. Zerbräche diese Beziehung, hätten Sie den Anschluss komplett verloren.[63] Dann müssten Sie den
Trümmerhaufen Ihrer sozialen Kontakte wieder aufbauen, aber
hätten gerade in diesem Moment kaum die Kraft dazu.

Oder es kommt anders: Nach einiger Zeit – sagen wir: frühestens 50 Jahren – entlocken Ihnen die immer gleichen Abläufe und die unveränderten Gewohnheiten in Ihrer Partnerschaft
ein »Nicht schon wieder!«. Dann ist der Beziehungsteich zuge-
froren. Kein warmer Wind von außen, alles erstarrt, ewiges Eis.

**So klappt's:** Wie schön, dass Sie eine Beziehung führen, in der
Sie sich nicht verstellen müssen! Wenn Ihnen nicht nach Reden
ist, schweigen Sie. Wenn Sie allein durch den Wald spazieren
wollen, spazieren Sie. Und wenn Sie keine Lust haben, eine große Geburtstagsparty zu veranstalten, veranstalten Sie eine kleine oder keine – Ihr Partner wird Sie zu nichts drängen, denn er
schöpft sein Temperament aus der gleiche Quelle wie Sie.

Stundenlang zu zweit im Garten sitzen, jeder in einer anderen
Ecke, jeder mit einem anderen Buch und keiner mit dem Gefühl, alle fünf Minuten etwas sagen zu müssen – das kriegen nur
zwei zurückhaltende Partner hin. Und oft weiß der andere, was
Sie sagen wollen, ehe Sie sprechen. Denn er denkt und lebt Ihr

Leben mit – und Sie das seine. Diese gedankliche Nähe tut gut und ist der schönste Liebesbeweis.

Damit die Zweisamkeit keine Einsamkeit zu zweit wird, können Sie Ihr Sozialleben gezielt ankurbeln: Nehmen Sie sich vor, in bestimmten Abständen gemeinsam unter Menschen zu gehen, zum Beispiel alle ein oder zwei Wochen. Achten Sie darauf, dass jeder seinen eigenen Freundeskreis behält, ein eigenes Hobby ausübt und nicht zum siamesischen Zwilling des anderen wird. Solche Unterschiede bringen Farbe ins (Paar-)Leben und halten eine Beziehung lebendig.

Sprechen Sie Konflikte an, auch wenn es Ihnen schwerfällt, erst recht gegenüber einem sensiblen Partner; nur wenn Sie sich gelegentlich aneinander reiben, entwickelt sich Ihre Beziehung weiter.

Finden Sie heraus, welche Unterschiede es zwischen Ihnen gibt. Wer braucht längere Ruhezeiten? Wer würde gerne öfter unter Leute gehen? Organisieren Sie alle ein bis zwei Wochen einen besonderen Tag, an dem Sie etwas Neues ausprobieren oder einen lang gehegten Wunsch des Partners erfüllen. Die Mischung aus Stetigkeit und Abwechslung sorgt dafür, dass Sie beides mehr zu schätzen wissen – und dass Ihre Beziehung immer wieder Impulse bekommt.

## LEISE & WEISE

»Wenn die Liebe ein Medikament wäre – der Beipackzettel wäre ein dickes Buch.«
*Ernst Ferstl, österreichischer Autor*

# Prominente Zurückhaltung:
# Ich schenke dir 100 Minuten!

Was tut ein junger Student, dem es schwerfällt, Frauen anzusprechen; ein scheuer Computerfreak, dessen Finger nachts nur die Tastatur seines Laptops betasten? Klar: Er entwickelt eine Geschäftsidee, die es erleichtert, Kontakte zu schließen. Der junge Amerikaner hatte Glück: Sein Einfall feierte rund um den Globus einen Siegeszug, ließ ihn als Unternehmer durchstarten und spülte ihm viel Geld aufs Konto.

Und nicht nur das Geschäft, auch die Liebe florierte: 2003 lernte er seine Freundin kennen. Zwar hatte die zuerst gedacht: »So ein Streber-Typ, ein bisschen daneben!«[64] Aber schließlich überwog die Zuneigung. Nur gab es in der Beziehung ein Problem: Der junge Computerfreak pflegte ein zweites Liebesverhältnis, das mehr Zeit auffraß – die Beziehung zu seiner Arbeit. Seine Firma war dafür bekannt, dass man dort nächtelang vorm Bildschirm saß.[65] Solcher Arbeitseifer vertrug sich schlecht mit dem Liebesleben.

Das mag der Grund sein, warum der junge Amerikaner und seine Freundin neun Jahre nur in wilder Ehe zusammenlebten. Im Mai 2012 hatte die Freundin ihr Studium der Kinderheilkunde abgeschlossen. Rund hundert Gäste kamen, um den Abschluss zu feiern. Doch sie schienen sich auf eine falsche Party verirrt zu haben: Der junge Unternehmer, sonst T-Shirt-Träger, trug einen dunkelblauen Anzug, seine Freundin ein weißes Kleid mit Schleier. Das Paar – Überraschung! – feierte seine Hochzeit.

Aber wie hatte der arbeitswütige Computerfreak seine Freundin von einer Ehe überzeugt? Er hatte sich mit ihr auf einen Ehevertrag mit besonderer Klausel geeinigt: Mindestens einmal pro Woche, für hundert Minuten, würden die beiden zusammen ausgehen – zum Essen, ins Kino, ins Theater, zu Freunden, wohin auch immer. Damit kam der zurückhaltende Computerfreak nicht nur seiner kontaktfreudigeren Frau entgegen, sondern verringerte auch die Wahrscheinlichkeit, an seinem Bildschirm festzuwachsen oder als schlafloser Zombie in den Arbeitssarg zu sinken.

Am Ende profitierten beide Eheleute von dieser Regelung: Facebook-Gründer Mark Zuckerberg und seine Frau Priscilla.

# 6 Bewerbung ohne Kanonenkugel:

## Wie Sie Baron Münchhausen ehrlich übertreffen

In diesem Kapitel erfahren Sie …

► mit welchen Tricks Schwätzer beim Bewerben ans Werk gehen,

► warum eine zurückhaltende Bewerberin meinte, eine ansteckende Krankheit zu haben,

► wie Sie sich mit Referenzen den Weg zum neuen Job ebnen

► und wie Sie sich in höchsten Tönen loben können, ohne sich selbst gelobt zu haben.

# Die Abrakadabra-Bewerbung

Es gab mal einen Mann, der versprach reichen Menschen: »Gebt mir *einen* Koffer voller Geld – und ich mach euch *dreizehn* volle Koffer daraus.« Und es gab viele Prominente, darunter Dieter Bohlen und Udo Lindenberg, die von diesem Versprechen begeistert waren – und ihre vollen Geldkoffer zu ihm trugen.

Und so begann der Mann – Abrakadabra! – seinen Zauber. Der Auftakt gelang: Der erste Geldkoffer verschwand zuverlässig. Die Fortsetzung ging schief: Die zwölf weiteren Geldkoffer kamen nie hinzu. Deshalb verschwand auch der Mann. Sein Name: Dieter Harksen. Und sein Zauber: Anlagebetrug.[66]

Diese Geschichte erinnert mich an die Einstellungspolitik der deutschen Firmen: Noch immer lassen sich einige Personalentscheider eine Rendite von 1300 Prozent versprechen; noch immer suchen sie nach Bewerbern, denen Unmögliches gelingt:

▶ Sie kosten wenig, aber können alles;

▶ sie sind brillant wie Nobelpreisträger (gute Abschlüsse!), aber praxisnah wie Streetworker;

▶ sie sind flexibel wie Gummimenschen, aber charakterfest wie Heilige;

▶ sie sind feinfühlig für Trends, aber dickhäutig bei Kritik;

▶ sie sind Teamplayer, aber individuell wie Westernhelden;

▶ sie sind Kosmopoliten, aber lokal verwurzelt wie Marktfrauen;

▶ und sie sind wechselwillig, aber in ihrer alten Firma noch höchst begehrt.

Wer Arbeitskräfte sucht, die solche Wunder vollbringen, ruft geradezu nach Arbeitsrendite-Betrügern. In Einstellungsgesprächen, die ich als Supervisor verfolge, fallen mir viele »Bewerber à la Harksen« auf:

▶ Sie werfen sich dem Unternehmen sofort an den Hals, als wären sie nur dafür geboren, eines Tages dort arbeiten zu dürfen. Dabei sind ihnen »die Inhalte ihres Jobs relativ egal«, wie der Organisationspsychologe Lutz von Rosenstiel berichtet. »Sie identifizieren sich problemlos mit den Unternehmenszielen – egal ob diese ethisch-moralisch vertretbar sind oder nicht.«[67]

▶ Sie passen so genau zur ausgeschriebenen Stelle, als hätte der liebe Gott sie eigenhändig dafür geschnitzt. Zufällig haben sie alles, was die neue Aufgabe erfordert, an vorherigen Arbeitsplätzen mit Bravour gemeistert. Das AEG-Vokabular (»**A**us **E**rfahrung **g**ut«) beherrschen sie aus dem Effeff: »Kenne ich bestens!«, »Habe ich schon in komplizierten Fällen hingekriegt!« und »Meine Marktkenntnis sagt mir …«.

▶ Sie beherrschen die Kunst, ihre (angeblichen) Stärken wie Luftballons aufzublasen. Jedes Schnuppern an einem Feld kommt als »langjährige Erfahrung« rüber, jedes ohne Weltuntergang abgeschlossene Projekt als »großer Erfolg«. Und ihr Englisch bezeichnen sie als »verhandlungssicher«, falls sie ihren Englischlehrer einst von der Fünf auf die Vier runtergehandelt haben.

▶ Sie nehmen viel Raum am Tisch ein und treten mit Dominanzgesten auf. Zum Beispiel verschränken sie die Hände hinterm Kopf und fahren die Ellenbogen aus, eine Geste, die der Körpersprache-Experte Joe Navarro als »Kobra-Effekt« bezeichnet. Denn Kobras spreizen ihr Nackenschild, um größer zu erscheinen und zu imponieren.[68]

▶ Und natürlich ist nichts auf dieser Welt so lückenfrei wie ihr Lebenslauf, sie waren immer im Dienst, auch wenn sie nicht im Dienst, sondern auf Weltreise waren. Jeder Atemzug, den sie im Laufe ihres Lebens genommen haben, diente dem Beruf.

Klingt unglaubwürdig, finden Sie? Stimmt. Dennoch fallen viele Unternehmen auf Schwätzer rein. Das liegt an der Landessprache der Geschäftswelt: dem Großsprech. Jede Story, die ein Manager in den Mund nimmt, gerät zur Erfolgsstory. Deshalb sind die Stellenausschreibungen in reinstem Großsprech verfasst. Es gibt mehr »Weltmarktführer« als Märkte, jede Schnarch-Firma kommt daher als »innovativ« und »expandierend«, auch wenn nur noch die Schulden wachsen. Die Aufgabe wird als »spannende Herausforderung« verkauft, selbst wenn sie ein hochdosiertes Schlafmittel ist. Und den Neuling erwarten angeblich jede Menge »Gestaltungsspielräume«, auch wenn er im Alltag nicht mal husten darf, ohne vorher seinen Chef zu fragen.

Und so treffen Firmen, die mehr versprechen, als sie halten können, auf Bewerber, die genau dasselbe tun: Sie zeigen ihre Schokoladenseiten. Als Schwäche bekennen sie auf Nachfrage allenfalls, dass sie ungeduldig werden, wenn die Kollegen bei ihrem Überschall-Arbeitstempo nicht mithalten können.

Aber die Aktien der Bewerbungshochstapler sind so viele Jahre gestiegen, dass die Blase offensichtlich ist und der Ausverkauf begonnen hat. Immer mehr Personalchefs lernen durch schmerzliche Erfahrung dazu. Nach Reinfällen mit Blendern höre ich neuerdings öfter: »Diesmal soll es ein bodenständiger Kandidat sein.« Der Psychologie-Professor Borwin Bandelow schreibt: »Bescheidenheit an sich wäre kein Grund, einen Bewerber nicht zu nehmen – abgesehen von ein paar Berufen wie Ausbilder bei der Bundeswehr oder Chef einer Drückerkolonne. Im Gegenteil: Allzu selbstsicher auftretende Kandidaten haben auch nicht die besten Chancen, vor allem, wenn die bisherigen Leistungen erkennen lassen, dass das Selbstbewusstsein nicht begründet ist.«[69]

Verzichten Sie also auf Löwengebrüll, das nicht zu Ihnen passt. Fragen Sie sich: Mit welchen Sätzen, die mir leicht über die Lippen gehen, kann ich meine Qualitäten transportieren? Wie punkte ich auf meine Art, ohne Aufschneiderei und Übertreibungen? Überzeugen werden Sie nur mit Aussagen, von denen Sie selbst überzeugt sind.

## LEISE & WEISE

»Die Natur ist gnädig: Wer viel verspricht, dem schenkt sie zum Ausgleich ein schlechtes Gedächtnis.«
*Bob Hope, US-Schauspieler*

# DER COACHING-DIALOG: »ICH BIN NICHT SO DIE SPRÜCHEKLOPFERIN.« (TEIL 1)

**Klientin:** Ich tue mich beim Bewerben schwer. Ich bin nicht so die Sprücheklopferin.

**Coach:** Wie haben Sie dann Ihre bisherigen Positionen gefunden?

**Klientin:** Durch Zufall. Meist habe ich gehört, dass etwas frei wird.

**Coach:** Könnte man »Zufall« übersetzen mit: »Ich verfüge über ein gutes Netzwerk!«?

**Klientin:** Netzwerk ist zu viel gesagt. Ich habe nur wenige Kontakte. Aber enge.

**Coach:** Wenn Sie alle zusammenzählen, die von Ihnen eine hohe Meinung haben, Ex-Chefs und -Kollegen, Professoren und Mentoren, Freunde und Vereinskollegen: Auf welche Zahl kommen Sie dann?

**Klientin:** Hm. 25. Maximal 35. Aber das sind dann wirklich nur Bekannte.

**Coach:** Und wer von ihnen weiß, dass Sie gerade auf Arbeitssuche sind, weil Ihr Vertrag ja zum Quartalsende ausläuft?

**Klientin:** Nur die Familie und zwei enge Freunde. Fünf Leute also.

**Coach:** Das heißt: 20, vielleicht sogar 30 weitere Jobscouts könnten ihre Fühler für Sie ausstrecken. Und wenn jeder von ihnen zwei weitere Menschen anspricht, sind es 60 oder 90.

Und wenn jeder noch einmal, dann 180 oder 270. Warum nutzen Sie dieses Potenzial nicht?

**Klientin:** Aber diese entfernten Kontakte versprechen doch kaum Erfolg!

**Coach:** Je entfernter der Kontakt, desto besser Ihre Chancen! Das ist seit einer großen Studie des Soziologen Mark Granovetter bekannt.[70] Denn was haben Ihre nahen Kontakte auf dem Radar? Meist dieselben Firmen und Stellen wie Sie selbst. Aber der Freund eines Bekannten überblickt eher Branchen und Stellen, auf die Sie selbst nicht gekommen wären – und verfügt über Kontakte, die Ihnen fehlen.

**Klientin:** Aber ich bin ein leiser Typ. Auf den ersten Blick werde ich oft unterschätzt. Vielleicht empfehlen andere mich gar nicht so gerne weiter.

**Coach:** Sprücheklopfer werden ungern empfohlen; jeder weiß, dass sie beim Reden mehr als beim Arbeiten leisten. Dagegen gelten stille Könner als Geheimtipps – so, wie man lieber Aktien empfiehlt, die noch nicht gehypt wurden.

**Klientin:** Was genau soll ich in mein Netzwerk streuen?

**Coach:** Sprechen Sie darüber, welche Ihrer Qualitäten Sie künftig noch mehr einsetzen wollen und für welche Firma oder Branche das passen könnte. Das erhöht Ihre Chancen enorm. In Deutschland wird nach einer Studie des Instituts für Arbeitsmarkt- und Berufsforschung jede dritte Stelle über Beziehungen besetzt.[71]

# Fünf Coaching-Impulse für Sie:

- ▶ Überlegen Sie, wann Sie im Beruf dank Fürsprechern erfolgreich waren. Wie haben Sie diese Menschen für sich gewonnen? Analysieren Sie Ihr (oft unbewusstes) Vorgehen – und tun Sie künftig mehr davon.

- ▶ Nehmen Sie sich eine halbe Stunde Zeit und probieren Sie, die Namen aller Menschen aufzuschreiben, die Sie persönlich kennen, beruflich und privat. Wie viele sind es?

- ▶ Von wem glauben Sie, dass er Sie gern als Arbeitskraft empfehlen würde? Heben Sie diese Namen farblich hervor.

- ▶ Bilden Sie mit allen Namen ein Ranking der hilfreichsten Kontakte. Dann gehen Sie die Namen weiter unten durch: Wen unterschätzen Sie vielleicht? Wer könnte Sie indirekt unterstützen?

- ▶ Sprechen Sie Ihre Kontakte an und beschreiben Sie, welche berufliche Herausforderung Sie suchen. Bitten Sie die anderen, eigene Freunde und Bekannte anzusprechen.

# »Ich bin doch kein Mauerblümchen!«

»Ich komme mir vor, als hätte ich eine ansteckende Krankheit«, murmelte die Schifffahrts-Kauffrau Johanna Enke (36) und suchte den Blickkontakt mit der Tischplatte. Sechsmal hatte sie im letzten Jahr Tickets für Vorstellungsgespräche ergattert – und sechsmal hatte sie danach einen Korb bekommen.

»Meine Unterlagen gefallen den Leuten«, sagte sie. »Aber sobald ich persönlich auftauche, ist der Ofen aus.«

»Welches Bild von Ihnen vermitteln Ihre Bewerbungsunterlagen denn?«, fragte ich.

»Wahrscheinlich komme ich als nicht ganz erfolglos rüber. Meine Abschlüsse könnten schlechter sein. Und die Liste meiner Projekte muss sich nicht verstecken.«

»Das heißt, Sie werden als Erfolgsfrau wahrgenommen, als Spitzenkraft?«

Mir war, als zuckte sie zusammen. »Als Mauerblümchen sicher nicht. Aber eine Erfolgsfrau ist für mich Madonna. Ich bin nur Schifffahrts-Kauffrau.«

»Aber Sie haben mir doch erzählt, dass Ihr Chef Sie mit den wichtigsten Projekten betraut. Warum gerade Sie?«

Sie rutschte auf ihrem Stuhl hin und her, als wäre er eine heißer werdende Herdplatte. »Er weiß eben, dass ich wichtige Aufgaben nicht in den Graben fahre.«

Johanna Enke war tatsächlich eine Könnerin. Ihr Problem war, dass sie nicht so auftrat. Ist es Ihnen aufgefallen? Sie sprach über ihre Erfolge nur in Negationen:

- ▶ Statt »Ich bin erfolgreich«!« sagte sie »nicht erfolglos«;
- ▶ statt »Ich habe gute Abschlüsse«: Sie »könnten schlechter sein«;
- ▶ statt »Erfolgsfrau« nannte sie sich kein »Mauerblümchen«.
- ▶ Und natürlich steuerte sie ihre Projekte nicht souverän ans Ziel, sondern lediglich »nicht in den Graben«.

Wer ihr zuhörte, hatte Misserfolge vor Augen, Mauerblümchen und matschige Gräben. Die ursprünglichen Formulierungen wogen schwerer als die Verneinungen, mit denen sie ihre Aussagen ins Positive drehen wollte.

Es ging ihr wie vielen zurückhaltenden Menschen: Sie hasste es, bei anderen hohe Erwartungen zu wecken. Das hätte sie unter Zugzwang gebracht. In der Beratung kam heraus, dass sich dieses Verhaltensmuster von der Kindheit bis in die Gegenwart zog:

▶ Schon als Schülerin hatte sie ihren Eltern nach Tests immer gesagt, es sei nicht gut gelaufen: »Dann waren sie mit einer Zwei glücklich. Sonst hätten sie eine Eins erwartet.«

▶ Wenn sie ihrem Freund ein Geburtstagsgeschenk überreichte, sagte sie vorweg oft: »Wir können es gern umtauschen, wenn du es nicht magst.«

▶ Und mit Blick auf Meetings hatte sie eine Kollegin darauf hingewiesen, dass sie vor ihren Wortmeldungen meist murmelte: »Vielleicht ist das jetzt eine blöde Idee, aber« – und dann folgte eine Idee, die alles andere als blöd war.

Schwätzer versprechen viel und halten wenig. Zurückhaltende gehen den umgekehrten Weg. Diese Bescheidenheit ist ein ehrenwerter Charakterzug, den nahe Menschen richtig einschätzen. Wenn Johanna Enke ihrer besten Freundin sagte, ein Projekt »sei nicht ganz schlecht gelaufen«, dann verstand diese: Es war ein Riesenerfolg!

Warum scheiterte dieselbe Strategie im Vorstellungsgespräch? Weil sie sich nicht in einem Dorf bewegte, wie mein Opa Wilhelm, wo ihre Qualitäten bekannt waren – sie saß Fremden gegenüber. Und die wollten sich blitzschnell ein Bild von ihr machen.

Viele Personalchefs ziehen von den Aussagen der Bewerber 25

Prozent ab, um das Eigenlob auf ein realistisches Maß zu stutzen. Wer nur 75 Prozent seines Potenzials rüberbringen, landet bei 50 Prozent, einer halben Leistungsportion. Zu wenig, um zu überzeugen. Wer untertreibt, hat auch gelogen!

Woher kommt diese übertriebene Bescheidenheit? Die Evolution lässt grüßen: Wann immer sich zwei Menschen begegneten, konnte es zu einem Kräftemessen kommen, zu Kampf oder Flucht. Wer sich klein machte, wollte durch diese Unterwerfungsgeste die Aggression des anderen mindern: »Ich bin harmlos, tu mir nichts!«

Unbewusst spult unser Gehirn dieses alte Programm noch immer ab: Dann lächelt man entschuldigend, wendet den Blick ab, verfällt in eine hohe Tonlage, relativiert seine Stärken oder senkt seinen Kopf. Dieses Sich-Kleinmachen soll den potenziellen Angreifer beschwichtigen.

Dagegen neigen Schwätzer zur »Signalfälschung«: Sie stellen sich größer dar, als sie es sind. Das soll den potenziellen Angreifer abschrecken. Denken Sie zum Beispiel an Meeresfische, die sich bei Gefahr aufblasen können. Oder an die Höhleneule, die das Geräusch einer Klapperschlange imitiert.[72]

Die Beschwichtigung im Bewerbungsgespräch geht nach hinten los. Wer sich als Schaf gibt, lockt die Wölfe an: Mehrfach war Johanna Enke mit kritischen Fragen konfrontiert worden. Offenbar dachten ihre Gesprächspartner: »Wenn sie wirklich so gut wäre, wie es ihre Zeugnisse behaupten, würde sie anders auftreten. Da bohren wir jetzt nach!«

Sich anzupreisen und mit Heldentaten zu schmücken, damit tun sich viele zurückhaltende Menschen schwer. Sie kommen sich wie Hochstapler vor, sobald sie nicht tiefstapeln. Dieses Unwohlsein strahlen sie aus, sprachlich und körperlich.

Doch es gibt einen Weg aus dieser Zwickmühle: die Zirkel-Strategie. Dabei überlassen Sie den Job, Ihnen Gutes nachzusagen, (indirekt) anderen Menschen – dann fühlt es sich stimmig an, wie Sie gleich lesen werden.

## LEISE & WEISE

»Was unsere Epoche kennzeichnet, ist die Angst, für dumm zu gelten, wenn man etwas lobt, und die Gewissheit, für gescheit zu gelten, wenn man etwas tadelt.«[73]

*Jean Cocteau, französischer Autor*

# DER COACHING-DIALOG: »ICH BIN NICHT SO DIE SPRÜCHEKLOPFERIN!« (TEIL 2)

**Coach:** Apropos Kontakte: Haben Sie mal überlegt, sich eine Referenz schreiben zu lassen?

**Klientin:** Eine Referenz? Das gehört doch gar nicht in eine normale Bewerbungsmappe.

**Coach:** Deshalb funktioniert sie ja! Wenn Ihr Ex-Chef in einer Referenz von Ihnen schwärmt, dann adelt Sie das. Und hebt Sie ab von anderen Bewerbern.

**Klientin:** Aber erfüllt ein gutes Zeugnis nicht denselben Zweck?

**Coach:** Nein, ein gutes Zwischenzeugnis kann ein Reisepass sein, damit Unerwünschte endlich abschwirren. Und gute Endzeugnisse haben oft wenig mit der Wahrheit zu tun – und viel mit Diplomatie.

**Klientin:** Verstehe, die Referenz ist freiwillig und deshalb aussagekräftiger. Aber was soll drinstehen?

**Coach:** Ihr Referenzgeber erläutert, was er an Ihnen schätzt und warum Sie für einen neuen Arbeitgeber eine gute Wahl wären. Gerne darf er erwähnen, dass Ihre Qualitäten oft erst auf den zweiten Blick sichtbar werden, dann aber umso deutlicher.

**Klientin:** Wie bitte? Damit werden die Entscheider doch auf meine leise Art hingewiesen, als wäre sie ein Mangel!

**Coach:** Nein, sie werden vor einem Entscheidungsfehler bewahrt, dem Halo-Effekt: Eine auffällige Eigenschaft kann Ihre zunächst unsichtbaren Qualitäten überstrahlen.[74] Zum Beispiel nehmen die Gesprächspartner nur wahr, dass Sie recht leise sprechen – und schließen daraus auf Unsicherheit, statt auf Ihre souveränen Inhalte zu achten.

**Klientin:** Aber das verändert eine Referenz wohl kaum!

**Coach:** Doch, sie lenkt die Wahrnehmung: Man blickt auf Sie mit positiven Erwartungen. Dann wird Ihre leise Sprechweise zum Beispiel als Hinweis auf tiefes Denken gewertet. Wer Stärken an Ihnen sucht, weil er schon darauf hingewiesen wurde, findet sie viel eher.

**Klientin:** Wie viele Referenzen empfehlen Sie mir?

**Coach:** Eine ist gut. Zwei sind optimal. Drei sind genial.

**Klientin:** Kann ich mir eine Referenz auch von einem Arbeitskollegen schreiben lassen?

**Coach:** Nein, er muss in der Hierarchie über Ihnen stehen oder als Autorität gelten. Ideal sind Branchen-Größen, Professoren, Ausbilder, Vorgesetzte oder Key-Account-Kunden.

**Klient:** Und wie lang soll eine Referenz sein?

**Coach:** Zwei bis drei kurze Absätze reichen – am Ende nennt der Referenzgeber seine Kontaktdaten: »Sprechen Sie mich gerne an, ich gebe auch persönlich Auskunft!«

**Klientin:** Wird dieses Angebot oft in Anspruch genommen?

**Coach:** So gut wie nie. Allein die Bereitschaft wird als Hinweis gesehen, dass es über Sie viel Gutes zu berichten gibt.

# Fünf Coaching-Impulse für Sie:

▶ Gehen Sie Autoritäten durch, die Ihnen im Laufe Ihres Berufslebens begegnet sind, zum Beispiel Vorgesetzte, Professoren, Mentoren, Großkunden oder Branchengurus: Wer davon schätzt(e) Ihre Qualitäten?

▶ Suchen Sie sich ein bis drei vertrauenswürdige Referenzgeber aus. Was sollten Ihnen die jeweiligen Menschen nachsagen? Was würde Ihnen bei Ihrer Bewerbung am meisten helfen?

▶ Nehmen Sie Kontakt auf. Beschreiben Sie, was prägend an Ihrer Begegnung war. Und nennen Sie Beispiele für Lob, Anerkennung oder Vertrauen von ihm, die Sie bis heute ermutigen. Damit frischen Sie sein Gedächtnis auf und liefern Anregungen für die Referenz.

▶ Fragen Sie, ob es möglich wäre, dass er diese Einschätzung durch eine kurze Referenz unter Nennung seiner Kontaktdaten mit anderen teilt (»Ein paar Zeilen würden schon reichen«). Sagen Sie, warum das so hilfreich für Sie wäre.

▶ Bieten Sie an, jederzeit auch etwas für ihn zu tun. Und tun Sie es schon jetzt, etwa indem Sie einen interessanten Link mitschicken oder eine spannende Information weitergeben.

# Fankurve im Vorstellungsgespräch

Ich bat Johanna Enke, möglichst viele Namen von Menschen aufzuschreiben, die sie schätzten oder sie schon mal gelobt hatten. Sie notierte Namen aus Gegenwart und Vergangenheit: Kolleginnen, Chefs, Freundinnen, Vereinskameraden, Berufsschul-Lehrerinnen, Mitschüler. Am Ende standen 25 Menschen auf der Liste.

Dann legte sie eine Tabelle mit zwei Spalten an. Links standen die Namen. Und rechts notierte sie dahinter je zwei Rubriken: »Sagte zu mir« – hier sollte ein Kompliment folgen. Und darunter: »Sieht (vermutlich) als meine Stärken« – hier sollte sie persönliche Qualitäten aus der Sicht des anderen aufschreiben.

Mit einer gewissen Neugier machte sich Johanna Enke ans Werk. Hier der Einstieg in ihre Tabelle:

| Kontakt | Kompliment/Stärken |
|---|---|
| Dr. Eiber, mein aktueller Chef. | *Sagte zu mir:* »Niemand schaukelt große Projekte so zuverlässig wie Sie. Denn Sie kalkulieren die Risiken mit ein und bilden immer Zeitreserven. Das schätze ich sehr.« *Sieht (vermutlich) als meine Stärken:* Umsicht, Risikobewusstsein, vorausschauendes Handeln, Zuverlässigkeit. |

| Kontakt | Kompliment/Stärken |
|---------|--------------------|
| Heiner Schwarz, Reederei-Inhaber | *Sagte zu mir:*<br>»Auf Sie kann ich mich zu 100 Prozent verlassen! Projekte mit anderen Firmen gehen oft baden, Sie aber halten Ihre Termine ein, gerade auch bei Gegenwind – zum Beispiel, als es beim letzten Geschäft den Lieferengpass aus Fernost gab und Sie einen Alternativlieferanten aus dem Hut gezaubert haben.«<br>*Sieht (vermutlich) als meine Stärken:*<br>Zielstrebigkeit, Verlässlichkeit, Durchsetzungsfähigkeit |
| Nele Albers, Freundin | *Sagte zu mir:*<br>»Du bleibst immer so schön cool, wenn es um dich herum brennt. Neulich zum Beispiel, als bei der Fete zwei Typen fast aneinandergeraten waren, hast du sie rasch zur Vernunft gebracht. Du machst nicht viele Worte, aber was du sagst, hat Gewicht.«<br>*Sieht (vermutlich) als meine Stärken:*<br>Ruhe, Souveränität, Bedachtheit, Moderations- und Schlichtungsfähigkeit |

Am Ende hatte Johanna Enke drei A4-Seiten vollgeschrieben mit Komplimenten und positiven Einschätzungen anderer. Und nun spielten wir ein Vorstellungsgespräch durch. Ihre Aufgabe war es, sich indirekt zu loben – indem sie die Einschätzungen anderer einbrachte, wie eine neutrale Quelle.

»Welches sind Ihre Stärken?«, eröffnete ich das Gespräch in der Rolle als Personaler.

»Mein Chef hat mir neulich gesagt, niemand schaukle große Projekte so zuverlässig wie ich. Denn ich kalkuliere Risiken mit ein. Er nimmt mich als vorausschauend, umsichtig und risikobewusst wahr.«

Mir war, als säße mir eine andere Frau gegenüber! Plötzlich sprach sie über ihre Qualitäten, ohne auf dem Stuhl zu rutschen oder sich durch Negationen auszubremsen.

Ich fragte weiter: »Und welche Stärken fallen Ihnen sonst noch ein?«

»Neulich hat mir der Inhaber einer Reederei bei einer Besprechung gesagt: ›Auf Sie kann ich mich zu 100 Prozent verlassen.‹ Ich hatte einen Termin eingehalten, obwohl es zu einer unerwarteten Lieferverzögerung gekommen war. Dabei konnte ich den Kontakt zu einem alternativen Lieferanten nutzen. Ich werde als zielstrebig und verlässlich wahrgenommen und habe gute Kontakte in der Branche.«

Sie strahlte Selbstbewusstsein aus. Einen anderen zu zitieren fühlte sich besser an, als wenn sie sich selbst gepriesen hätte. Vor allem wirkte es neutraler und glaubwürdiger – anders als die Lobgesänge der Schwätzer, die derselbe Mensch singt, dem sie auch gelten.

Das Gespräch wurde enorm lebendig und tiefgängig: Bei jeder Gelegenheit gab Johanna Enke Beispiele, was Kunden an ihr schätzten, wie ihre alte Berufsschul-Lehrerin sie sah, warum ihre Vereinskolleginnen sie für eine gute Führungskraft hielten und welches Kompliment ihr neulich ein Lieferant gemacht hatte.

Statt abstrakt über ihre Stärken zu sprechen, gab sie Beispiele. In einer Viertelstunde gelang es ihr, ein vielschichtiges Bild ihrer

Persönlichkeit zu zeichnen. Der Scheinwerfer beleuchtete sie aus mehreren Perspektiven: beruflich und privat, firmenintern und aus Kundensicht. Ihre Ausführungen waren glaubwürdig und differenziert, jeder Personaler wäre begeistert gewesen.

Ihre Scheu, gut über sich zu reden, hatte sie abgelegt. Es schien ihr Spaß zu machen, all diese Kronzeugen ihrer Leistung zu Wort kommen zu lassen. Warum dieser Wandel? Als persönliche Absenderin des Lobes hätte sie sich angreifbar und selbstherrlich gefühlt. Nun leitete sie das Lob lediglich weiter. Das fühlte sich stimmig an und ließ sich vereinbaren mit ihrer Zurückhaltung.

Die Fesseln der übertriebenen Bescheidenheit waren gesprengt. Vier Wochen später bekam sie ihre ersehnte Zusage nach einem Vorstellungsgespräch.

Die Zirkel-Strategie basiert auf zirkulärem Denken: Schauen Sie 360 Grad um sich herum und versetzen Sie sich in andere: Wie nehmen die Sie wahr? Fragen Sie vor einem Bewerbungsgespräch doch einfach bei nahen Menschen nach:

▸ Wo siehst du meine Stärken?

▸ In welchen Situationen habe ich dir imponiert?

▸ Was fällt mir aus deiner Sicht leichter als anderen?

▸ Mit welchen Problemen werde ich am leichtesten fertig?

▸ Wenn du eine Firma hättest: Für welche Aufgabe würdest du mich am liebsten einstellen? Und warum?

Solche Fragen sind gut, weil Sie Ihr Selbstbild mit dem Fremdbild abgleichen. Der Pegel Ihres Selbstvertrauens steigt. Und Sie sammeln konkrete Argumente für Ihr Vorstellungsgespräch. Viele zurückhaltende Menschen haben so ein gesundes Gleichgewicht zwischen Werben und Wohlfühlen gefunden. Probieren Sie die Zirkel-Strategie aus, ich verspreche Ihnen: Es wird eine runde Sache!

## LEISE & WEISE

»Wenn man über jemanden die Wahrheit erfahren will, ist dieser Jemand meiner Erfahrung nach der Letzte, den ich fragen würde.«
*Dr. Gregory House, TV-Serien-Figur*

# DER COACHING-DIALOG: »ICH BIN NICHT SO DIE SPRÜCHEKLOPFERIN!« (TEIL 3)

**Klientin:** Meinen Sie denn, ich werde im Vorstellungsgespräch auf die Referenzen angesprochen?

**Coach:** Wenn nicht, sprechen Sie das Thema selbst an. Erzählen Sie, wie Sie mit dem Referenzgeber zusammengearbeitet haben und was er an Ihnen schätzt.

**Klientin:** Aber ich kann doch nicht auf eine Frage antworten, die mir keiner gestellt hat!

**Coach:** Zu Beginn des Gespräches werden Sie eingeladen, über Ihren Werdegang zu erzählen. Und bei der passenden Station Ihres Lebenslaufes sagen Sie: »Mein damaliger Chef war Herr Reker, seine Referenz liegt Ihnen vor. Er hat an mir sehr geschätzt, dass ich …«

**Klientin:** Kommt es nicht merkwürdig rüber, wenn ich andere zitiere? Ich wurde doch selbst gefragt!

**Coach:** Personaler hören gern, wie ein Bewerber von anderen gesehen wird. Solche Puzzlesteine fügen sich zum Gesamtbild zusammen. Deshalb stellen sie selbst oft projektive Fragen, etwa was Ihr Vorgesetzter über Ihr Konfliktverhalten erzählen würde.

**Klientin:** Und was tue ich, wenn einer nachfragt: »Wo sehen *Sie selbst* Ihre Stärken?«

**Coach:** Führen Sie an, welches die besten Ergebnisse in Ihrem Berufsleben waren – und sagen Sie dann, welche Qualitäten Sie dafür gebraucht haben. Es wird Ihnen leichterfallen, den

Scheinwerfer erst auf den Sacherfolg zu richten – dann können Sie Ihre Stärken sauber analysieren, statt sie bezuglos in den Raum zu stellen.

**Klientin:** Aber kriege ich eine solche Analyse hin, wenn ich aufgeregt bin?

**Coach:** Bereiten Sie das zu Hause in Ruhe vor: Legen Sie ein A4-Blatt quer und bilden Sie zwei Spalten. Über der rechten steht: »Meine größten Erfolge«; über der linken: »Welche Stärken und Talente ich dafür benötigt habe«. Diese Übung munitioniert Sie fürs Vorstellungsgespräch und stärkt Ihr Selbstbewusstsein.

# Fünf Coaching-Impulse für Sie:

▶ Suchen Sie sich drei bis fünf Menschen aus, die bei der Arbeit (oder auch sonst) Ihre »Fans« sind. Schreiben Sie sich die Namen auf und denken Sie an diese Menschen.

▶ Malen Sie sich aus, jeder dieser Menschen ginge als Ihr Agent ins Vorstellungsgespräch und würde gefragt: »Warum sollen wir ihn/sie einstellen?« Notieren Sie die mutmaßlichen Antworten.

▶ Vergleichen Sie die Antworten miteinander. Welche Überschneidungen gibt es? Sind Ihnen diese Stärken bewusst? Wie lassen sie sich im Vorstellungsgespräch transportieren?

▶ Überprüfen Sie Ihre Annahmen: Sprechen Sie diese Menschen direkt an und bitten Sie um eine Rückmeldung, wo
sie Ihre Stärken sehen. Was deckt sich mit Ihrer Einschätzung? Was hatten Sie womöglich übersehen?

▶ Schreiben Sie Ihre größten Erfolge auf und analysieren
Sie, welche Stärken und Talente Sie dafür benötigt haben. Üben Sie, Ihre Qualitäten an Beispielen darzustellen.

# Prominente Zurückhaltung:
# Vom schlingernden Radfahrer zum Gipfelstürmer

Jeder Karriereberater hätte beim Blick in *diesen* Lebenslauf die Hände überm Kopf zusammengeschlagen: Der zurückhaltende Kandidat
(44) hatte vom Juli 1998 bis zum März 2004 fünfmal den Arbeitgeber gewechselt. Seine Spur zog sich wie die eines schlingernden
Radfahrers durch Europa: mal Türkei, mal Österreich, mal Deutschland.[75]

Eine seiner Anstellungen endete nach zwei Monaten, eine andere
nach einem halben Jahr. Nur einmal hatte er es auf ein komplettes
Jahr gebracht. Oft war Schluss an Tagen, die nach Rauswurf aussa-
hen, etwa am 19. April. Und zwischen den Anstellungen machten
sich Zeiten der Arbeitslosigkeit breit.

Im März 2004, erneut arbeitslos, wähnte er sich am Tiefpunkt.
Doch während er durch einen Wald joggte, wurde ihm per Handy
einer der attraktivsten Jobs seiner Branche angeboten: Als Co-Chef
sollte er beim prominentesten Arbeitgeber des Landes anfangen.
Noch wusste er nicht, dass er zwei Jahre später den Chefsessel über-

nehmen, seinen Arbeitgeber an die Weltspitze führen und bald einer der beliebtesten Deutschen sein sollte.

Das Jobangebot hatte einen Grund: Jahre zuvor war er bei einem Fachlehrgang als exzellenter Experte aufgefallen. Und so überzeugte Jürgen Klinsmann, mittlerweile Fußball-Bundestrainer, den Deutschen Fußballbund davon, Joachim Löw zu seinem Co-Trainer zu ernennen. Bei der gemeinsamen Trainerausbildung hatte er Löws fachliche und menschliche Qualitäten bewundert. Wie der Spiele las und taktische Finessen im Gespräch empathisch erklärte, hatte sich Klinsmann gemerkt. Dieser Eindruck wog schwerer als Löws wechselhafter Lebenslauf als Trainer.

Joachim Löw hat sich den Weg zu diesem Traumjob nicht durch Selbst-PR geebnet, sondern durch Fachwissen, durch gewinnende Einzelgespräche und durch einen Förderer, der ihn gegen Widerstände durchsetzte – erst recht 2006, als Klinsmann Löw als seinen Nachfolger installierte. Viele trauten dem »nette(n) Herr(n) Löw«, wie ihn die BILD-Zeitung nannte, dieses Amt nicht zu. War er nicht zu weich, um eine Mannschaft zu führen, und zu zurückhaltend, um gegenüber den Medien zu bestehen?

Tatsächlich litt Löw darunter, nun im Fokus zu stehen: »(...) plötzlich stand ich in der Öffentlichkeit. Wenn ich mein Haus verlassen habe, war ich ein Stück weit Gemeingut. Am Anfang hatte ich das Gefühl, dass ich immer beobachtet werde, und ich wurde oft angesprochen. Ich habe ein halbes Jahr gebraucht, um mich daran zu gewöhnen.«[76]

Doch Löw tat, was er am besten konnte: Er spielte seine Expertise als Fußballtrainer aus und baute durch Gespräche stabile Beziehungen auf. Diese stille Arbeit trug Früchte: In mehreren Turnieren spielte die deutsche Mannschaft vorne mit. Und die Pressearbeit lief umso besser, je mehr Löw sich an den Rummel gewöhnte. So gab er auf die Frage eines Jungreporters, was ihn auf die Palme treibe, die schlagfertige Antwort: »Kokosnüsse.«[77]

2014 dann der sportliche Höhepunkt: In Brasilien eroberte Löw mit seinem Team den Weltmeistertitel – den ersten nach 24 Jahren! Wie gut, dass er im März 2004 nicht einfach eine Bewerbungsmappe verschickt, sondern vorher einen Fürsprecher gefunden hatte.

## Zehn Richtige: Lauter Erfolg für leise Bewerber

Die Erfahrung von Johanna Enke teilen viele zurückhaltende Bewerber: Erst laufen sie gegen eine unsichtbare Mauer. Aber sobald sie ihre Stärken ausspielen, hängen sie lautere Bewerber ab. Welche zehn Trümpfe bringen introvertierte oder hochsensible Bewerber mit?

### Trumpf 1: Analysen machen Düsen!

Zurückhaltende Menschen sind oft stark im Analysieren. Wenn das bei Ihnen auch der Fall ist, fragen Sie sich: Wie war ich bislang beim Bewerben erfolgreich? Diese Fährte führt Sie zu Ihren unbewussten Erfolgsstrategien. So bemerkte ein Versicherungsjurist: »Bei meinen letzten Stellenwechseln wurde ich immer angesprochen. Mal hat mich ein Ex-Kollege empfohlen; mal war eine Firma durch einen Fachaufsatz auf mich gekommen; und mal war ein Headhunter über Xing auf mich gestoßen.«

Tun Sie mehr von dem, was bisher funktioniert hat! Der Versicherungsjurist schrieb ein halbes Dutzend Aufsätze. Die Links dazu verschickte er an Branchen-Kollegen, um sich in Erinnerung zu bringen. Und bei Xing ergänzte er aktuelle Schlagwörter, die er in Stellenausschreibungen ausgemacht hatte und nach denen Headhunter in seiner Branche suchten. Bald lagen ihm mehrere Anfragen vor!

## Trumpf 2: Seien Sie beharrlich!

Erklären Sie Ihre Bewerbung zu einem Projekt, das Sie so lange fortführen, bis Sie erfolgreich sind. Beharrlichkeit ist eine Spezialität vieler zurückhaltender Menschen. Nehmen Sie sich vor, welche Stellenmärkte Sie durchforsten, wen Sie ansprechen und wie viele Bewerbungen Sie pro Monat oder Quartal schreiben (lieber wenige, aber in hoher Qualität).

Eine zurückhaltende Pharmavertreterin schrieb ein Jahr lang jeweils zwei Bewerbungen pro Monat, ehe sie mit der 25. Bewerbung bei einer Firma in der Alternativmedizin erfolgreich war. Heute sagt sie: »Gut, dass ich am Ball geblieben bin, sonst wäre ich hier nie angekommen. Die Alternativmedizin und diese Firma passen perfekt zu mir. Deshalb fiel es mir leicht, im Vorstellungsgespräch zu überzeugen.«

Es kommt *nicht* darauf an, Absagen zu vermeiden, sondern die *eine* richtige Zusage zu bekommen. Ausdauer bringt Sie ans Ziel!

## Trumpf 3: Empathie hilft bei der Vorbereitung

Wer von sich selbst prahlt, verliert leicht den Zuhörer aus dem Auge. Viele introvertierte Menschen hingegen besitzen ein großes Einfühlungsvermögen. Versetzen Sie sich in den, der eine Stelle vergibt: Warum gerade jetzt? Was erhofft er sich? Und was befürchtet er? Je besser Sie ahnen, wo der andere steht, desto leichter können Sie ihn abholen.

Ein sensibler Herstellungsleiter fand über Kontakte heraus, dass der letzte Stelleninhaber wegen Schmiergeld über Nacht entlassen worden war. Seit drei Wochen war die Position unbesetzt.

Also wusste er: Die Firma würde besonderen Wert auf einen Kandidaten legen, der seriös und leicht verfügbar war.

Er sammelte Belege für seine Seriosität – unter anderem hatte er an Compliance-Regeln mitgearbeitet und war durch die Zirkel-Strategie auf entsprechende Komplimente gestoßen. Diese Schätze packte er im Vorstellungsgespräch aus. Zudem bot er an, Resturlaub zu nutzen, um früher anzutreten. Damit traf er perfekt die Bedürfnisse seiner Gesprächspartner. Und seine leise Art kam umso besser an, da sein korrupter Vorgänger ein Sprücheklopfer gewesen war.

Analysieren Sie die Texte der Ausschreibungen: Welche Qualifikationen sind der Firma am wichtigsten? Was haben Sie in dieser Hinsicht auf der Pfanne? Spannen Sie den Bogen von Ihren Stärken und Erfahrungen zu den Bedürfnissen der Firma.

**Trumpf 4: Lassen Sie Ihre Unterlagen sprechen!**
Die beste Waffe vieler extrovertierter Menschen ist ihr Mund. Introvertierten dagegen kommt meist die Schriftform entgegen. Das trifft sich gut, denn ob Sie ins Vorstellungsgespräch eingeladen werden, hängt allein von Ihren Unterlagen ab. Nutzen Sie Ihre Schreibstärke! Die meisten Bewerber erzählen in ihren Anschreiben nur den eigenen Lebenslauf als Heldenepos nach, aber das ist nicht genug. Formulieren Sie ein Anschreiben, in dem Sie drei Gründe nennen, warum Sie glauben, für diese Position und diese Firma der (oder die) Richtige zu sein. Diese Strategie zwingt Sie, vorm Bewerben Ihre Trumpfargumente herauszufinden.

Und listen Sie im Lebenslauf nicht nur Stichpunkte Ihrer Tätigkeiten auf, sondern fügen Sie hinzu, welche Stärken Sie genutzt und welche Erfolge Sie erzielt haben:

## 1/2013 – 9/2016: Meyer KG, Automobilzulieferer (ca. 300 Mitarbeiter)

- ▶ Interne Bedarfsanalyse mitsamt Terminplanung
- ▶ Eigenständiger Einkauf von Sitzkomponenten und Kabelbäumen
- ▶ Preisverhandlungen im siebenstelligen Volumen
- ▶ Koordination mit der Produktionsabteilung

*Genutzte Stärken:* analytisches Denken, Verhandlungsgeschick, Organisationstalent

*Größter Erfolg:* Senkung der Einkaufskosten um 7,5 Prozent

Solche schriftlichen Trümpfe heben Sie vom Standardbewerber ab, weil Sie auf die Firma eingehen und eine Kostprobe Ihrer analytischen Fähigkeiten liefern.

### Trumpf 5: Bereiten Sie sich erstklassig vor!

Gehen Sie vor dem Bewerbungsgespräch ins Trainingslager! Eine gute Vorbereitung hilft Ihrer »Spontaneität« in den Sattel. Schreiben Sie sich Fragen auf, die Sie im Vorstellungsgespräch erwarten. Welche ergeben sich aus Ihrem Lebenslauf? Welche aus der Stellenausschreibung? Welche fürchten Sie am meisten? Spielen Sie das Gespräch mit einem Partner durch. Lassen Sie sich auch Ihre »Horror«-Fragen so lange stellen, bis Ihre Antworten stimmig klingen und Sie sich sicher fühlen.

Elaine Aron, die Pionierin der Hochsensibilität, empfiehlt: Legen Sie eine Liste mit Ihren Vorzügen als hochsensibler (oder zurückhaltender) Mensch an. Und nun leiten Sie daraus Ihre Selbstpräsentation ab.[78] Wer feinfühlig ist, kann sein Gespür für die Bedürfnisse der Kunden betonen und mit Beispielen belegen.

Heben Sie den Nutzen der Firma hervor, etwa: »Im Moment

betreue ich fünf Großkunden, zwei davon sind zugleich *Ihre* Kunden – diese Kontakte ließen sich nutzen, zumal ich in *Ihrer* Ausschreibung gelesen habe, dass *Sie* ...« Diese empfängerorientierte Erzählweise, mit vielen »Sie«- und »Ihnen«-Formulierungen, bewirkt mehr als die Ich-zentrierte Selbst-PR der Schwätzer.

## Trumpf 6: Versuchen Sie die Stimmung im Gespräch zu spüren!

Wer sensibel ist, hat oft ein Gespür für Stimmungen. Versuchen Sie, das zu nutzen. So werden Sie rasch merken, ob eine Firma zu Ihnen passt oder nicht. Denken Sie daran: Nicht nur die Firma muss sich für Sie entscheiden – auch Sie für die Firma. Hören Sie auf Ihr Bauchgefühl und haben Sie den Mut, im Zweifel abzusagen.

Achten Sie im Vorstellungsgespräch darauf, ob Sie Ihre Gesprächspartner mit einem Thema elektrisieren – oder einschläfern. Finden Sie heraus, was wirkt. Und tun Sie mehr davon! Zum Beispiel fiel einer sensiblen Betriebswirtin auf, dass ihre Gesprächspartner immer hellhörig wurden, wenn sie von ihren Kenntnissen in der Warenwirtschaft erzählte. Offenbar gab es hier Nachholbedarf. Deshalb schilderte sie mit konkreten Beispielen, wie sie das Warenwirtschafts-System ihres letzten Unternehmens verbessert hatte. Volltreffer!

## Trumpf 7: Gestatten Sie sich das Leuchten!

Schwätzer blenden – Sie dagegen leuchten von innen, denn Sie haben viel zu bieten. Erlauben Sie sich, dieses Leuchten sichtbar zu machen! Hören Sie auf den Rat eines Mannes, der für seine Überzeugung 27 Jahre im Gefängnis saß, ehe er ein weltbekannter Staatsmann wurde:

»Unsere größte Angst ist nicht, unzulänglich zu sein. Unsere größte Angst ist, grenzenlose Macht zu besitzen.

Wir fürchten unser Licht, nicht unsere Dunkelheit. Wir fragen uns: ›Wer bin ich denn, dass ich so schön, talentiert, wunderbar und einzigartig sein darf?‹ Aber warum sollten wir es denn nicht sein?

Wir sind Kinder Gottes.

Niemand hat etwas davon, wenn wir uns kleiner machen, als wir sind. Es trägt nicht gerade zur Erleuchtung bei, wenn man sich vor anderen kleinmacht, um sie nicht zu verunsichern.

Das Licht ist nicht nur in einigen, sondern in allen von uns. Wenn wir es leuchten lassen, fordern wir andere unbewusst auf, es uns gleichzutun. Wenn wir uns von unseren Ängsten befreien, befreit unsere Gegenwart automatisch auch unsere Mitmenschen.«[79]

Hören Sie auf Nelson Mandela – leuchten Sie im Vorstellungsgespräch!

## Trumpf 8: Lassen Sie eine Persona auftreten!

Ihr inneres Leuchten entdecken Sie leichter, wenn Sie dissoziiert denken: Stellen Sie sich vor, Sie wären ein Headhunter und priesen sich an. Schauen Sie von außen: Was gefiele Ihnen an Ihrer Persönlichkeit und Ihrem Lebenslauf? Welche Qualitäten würden Sie betonen, welche Erfolge hervorheben, um Ihren Klienten zu platzieren? Diese Distanz erleichtert es Ihnen, falsche Bescheidenheit abzulegen, Stärken zu entdecken und griffig zu formulieren. Beim Vorstellungsgespräch übertragen Sie die Argumente in die Ich-Perspektive.

Lassen Sie dazu eine »Persona« auftreten. So nennt C. G. Jung jene Anteile Ihrer Persönlichkeit, die sich den Staffelstab von Situation zu Situation übergeben – weshalb Sie zum Beispiel unter Freunden anders als unter Fremden agieren.[80] Wählen Sie für Ihr Vorstellungsgespräch eine Persona, der es leichtfällt, über Ihre Qualitäten zu reden, zum Beispiel Ihren »inneren Fan«.

Die soziale Welt ist eine Bühne, jedes Gespräch ein kleiner Auftritt.[81] Als Persona müssen Sie sich aber *nicht* verstellen, sondern dürfen sein, wer Sie tatsächlich sind, wenn auch sonst in anderen Situationen. Das erhöht Ihre Natürlichkeit und Ihre Sicherheit.

Und schon leuchten Qualitäten, die sonst im Dunkeln geblieben wären!

## Trumpf 9: Wer selbst fragt, gewinnt!

Viele Quassel-Bewerber haben am Ende des Vorstellungsgespräches nur eine Frage: »Wie rechne ich die Anreisekosten ab?« Dann könnten Sie am Ende eines romantischen Kinoabends auch die Diskussion anzetteln, wer denn nun wem die Karten zurückerstattet. (Natürlich rechnen Sie Ihre Reisekosten ab – aber erst, wenn das Bewerbungsverfahren abgeschlossen ist.)

Versuchen Sie daher, den Blick aufs Wesentliche zu lenken. Bereiten Sie kluge Fragen vor, die transportieren, wie intensiv Sie sich mit Firma und Position befasst haben. Zum Beispiel sagte ein Außenhandelskaufmann: »Ich habe Ihrem aktuellen Geschäftsbericht entnommen, dass Sie dieses Jahr mit dem Ausbau Ihres Asiengeschäftes begonnen haben, wie im Bericht vor drei Jahren angekündigt. Ich vermute, dass damit etliche Synergie-Effekte einhergehen. Welche Auswirkung kann das auf die offene Position haben?«

Seine Geschäftspartner waren baff, dass er mehrere Geschäftsberichte kannte. Er hatte sich nicht nur oberflächlich mit dem Unternehmen befasst, wie die meisten Bewerber, sondern höchst fundiert – und bekam den Job.

## Trumpf 10: Brieffreundschaft: Halten Sie sich in Erinnerung!

Schwätzer lehnen sich nach dem Vorstellungsgespräch zurück und warten auf eine Nachricht. Tun Sie mehr – nutzen Sie erneut Ihr Schreibtalent: Schicken Sie am Tag danach eine Mail. Heben Sie hervor, was Ihnen an dem Gespräch gefallen hat – und warum es Sie darin bestärkt hat, dass Sie eine gute Wahl für die Firma wären und umgekehrt.

Eine solche Mail wirkt dreifach: Erstens hebt Ihr zusätzliches Engagement Sie ab (nur einer von zehn Bewerbern macht sich diese Mühe); zweitens beweisen Sie eine hohe Motivation; und drittens rufen Sie Ihre Stärken in Erinnerung, während die Aussagen anderer Bewerber längst verhallt sind.

Noch ein Gedanke am Ende: Viele zurückhaltende Menschen ergattern Traumjobs *ohne* Bewerbung. Ihr neuer Chef meint es gut mit ihnen; sie sind es selbst. Ausdauer und Fachwissen, Zuverlässigkeit und Empathie prädestinieren für eine Selbstständigkeit. Dann sitzen Sie am Lenkrad Ihres Arbeitslebens. Sie steuern, wie Sie arbeiten, wo und mit wem. Sie entscheiden, welche Reize Sie meiden, welche Arbeiten Sie annehmen und was Sie delegieren oder auslagern.[82]

Eine solche »Maßarbeit« erleichtert es zurückhaltenden Menschen, ideale Bedingungen für ihr persönliches Wachstum zu schaffen, ihre Bedürfnisse zu befriedigen, ihre Werte zu verwirklichen und (sich) glücklich zu arbeiten.

Die Folge sind oft Erfolge – siehe Warren Buffett oder Bill Gates.

 **LEISE & WEISE**

»Donner ist gut und eindrucksvoll, aber die Arbeit leistet der Blitz.«
*Mark Twain, US-Autor*

# 7 Meeting ohne Mätzchen:

## Wie Sie die Ritter der Schwafelrunde beeindrucken

In diesem Kapitel erfahren Sie ...

► wie Wissenschaftler es erklären, dass bei Meetings alle den Chef bejubeln,

► warum Brainstorming eine Schnapsidee ist, die nur zu Schnapsideen führt,

► wen Sie *vor* einem Meeting gewinnen müssen, um die Schwätzer zu übertrumpfen,

► und wie Sie so laut schweigen, dass Ihnen alle zuhören.

# Wenn der Mund zur Mündung wird

Wird in Meetings nichts bewegt? O doch: die Lippen! 20 Prozent der Teilnehmer produzieren 80 Prozent der Beiträge. Ihre Münder sind wie Mündungen von Schnellfeuergewehren. So knallen und hallen ihre Worthülsen durch den Raum. Dabei schlägt die Wucht des Vortrags die inhaltliche Treffsicherheit.

Mit vielen Worten nichts zu sagen und alles zu erreichen: Auf diese Kunst verstehen sich die Schwätzer. Nichtigkeiten blasen sie zu Wichtigkeiten auf, jede ihrer eigenen Taten zur Heldentat. Ihre Argumente feuern sie mit Vorliebe auf vermeintliche Konkurrenten ab. Jeder Wortwechsel verkommt zum Wortgefecht.

Zurückhaltendere Menschen fühlen sich durch Meetings an mieses Bauerntheater erinnert: Die Handlung ist absehbar, die Darsteller sind unglaubwürdig und ihre Wortbeiträge viel zu laut – denn sie gieren nach dem Applaus des Allmächtigen, des Ranghöchsten am Konferenztisch.

»Das Problem geht doch schon bei der Teilnehmerliste los«, sagte die Designerin Petra Ganter im Coaching. »Manchmal denke ich, unser Geschäftsführer möchte seine Geburtstagsparty feiern, so viele Leute trommelt er an den Tisch. Das ist kein Termin, das ist ein Tumult. Bei diesem Gewusel kann ich keinen klaren Gedanken fassen.«

»Warum übertreibt es Ihr Chef mit der Teilnehmerzahl?«

»Aus demselben Grund, aus dem meine Oma zum Kaffeekränzchen einlädt: Er ist nicht gern allein. Große Runden verleihen ihm große Bedeutung. Dann kann er mal wieder den Häuptling spielen und sich Heldentaten nachsagen, die er nicht geleistet hat.«

»Es geht also nicht um die Sache, sondern nur ums Reden?«

»Das sieht man doch schon an der Tagesordnung! Neulich stand dort zum Beispiel: ›1. Betreuung der Key-Account-Kunden, 2. Interne Abstimmung zwischen Textern und Grafik, 3. Entwicklung der Marktlage, 4. Verschiedenes.‹«

»Was gefällt Ihnen daran nicht?«

»Dass es Themen gibt, aber keine Ziele! Wer eine Reise antritt, muss wissen, wohin. Die Einladung könnte ein Navigationssystem sein. Doch ohne Ziel wird es eine Irrfahrt: von Thema zu Thema, Detail zu Detail. Der Punkt ›Verschiedenes‹ dauert immer am längsten!«

»Dann erleben Sie die Meetings in Ihrer Agentur als ineffektiv?«

»Zuletzt ging es um die Anschaffung eines neuen Design-Programms – mein Fachgebiet! Aber wer hat das Wort geführt? Unser IT-Einkäufer! Der versteht nichts von Grafik. Aber reden kann er! Und so hat er das billigste Programm als die beste Lösung verkauft.«

»Haben Sie denn nicht widersprochen?«

»Offenbar zu zögerlich. Der Einkäufer fiel mir ins Wort: ›Natürlich darf man die Frösche nicht fragen, wenn man einen Sumpf austrocknen will.‹ Die Runde lachte. Mein Einwand war weggewischt.«

Jeder kennt das: Die Ritter der Schwafelrunde haben das Sagen, und Meetings sind effektiver denn je – aber nur darin, Zeit zu verbrennen, Entscheidungen zu vertagen und jene zu frustrieren, die nicht zu Wort kommen. Immerhin haben die stillen Beobachter den Schwafelrittern eines voraus: genug Zeit und Verstand, um die Wahrheit zu erkennen:

▶ *Finden Meetings dann statt, wenn sie notwendig sind?*
  Nein, regelmäßig – also mit mäßiger Effektivität.
▶ *Geht es um die Sache?*
  Nein, um Machtspielchen und persönliche Interessen.
▶ *Setzen sich die stärksten Argumente durch?*
  Nein, die lautstärksten!
▶ *Macht Kompetenz in der Sache das Rennen?*
  Nein, Kompetenz in der Rhetorik.
▶ *Ist die Zeit des Termins begrenzt?*
  Nein, nur die Zeitdisziplin der Teilnehmer.
▶ *Ist man nach dem Meeting einen Schritt weiter als davor?*
  Ja: Wer vorher ein Sachproblem hatte, hat danach auch noch ein Beziehungsproblem!

Introvertierte Menschen sind öfter hochintelligent als laute, studieren erfolgreicher, können sich besser konzentrieren und Probleme kompetenter lösen.[83] Analyse, Risikoabwägung und Kreativität sind das Spezialgebiet vieler. Genau das ist im Meeting gefragt. Und genau das kommt oft unter die Räder.

Der beliebteste Besprechungs-Sport ist das Dem-Chef-nach-dem-Mund-Reden. »Der Fertigstellungs-Termin ist doch zu schaffen – oder?«, fragt der Bauleiter des Flughafens Berlin-Brandenburg so, wie ihn seine Frau am Vorabend gefragt hat: »Mein neues Kleid steht mir doch, Schatz, oder?«

Schon schmettert ein Schwätzer: »Klar, wir schaffen das, Chef!« Ein Experte zuckt zusammen, er weiß: Das stimmt nicht! Aber noch während er nach den richtigen Worten sucht, schwillt der Jubelchor an: »Der Termin ist zu halten, sicher!« Der Optimismus füllt den Raum bis zur Decke – und lässt keinen Platz für jene Bedenken, die der Experte schließlich doch noch vorbringt: »Probleme in der Statik? So ein Quatsch!«

Die Wissenschaft hat einen Namen für dieses Phänomen gefunden: »Surface Acting«.[84] Chefs und ihre wortgewaltigen Unterstützer versprühen ihr manisch positives Denken wie einen Unkraut-Vernichter im Raum: »Alles wird gut!«, »Wir schaffen das!«, »Kein Problem!«

Studien des Psychologen Roger Buehler weisen nach: Menschen neigen vor allem bei Gruppenarbeit dazu, die Dauer von Projekten zu unterschätzen.[85] Unberechtigter Optimismus schaukelt sich gegenseitig hoch; Schwierigkeiten werden klein-, Chancen großgeredet.

Die Folge: Wer ein Problem sieht, wird selbst als Problem gesehen. Deshalb halten sich die Nachdenklichen zurück. Oder werden mit rhetorischem Sperrfeuer in Schach gehalten. Es sei denn, es gelingt ihnen, auf die leise Tour mehr Gehör zu finden.

## LEISE & WEISE

»Ein Meinungsaustausch ist, wenn ein Beamter mit seiner Meinung zu seinem Vorgesetzten geht und mit dessen Meinung zurückkommt.«
*Andrej Gromyko, sowjetischer Außenminister*

## DER COACHING-DIALOG: »ICH WILL DOCH NIEMANDEN MANIPULIEREN!« (TEIL 1)

**Klientin:** Einige Kollegen haben offenbar zu wenig Arbeit. Wenn ich zum Meeting komme, stehen sie schon mit ihren Kaffeetassen zusammen, quatschen und kichern.

**Coach:** Worüber wird gesprochen?

**Klientin:** Keine Ahnung. Ich grüße kurz und setze mich an den Tisch. Dass ich zum Meeting muss, ist Strafe genug. Da kann ich auf den Smalltalk gern verzichten.

**Coach:** Wer setzt sich in den Besprechungen durch?

**Klientin:** Es gibt vernünftige Ideen, die werden weggewischt. Und dann plappert einer Unsinn – und sofort rufen zwei, drei andere: »Super Idee, Dieter, so machen wir's!«

**Coach:** Lässt sich vorhersagen, wer zusammenhält?

**Klientin:** Klar! Das sind genau die Typen mit den Kaffeetassen. Ich weiß auch, dass die nach Feierabend öfter einen trinken gehen. Wahrscheinlich sprechen die sich ab.

**Coach:** Und Sie? Wie sieht Ihre Lobbyarbeit aus?

**Klientin:** Lobbyarbeit? Ich will doch niemanden manipulieren! Ich gehe davon aus, dass ein gutes Argument sich durchsetzt!

**Coach:** Aber das ist nicht so, Sie haben es ja gerade geschildert. Ich frage mich: Gibt es noch andere leise Menschen am Tisch, die sich über diese lauten Seilschaften ärgern?

**Klientin:** Meist sind wir zehn Leute in der Runde. Vier davon, darunter ich, kommen selten zu Wort und setzen sich nur selten durch.

**Coach:** Haben Sie mal überlegt, sich mit diesen Kollegen zu verbünden? Sie könnten sich im Vorfeld fragen: Wo kann ich dir helfen, wo du mir? Wo überschneiden sich unsere Standpunkte? Was setzen wir gemeinsam durch? Und wogegen stehen wir auf?

**Klientin:** Ich soll mit diesen Kollegen am Vorabend ein Bierchen trinken?

**Coach:** Sie sollen das Feld nicht den Schwätzern überlassen! Stimmen Sie sich so ab, wie Sie sich wohl damit fühlen. Etwa bei einem Spaziergang in der Mittagspause. Oder per Mail.

**Klientin:** Aber kommen wir nicht doch unter die Räder, sobald eines der Großmäuler dagegenhält?

**Coach:** Nicht, wenn Sie den Chef bereits auf Ihre Seite gezogen haben.

**Klientin:** Aber wie soll das gehen?

**Coach:** Zurückhaltende Menschen bestechen oft durch hervorragende Fachkenntnis. Und die können Sie am besten in einem Vier-Augen-Gespräch transportieren. Gehen Sie also schon in den Tagen vor dem Meeting auf den Chef zu und werben Sie für Ihren Standpunkt. Wenn ein oder zwei Ihrer Verbündeten dasselbe tun, beeinflusst das Ihren Chef enorm. Dann brauchen Sie keinen grandiosen Meeting-Auftritt, weil die Entscheidung schon …

**Klientin:** … hinter der Bühne gefallen ist. Verstanden!

## Fünf Coaching-Impulse für Sie:

▶ Analysieren Sie Ihre Meeting-Runden: Welche Teilnehmer halten in der Regel (lautstark) zusammen? Wer entscheidet situativ? Und wer ist Einzelkämpfer?

▶ Wenn Sie die Stimmen am Tisch nach Einfluss gewichten müssten: Wer steht ganz oben, wer ganz unten? Und wo stehen Sie?

▶ Welche der anderen Teilnehmer sind Ihnen wohlgesinnt? Wer ist in der Sache oft bei Ihnen? Und wen könnten Sie auf welche Weise gewinnen?

▶ Welche Form der Ansprache bevorzugt Ihr Chef: schriftlich oder mündlich, ausführlich oder vereinfacht? Und wie können Sie ihn schon vor einem wichtigen Termin für Ihren Standpunkt gewinnen?

▶ Probieren Sie beim nächsten wichtigen Meeting aus, welche Wirkung es hat, wenn Sie Interessengemeinschaften bilden und für Ihre Positionen nutzen.

# Brainstorming: Die Dummheit des Schwarms

»Beim Brainstorming ist mein Mund wie zugeschnürt!«, erzählte der Industriekaufmann Fabian Sell (35). »Ich weiß, dass mein Chef Ideen im Sekundentakt erwartet. Und deshalb fällt mir nichts ein.«

»Deshalb?«, fragte ich.

»Kennen Sie das nicht, dass Sie etwas immer im Kopf haben,

sagen wir: einen Namen. Aber sobald einer danach fragt, ist er wie weggefegt. Druck lähmt mich. Aber einige Kollegen produzieren Ideen am Fließband.«

»Gute Ideen?«

Er zog ein gequältes Gesicht. »Neulich hieß die Frage: ›Wie werden wir ein attraktiver Arbeitgeber für die Generation Y?‹ Da kamen Vorschläge wie: ›Attraktive Jungs einstellen, damit auch die jungen Mädels bei uns anheuern.‹«

»Was geschieht mit solchen Ideen?«

»Unser Chef fordert: ›Jeden Ansatz weiterspinnen!‹ Zum Beispiel schlug irgendein Schwachkopf vor, für die Azubi-Mädels und ihre attraktiven Jungs in der Firma einen ›Kuschelraum‹ einzurichten – als wären wir ein Stundenhotel für Minderjährige!«

»Wie ging das Brainstorming aus?«

»Die finale Idee war, mehr Stellenanzeigen in jugendkonformen Internet-Portalen zu schalten. Darauf hätten man auch kommen können, ohne zwei Dutzend Mitarbeiter für eine Stunde zum Brainstorming einzusperren!«

Früher saßen die Grübler noch im stillen Kämmerlein, lauschten ihren Gedanken nach und blendeten die Störgeräusche der Welt aus. Aber diese Zeiten sind vorbei, seit der Werbeagentur-Betreiber Alex Osborn Ende der 1930er-Jahre das Brainstorming erfand. Diese Methode gilt als Kreativitätsbeschleuniger: Beim lauten Denken in der Gruppe soll sich die Zahl der Problemlösungen nicht nur addieren, sondern multiplizieren.[86]

Die klassischen Regeln fürs Brainstorming lauten (etwas überspitzt):

1. Sprich aus, was du denkst, statt vor dem Sprechen zu denken!
2. Produziere nicht so gute, sondern so viele Ideen wie möglich!
3. Kritisiere keine Vorschläge, auch wenn sie unter aller Kanone sind!
4. Spinne jede Idee weiter, auch wenn nur Spinnerei dabei herauskommt!

Der Gehirnsturm fegt durch Firmen, rüttelt an Behörden und pustet in Arztpraxen, Supermärkten und Lehrerzimmern. Ohne ihn geht angeblich nichts. Rätselhaft, wie die Menschheit *ohne* Brainstorming überhaupt den Urwald verlassen, das Affenfell abgestülpt und eine Kultur erschaffen hat.

Vielleicht war es ja doch eine Brainstorming-Gruppe, die auf den Galapagos-Inseln bei einem Team-Event herausfinden wollte, warum die nettesten Mitarbeiter in der Hierarchie nie vorankamen. Einer sprach von »Vogelperspektive«. Ein anderer ließ, inspiriert von dem Wort, seinen Blick auf die Finken mit dem markanten Schnabel schweifen. Und wieder einer plapperte sich beim Anblick der flinken Vögel zum betrieblichen *Fitness*programm weiter – und ein Vierter vollendete fröhlich: »Survival of the *Fittest*!« Schon war die Evolutionstheorie erfunden. Sicher nur ein Gerücht, dass Charles Darwin – ein Einzelner! – ganz ohne Brainstorming auf diese Idee gekommen ist!

Dass alles Große aus der großen Runde kommt, das behaupten die Teamgeist-Beschwörer und Brainstorming-Besessenen. Doch die meisten revolutionären Erfindungen der letzten Jahrhunderte, vom Buchdruck bis zur Elektrizität, von der Glühbirne bis zum Automobil, von der Dampflokomotive bis zum Telefon, gehen nicht zurück auf Gruppen-, sondern auf Einzelarbeit.[87]

Können Sie mir einen großen Roman nennen, der von zwei Autoren verfasst wurde? Ein bedeutendes Gedicht? Oder auch nur einen Aphorismus, der aus zwei Mündern sprang? Fällt Ihnen ein großes Gemälde von zwei Malern ein? Oder ein klassisches Musikstück von Weltrang, das von einem ganzen Orchester komponiert wurde?

Es liegt nicht an Ihnen, wenn Sie beim Brainstorming blockiert sind – die Methode ist eine Schnapsidee. »Seit 50 Jahren belegt die psychologische Forschung, dass Brainstorming in großen Gruppen nicht gut funktioniert«, sagt der Sozialpsychologe Wolfgang Stroebe. »Die Effektivität der Gruppenarbeit ist eine Illusion.«[88]

Nur eines steigt in Gruppen zuverlässig: die Selbstüberschätzung. Je mehr Menschen zusammenarbeiten, desto eher neigt der Einzelne dazu, seinen Beitrag zum Ergebnis zu überschätzen. Das wiesen Forscher um Juliana Schroeder von der University of California in einer aktuellen Studie nach.[89]

Die hellsten Geistesblitze zucken im stillen (Arbeits-)Kämmerlein, wo einer leise vor sich hin grübelt. Viele Denker und Kreative halten es wie Albert Einstein: Sie gehen so lange mit einem Problem schwanger, bis sie die Lösung gebären. »Ich bin ja gar nicht so besonders klug«, beschrieb Einstein sein Erfolgsrezept, »ich beschäftige mich nur etwas beharrlicher mit einem Problem, das sich stellt.«[90]

Beim Brainstorming dominieren nicht die Hellsten, sondern die Schnellsten. Sie bedienen sich aus der Schublade der gängigen Gedanken, von ganz oben: Konventionelles statt Originelles. Aber dasselbe Denken, das zu einem Problem führt, bringt keine Lösungen. Diese entstehen durch Neudenken, durch eigenwillige Köpfe. Gerade zurückhaltende Menschen sind gut darin, sich äußerem Einfluss zu entziehen und außerhalb der Norm zu denken.

In Einzelarbeit können Sie sich auf Ihre Gedanken konzentrieren. Dann sind Sie für Ihr Ergebnis selbst verantwortlich, statt nur an einem Gruppeneintopf mitzuwirken. Und dann denken Sie mutiger als vor Ohrenzeugen. Frische Ideen sind zerbrechlich, es fühlt sich für introvertierte Menschen riskant an, sie ungeprüft in eine Gruppe zu geben.

Damit beim Brainstorming mehr als heiße Luft entsteht, braucht es neue Ansätze:

▶ Schlagen Sie eine alternative Form vor – die schriftliche. Ihr Chef gibt eine Frage ins Team, jeder grübelt für sich, schreibt Vorschläge auf Zettel. Und erst danach trifft sich die ganze Mannschaft und tauscht Ideen aus. Nach meiner Erfahrung ist diese Methode dem mündlichen Brainstorming um Längen überlegen.

▶ Falls es doch zum klassischen Brainstorming kommt: Gehen Sie in sich, bevor Sie in die Gruppe gehen. Schreiben Sie Ideen auf, entwickeln Sie Gedanken und greifen Sie im tosenden Gehirnsturm darauf zurück. Meist heben sich vorgereifte Gedanken angenehm von den frischen ab und finden mehr Gehör.

▶ Lassen Sie nicht zu, dass der Lärm Sie überreizt. Nehmen Sie ein, zwei Gedanken anderer mit – und gehen Sie so tief in sich, dass die Außengeräusche nur noch gedämpft zu Ihnen vordringen. Innere Entspannung bringt spannende Ideen. Haben Sie den Mut, solche Gedanken auch verspätet einzubringen.

▶ Produzieren Sie nicht so viele Ideen wie möglich – sondern so viele, wie Ihnen möglich sind, ohne sich um einen Spitzenrang in der Schwachsinns-Liga zu bewerben.

▶ Lassen Sie Ihren Gedankenmotor nach dem Brainstorming weiterlaufen – und schreiben Sie eine Rundmail, wenn Ihnen noch eine interessante Erkenntnis kommt. Gut möglich, dass alles Mündliche bald vergessen ist. Aber Ihr schriftlicher Vorschlag bleibt.

## LEISE & WEISE

»Um ein tadelloses Mitglied einer Schafherde sein zu können, muss man vor allem ein Schaf sein.«
*Albert Einstein, Physiker*

# DER COACHING-DIALOG:
# »ICH WILL DOCH NIEMANDEN
# MANIPULIEREN!« (TEIL 2)

**Coach:** Was fällt Ihnen sonst noch bei den Meetings in Ihrer Firma auf?

**Klientin:** Die Heldengeschichten! Neulich erzählte unser Einkäufer, wie ihn ein wichtiger Lieferant an die Wand drücken wollte, mit einer überzogenen Preisforderung. Lautstark rechnete er vor, dass uns dieser Preis ruiniert hätte. Er aber habe das sensationelle Angebot eines Wettbewerbers an Land gezogen, somit Druck erzeugt – und den Preis doch gehalten.

**Coach:** Das war Ihnen zu dick aufgetragen?

**Klientin:** Ich fand das dreist: Er hat als Riesenerfolg verkauft, was keiner war – der Preis blieb ja gleich. Dabei forderte der Chef von ihm, günstiger einzukaufen.

**Coach:** Wie schildern Sie Ihre Erfolge bei Besprechungen?

**Klientin:** Ich nenne die Fakten, ohne großes Kino. Oft ärgere ich mich, dass die anderen nicht richtig hinhören. Oder mir ins Wort fallen. Ich spreche recht leise.

**Coach:** Wissen Sie, was die Ohren öffnet? Nicht die Ergebnisse an sich – sondern die Hürden, die Sie auf dem Weg dorthin überwinden mussten.

**Klientin:** Wie meinen Sie das?

**Coach:** Schauen Sie sich mal einen Werbespot im Fernsehen an: Nie wird ein Waschmittel gepriesen, ohne dass Sie vorher einen Berg schmutziger Wäsche sehen. Erst wer das Problem kennt, kann die Lösung einschätzen.

**Klientin:** Soll ich etwa so übertreiben wie die Produktwerbung? Oder unser Einkäufer?

**Coach:** Gerade nicht! Ein wenig Dramaturgie hebt die Aufmerksamkeit und erlaubt es Ihnen, auf rhetorisches Getöse zu verzichten. Probieren Sie einen nüchterner Drei-Schritte-Plan: Erst schildern Sie die Herausforderung, vor der Sie standen; dann, was Sie zur Lösung unternommen haben; und schließlich das Ergebnis: Worin besteht der Erfolg?

**Klientin:** Aber laufe ich so nicht Gefahr, selbst ein Schwätzer zu werden?

**Coach:** Schwätzer übertreiben und dichten sich Heldentaten an. Doch Sie informieren das Team und schildern eine reale Leistung – ohne Lärm und zuhörerfreundlich verpackt. Gerade die leise Tonart macht solche Berichte glaubwürdig.

**Klientin:** Und was habe ich davon?

**Coach:** Sie steigern Ihr Ansehen und erhöhen Ihre Chancen, etwa auf Gehaltserhöhungen. Wahre Leistung muss auch *wahrgenommen* werden. Überlassen Sie dieses Feld nicht den Schwätzern!

## Fünf Coaching-Impulse für Sie:

▸ Bitte denken Sie an einen vergangenen Erfolg, von dem Sie berichtet haben. Wie sind Sie vorgegangen? Welche Wirkung haben Sie erzielt?

▸ Angenommen, Sie hätten die Drei-Schritte-Dramaturgie

verwendet: Wie hätte der Erfolg dann geklungen? Probieren Sie es aus:

Das Problem war schwierig, weil ...

_____

Meine Lösung war, dass ich ...

_____

Am Ende hatte ich erreicht, dass ...

_____

▶ Versetzen Sie sich in Ihre Zuhörer: Welche Schilderung ist interessanter und informativer? Ihre ursprüngliche? Oder die in drei Schritten?

▶ Inwieweit kann Ihnen die feste Drei-Schritte-Struktur helfen, die richtigen Worte in Ruhe vorzubereiten und sie im entscheidenden Moment einzubringen?

▶ Nutzen Sie die nächste reale Gelegenheit, um die drei Schritte auszuprobieren. Notieren Sie danach, wie es Ihnen damit gegangen ist – und was Sie bewirkt haben.

# Endlich mitreden – so geht's!

Was geht in Ihnen vor, während Sie einer lärmenden Sitzung oder einem tosenden Brainstorming folgen? Was hindert Sie dran, einfach mitzumischen? Hier lernen Sie, innere Bremsen zu lösen und auf Ihre eigene Weise mitzureden.

## 1. Raus aus der Doppelbindung!

»So ein Ärger, das Meeting läuft an mir vorbei«, denken Sie und fordern sich auf: »Nun sag doch endlich was!« Aber dieser innere Einberufungsbefehl lockt eine Gegenstimme hervor: »Willst du bei diesem Geschwätz wirklich mitmachen, Perlen vor die Säue werfen?«

Sie drücken das Gaspedal und zugleich die Bremse; Psychologen sprechen von »Double Bind«, einer Doppelbindung.[91] Sie wollen mitreden, um sich einzubringen, und schweigen, um sich rauszuhalten. Für beides gibt es gute Gründe.

Das Wort »Zweifel« stammt von »zwei Fälle«.[92] Weil Sie nicht wissen, was Sie wollen, reißt es Sie zwischen den Möglichkeiten hin und her, ein Tauziehen seelischer Kräfte, das unentschieden ausgeht. Entweder tun Sie gar nichts, weil Sie wie gelähmt sind. Oder Sie mischen sich halbherzig ein, dann kommt Ihr Beitrag auch nur halbherzig rüber. Keiner nimmt ihn für voll.

Der Denkfehler besteht darin, dass Sie sich in einem Alles-oder-nichts-Spiel wägen: Entweder Sie agieren nach den Spielregeln der anderen, verbiegen sich; oder Sie betreten erst gar nicht das Spielfeld, halten sich raus. Klüger wäre die Frage: Wie kann ich mich so einbringen, dass ich mich damit wohlfühle?

Eine Fantasieübung hilft: Malen Sie sich aus, Sie könnten einen Doppelgänger ins Meeting schicken. Wie sollte er in Ihrem Körper auftreten? Wodurch hebt er sich von den Maulhelden ab? Wie oft ergreift er das Wort? In welcher Tonlage spricht er? Welche Inhalte transportiert er? Und wie geht er mit den anderen Teilnehmern um?

Stellen Sie sich diesen Auftritt in allen Details vor. Ich wette: Als innerer Regisseur werden Sie Ihren Ich-Darsteller mit Stärken agieren lassen, die in Ihnen selbst schlummern, und nach Werten, denen Sie selbst folgen. Dieses Drehbuch befreit Sie aus der Doppelbindung, wenn Sie es auf sich übertragen und real umsetzen. Der bremsende Anteil, der Sie vor einer Selbstverleugnung schützen will, kann seinen Widerstand aufgeben.

Verleihen Sie Ihrem Auftritt eine eigene Note, statt auf die Benotung durch andere zu schielen. Erst wenn Sie ganz bei sich sind, können Sie ganz überzeugen.

## 2. Der Trumpf im Ärmel

Viele zurückhaltende Menschen stellen höchste Ansprüche an sich selbst. Wenn schon eine Wortmeldung, dann mindestens so eloquent, gedankenschnell und geschliffen wie von den rhetorischen Preisboxern. Dieser Maßstab macht Sie zum Zwerg. Statt sich auf Ihre Stärken zu besinnen, etwa gute Vorbereitung und scharfsinnige Analyse, messen Sie sich an den Stärken der anderen, etwa Gedankenschnelle und Rhetorik.

Dann geht es Ihnen wie mir, als ich in eine neue Schulklasse kam. Unglaublich, was die mündlichen Genies alles wussten, vor allem Michael in der Reihe vor mir. Ich fühlte mich wie ein Strohkopf, stand auf dem Schlauch, kam mir ahnungslos vor. Sicher würde ich bei der nächsten Klassenarbeit eine Fünf oder Sechs schreiben.

Es kam umgekehrt: eine Zwei für mich, eine Vier für Michael. Ich hatte mehr als er gewusst, es aber mündlich nicht abrufen können. Er dagegen hatte den dünnen Teig seines Wissens mit dem rhetorischen Nudelholz ausgewalzt. Oft lassen sich zurückhaltende Menschen von lauten Tönen einschüchtern: Sie unterschätzen sich – und überschätzen die anderen.

In späteren Jahren legte ich mir mein Wissen vor wichtigen Unterrichtsstunden im Kopf zurecht. Ich ging mögliche Fragen durch und gab Antworten. Das brauchte Zeit, aber lohnte sich: Auf einmal fiel ich durch gescheite Beiträge auf – statt durch Schweigen.

Übertragen Sie das auf Meetings, überlegen Sie: Welche Ziele verfolge ich? Welche Gedanken will ich einbringen? Und was damit erreichen? Schreiben Sie sich ein kleines Skript, sprechen Sie die Gedanken vorher aus, um Ihre Sicherheit zu erhöhen.

Lassen Sie sich von Schwätzern nicht ins Bockshorn jagen – Sie können mithalten. Aber wenn Sie in der Besprechung gute Beiträge aus dem Ärmel schütteln wollen, sollten Sie vorher welche reinstecken!

## 3. Seien Sie ein Adler – und kein stürzender Skispringer!

»Wenn ich jetzt das Wort ergreife, dann …« Vielleicht beginnt mit diesen Worten in Ihrem Kopf ein Horrorfilm, weil der Satz so weitergeht:

▶ … dann macht der Kollege Müller wieder einen seiner dummen Witze auf meine Kosten.
▶ … dann fällt mir die geschwätzige Frau Meier sofort ins Wort!
▶ … dann schaut die Runde kurz auf, als wäre ein lästiger Brummer über den Tisch geflogen, und redet einfach weiter.

▶ … dann verliere ich garantiert den Faden und gerate ins Stottern.

▶ … dann bekomme ich einen so roten Kopf, dass ich mich als Ampel auf die nächste Kreuzung stellen könnte.

Vielleicht haben Sie bei früheren Besprechungen schlechte Erfahrungen gesammelt. Aber welcher Skispringer würde sich vor seinem Start einen misslungenen Absprung ausmalen? Eine miese Flughaltung? Einen schweren Sturz? Oder ein buhendes Publikum?

Skispringer machen es im mentalen Training umgekehrt: Einen gelungenen Sprung stellen sie sich vor, in allen Details: wie sie abspringen, einem Adler gleich durch die Luft gleiten und elegant landen. Jedes Mal, wenn Sie denken, absolvieren Sie ein mentales Training. Jedes Mal bilden sich Nervenbahnen in Ihrem Gehirn. Je öfter Sie sich ganz konkret vorstellen, etwas zu tun, desto leichter wird es Ihnen in der Realität fallen. Denken zieht eine neuronale Spur, die Ihr Handeln später beschreiten kann.

Warum wirkt der Placebo-Effekt nicht bei Alzheimer-Patienten? Weil sie keine positive Erwartung speichern können, tritt auch keine positive Wirkung ein. Erwartungen verändern die Biochemie ihres Gehirns.[93]

Wer ans Stottern denkt, wird stottern. Wer ans Rotwerden denkt, wird rot. Und wer fürchtet, unterbrochen zu werden, ruft Unterbrecher herbei. Oder er redet erst gar nicht vor lauter Bedenken.

Die sich selbst erfüllende Prophezeiung ist durch zahlreiche Studien nachgewiesen. So versorgte der populäre US-Wissenschaftler Richard Wiseman zwei Studentengruppen mit Drinks.[94] Er gab sie als Alkohol aus, und so schmeckten sie auch. Nach einiger Zeit testete er die Gruppen. Beide zeigten im gleichen Maß Symptome, die man von Angetrunkenen kennt.

Nur: Während eine Gruppe tatsächlich Alkohol getrunken hatte, waren die Drinks der anderen völlig alkoholfrei gewesen. Die Überzeugung, Alkohol zu trinken, macht genauso betrunken wie reale Promille – zumindest beeinflusst sie das Verhalten entsprechend.

Nutzen Sie dieses Phänomen positiv wie die Skispringer: Stellen Sie sich Ihren gelungenen Auftritt vor. Zu welchem Zeitpunkt ergreifen Sie das Wort? Wie sprechen Sie? Welche Botschaft bringen Sie rüber? Wer wird Ihren Standpunkt unterstützen? Und wodurch unterscheiden Sie sich ganz bewusst von den Schwätzern? Denken Sie an Erfolge der Vergangenheit, das wird Sie beflügeln:

▶ Wann waren Sie nach einem Meeting so richtig mit sich zufrieden?
▶ Mit welcher Strategie haben Sie diesen Erfolg erzielt?
▶ Welches war die schönste Rückmeldung, die Sie nach einem Meeting bekommen haben?
▶ Woran merken Sie schon vor einer Besprechung, dass es für Sie gut laufen wird?

Solche Gedanken schenken Ihnen den Mut, sich einzumischen – und erhöhen die Wahrscheinlichkeit, dass Ihnen ein ganz großer Sprung gelingt.

**LEISE & WEISE**

»Man hat nur Angst, wenn man mit sich selber nicht
einig ist.«
*Hermann Hesse, deutschsprachiger Autor*

# Von der Frau, die so laut schwieg,
# dass alle zuhörten

Ein 18-Jähriger schlurft in die Agentur für Arbeit. Sein Blick
begutachtet den Teppichboden, seine Hände krampfen sich
zusammen. Und als er dem Berater seinen Berufswunsch
nennt, zittert seine flüsternde Stimme: »Ich will Schauspieler
werden!«

Und der Berufsberater? Gibt dem jungen Mann zu verstehen,
er sei für die Bühne nicht extrovertiert genug. Und irrt damit!
Viele bekannte Schauspieler sind zurückhaltende Menschen: ob
Richard Gere oder Matthias Brandt, Ingrid Bergman oder Clint
Eastwood, Steve Martin oder Julia Roberts.

Gerade leise Menschen bringen ein ausgesprochenes, aber oft
unentdecktes Talent für öffentliche Auftritte mit. Aber nur unter einer Voraussetzung: Die Rolle muss klar definiert sein. Und
das (innere) Drehbuch stimmig.

Was prädestiniert Sie für Bühnen-Auftritte? Ihre Gabe, gut
zu beobachten und zu analysieren. Wer von Kindheit an mehr
zuhört als spricht, mehr zuschaut als agiert, füllt eine große
Schatztruhe. Sie wissen genau, wie sich Menschen in bestimmten

Situationen verhalten, wie sie schauen, was sie sagen und womit sie erfolgreich sind.

Machen Sie sich einmal den Spaß im stillen Kämmerlein und eröffnen Sie eine Bühne. Spielen Sie Verhaltensweisen nach, mit denen andere bei Sitzungen erfolgreich sind. Geben Sie sich pfauenhaft wie Ihr Chef. Knurren Sie wie die Controllerin. Charmieren Sie wie der Marketing-Experte. Legen Sie Kunstpausen ein wie die Kollegin vom Außendienst. Und versuchen Sie zwischen dem Reden das bedeutungsvolle Schweigen, mit dem es Ihrem Prokuristen stets gelingt, alle Ohren für seinen nächsten Beitrag zu öffnen.

Glauben Sie mir: Dieses kleine Schauspiel wird Ihnen Freude bereiten – weil es lustig ist. Und weil viele zurückhaltende Menschen eine zweite Seite besitzen, die sich nach großen Auftritten sehnt (darum die vielen introvertierten Sänger und Schauspieler!).

Fragen Sie sich nach dieser kleinen Übung: Was fanden Sie so richtig blöd? Was war völlig übertrieben? Welches Verhalten wäre bestens geeignet, um sich zum Affen zu machen? Danach fällt es Ihnen leicht, mit einem breiten Grinsen als Besucher im Meeting-Zoo zu sitzen.

Aber nicht nur das! Mit einigen Sprech- und Verhaltensweisen geht es Ihnen vielleicht wie mit neuer Kleidung, die Ihnen ein anderer vorschlägt: Zuerst fühlt sie sich ein wenig fremd an – aber auf den zweiten Blick merken Sie: Das passt zu mir! Dann haben Sie eine »Persona« entdeckt, einen Anteil Ihrer selbst, der Sie in dieser Situation gut vertreten kann.

Was genau hat Ihnen Spaß gemacht? Was kam Ihnen stimmig vor? Was würden Sie gerne ausbauen und vertiefen? Und wie könnten Sie dieses Verhalten so maßschneidern, dass es perfekt zu Ihnen passt und Ihr Verhaltensrepertoire erweitert?

Bei dieser Übung entdeckte meine Klientin Laura Amberger ihr Talent, so laut zu schweigen, dass alle zuhören. Ihr war aufgefallen, wie sich ein Ex-Chef durch spannende Ankündigungen und lange Pausen höchste Aufmerksamkeit gesichert hatte. Daraus entwickelte sie eine Methode, die sie »Schweigen als Türöffner« nannte.

Bis dahin hatte sie sich bei Meetings recht kurzatmig zu Wort gemeldet. Ihre Sätze überschlugen sich vor Aufregung, als wollte sie rasch fertig sein, um die anderen nicht länger zu stören. Deshalb flog sie unter dem Radar der Aufmerksamkeit und verließ die Meetings mit Frust im Gepäck.

Nun aber überlegte sie sich schon vor dem Termin: Welche spannende Frage, die sich alle stellen, kann ich heute beantworten? Dabei half es ihr, dass sie empathisch war und das Interesse der anderen gut einschätzen konnte.

Als sie die Methode das erste Mal ausprobierte, kreiste das Meeting um die Frage: »Wie reduzieren wir die Zahl der Kundenbeschwerden?« Laura Amberger wartete, bis die Debatte begann, sich im Kreis zu drehen. Dieser Zeitpunkt schien ihr dramaturgisch günstig, um ihre Frage ins Rennen zu schicken:

»Bislang haben wir noch nicht geschaut, wie Firmen im Ausland für zufriedene Kunden sorgen. Deshalb habe ich mich mit einem Unternehmen in Japan befasst, das unserem sehr ähnlich ist. Interessiert es Sie, wie das Management es dort geschafft hat, die Zahl der Kundenbeschwerden in nur einem Jahr um 40 Prozent zu senken?«

Danach schwieg sie und ließ ihren Blick langsam durch die Runde wandern. Das Geplapper verstummte, alle schauten sie an. Eigentlich stand sie nicht gerne im Mittelpunkt. Aber die Blicke waren freundlich und erwartungsvoll. Ihr Satz hatte das Schleusentor der Neugier geöffnet. Und mit jeder Sekunde, die sie schwieg, stieg der Pegel spürbar.

Nach einigen Sekunden passierte, was sie erhofft hatte: »Erzählen Sie doch mal!«, sagte ihr Chef. Diese offizielle Einladung wirkte wie eine Filmklappe am Set: Sie war zum Auftreten eingeladen, hatte ihre Legitimation bekommen. Das fühlte sich deutlich besser an, als wenn sie sich das Wort hätte erkämpfen müssen. Extrovertierte brauchen keine Bühne, sie treten von alleine auf. Zurückhaltende schätzen es, wenn es für ihren Auftritt einen klaren Rahmen gibt.

Laura Amberger war aufgeregt. Würde sie den Faden auch nicht verlieren? Aber zu Hause hatte sie ihrem Mann die Methode der Japaner mehrfach vorgestellt. Erst schnell und hastig. Dann immer bedachter und souveräner. Und dieses Training wirkte jetzt beim Sprechen. Nein, sie wählte ihre Worte nicht mit glänzender Rhetorik. Nein, sie eroberte den Raum nicht mit weit ausholenden Gesten. Und doch: Sie kam gut rüber – denn sie war sicher im Inhalt. Ihr Auftritt überzeugte.

Künftig bereitete sie gezielt solche Fragen als Aufmerksamkeitswecker vor. Übertragen Sie die Methode auf ein Meeting, an dem Sie selbst teilnehmen:

# Schweigen als Türöffner

▶ Welches wird die wichtigste Frage in diesem Meeting sein?

_____

_____

▶ Welchen überraschenden Anstoß kann ich dazu recherchieren oder aus Erfahrung einbringen?

_____

_____

▶ Welche Frage muss ich beim Meeting stellen, damit alle neugierig werden?

_____

_____

▶ Wo liegt der Nutzen meines Vorschlages? Und wie bringe ich ihn rüber?

_____

_____

Laura Amberger hatte ihre Anregungen aus Japan auf einer A4-Seite zusammengefasst und teilte sie der Runde aus. Das brachte drei Vorteile: Erstens konnte niemand die Idee klauen, denn ihr Name stand auf dem Papier. Zweitens sorgte die Schriftform dafür, dass ihre Leistung dauerhaft in Erinnerung blieb. Und drittens entspannte es sie beim Reden, dass sie wusste: Nicht jedes Wort muss sitzen, nicht jedes Detail erwähnt sein; das Papier ergänzt den Vortrag.

So hatte sie gleich mehrere »leise« Stärken ausgespielt: Sie glänzte durch Vorbereitung. Sie bewies Geduld und hielt das Schweigen, statt es sofort mit Worten zu füllen. Und sie schob ein schriftliches Dokument nach, statt ihre Worte verhallen zu lassen.

Nach einem halben Jahr hatte sie sich den Ruf erworben, immer noch eine gute Idee in petto zu haben, wenn eine Diskussion feststeckte. Dann wanderten alle Blicke zu ihr: Bühne frei! Und sie genoss ihre Auftritte!

## LEISE & WEISE

»Für ein gutes Gespräch sind die Pausen genauso wichtig wie die Worte.«
*Heimito von Doderer, österreichischer Autor*

## Prominente Zurückhaltung:
## Ein Vertrag bei Kerzenlicht

Der Plattenvertrag platzte in die Dunkelheit: Dem jungen Mann war gerade der Strom abgestellt worden, er hatte seine Rechnung nicht bezahlen können. Mit einer Freundin kauerte er auf dem Boden seines kleinen Apartments und ging das Dokument bei Kerzenlicht durch.

Der junge Musiker galt als »schüchtern und schweigsam«.[95] Abends ging er mit seinen Kumpels aus. Doch statt auf die Tanzfläche zu schwärmen wie sie, führte er lieber Einzelgespräche an der Bar. Ein Freund berichtete, er habe »sehr in sich gekehrt« gewirkt. Wenn er so dastand, mit seinem analytischen Blick, dachten die anderen: »Jetzt beobachtet er uns (…).«

Den Vertrag hatte Mike Appel angebahnt, ein extrovertierter Manager, der felsenfest an den jungen Künstler glaubte. Appel hatte Dutzende US-Plattenfirmen angerufen und beteuert: »Jemanden wie ihn haben Sie noch nie gehört.« Die kleinen Fische wollten nicht anbeißen, deshalb warf er seinen Köder nach dem größten aus: nach John Hammond, dem legendären Talentspäher der Plattenfirma Columbia. Der hatte unter anderem Bob Dylan, Billie Holiday und Pete Seeger entdeckt.

Appel rief so lange bei Columbia an, bis endlich eine Besprechung mit Hammond herauskam. Seine Begrüßung bei dem Treffen fiel nicht gerade diplomatisch aus: »Sie sind also der Mann, der Bob Dylan entdeckt hat. Mal sehen, ob Ihre Ohren wirklich etwas taugen, denn ich habe jemanden, der viel besser ist als Dylan.« Der junge Künstler zuckte zusammen. »Ich war in einer Art Schockstarre«, erinnert er sich. »Ich sackte innerlich in mich zusammen und dachte nur: ›Mike, bitte mach mal eine Pause. Lass mich doch einfach einen verdammten Song spielen.‹«

John Hammond überlegte kurz, ob er die beiden aus seinem Büro werfen sollte. Aber der Künstler wirkte bodenständig und bescheiden. Bislang hatte er kaum ein Wort gesprochen. Hammond bat ihn, etwas vorzuspielen. Damit war die Bühne freigegeben! Der junge Mann griff zur Gitarre und sang mehrere Songs – so überragend, dass Hammond aus dem Häuschen war: »Ich hörte gleich, dass er ein geborener Dichter war.«

Der Künstler verlor kein Wort über seine Fähigkeiten – er führte sie vor. Er hat nicht viel gesagt, aber seinen Mund an der richtigen Stelle aufgemacht. Nur weil er den großen Worten seines Managers noch größere Taten folgen ließ, weil er Tiefgang und Substanz bewies, kam es zu dem Vertrag.

Heute kann der zurückhaltende Musiker seine Stromrechnung locker bezahlen: Er hat über 120 Millionen Tonträger verkauft, 20 Grammy Awards sowie einen Oscar gewonnen und füllt mit seinen Konzerten Hallen und Stadien rund um den Globus.[96]

Die Rede ist von: Bruce Springsteen.

# 8 Das Rede-Duell:

## Wie leise Töne Ihnen lauten Applaus bringen

In diesem Kapitel erfahren Sie …

- ▶ warum Sie Ihre Körpersprache beim Reden vergessen sollten,

- ▶ warum zurückhaltende Menschen oft die besseren Redner sind,

- ▶ wie Sie vor vielen Menschen stehen, aber mit einzelnen sprechen können

- ▶ und welche Zettel Sie retten, wenn Ihr Kopf plötzlich leer ist.

# Ein Stummfisch im Redeseminar

Ich redete auf der kleinen Bühne, als ginge es um mein Leben. Die Blicke der Zuhörer nagelten mich fest. Jedes Wort presste ich aus meinem leeren Kopf. Kaum war es über die Lippen, hatte ich es vergessen.

»Ihre Hände!«, rief der Mann mit der Krawatte. »Nehmen Sie endlich die Hände aus der Problemzone!« Schuldbewusst blickte ich an mir hinab. Meine Hände waren wieder unter die Gürtelzone gerutscht – ein Zeichen für Passivität. Also ließ ich sie vor den Bauchnabel wandern, dort krallten sie sich ineinander.

»Gut so!«, rief der Mann mit der Krawatte, während ich aus meinem Gehirn neue Worte presste. »Aber die Handflächen!«, schnauzte er. »Ich möchte die Handflächen sehen!« Stimmt, er hatte gesagt: Wer die Handrücken zeigt, hat etwas zu verbergen, womöglich eine Waffe (so die evolutionäre Erklärung). Zeig beim Reden deine Handflächen, und jeder weiß: Du bist ehrlich und kommst in guter Absicht!

»Und mehr Raum einnehmen!«, ermahnte er mich. Stimmt, meine Füße standen wieder eng nebeneinander, statt einen halben Meter Abstand zu halten. Und meine Gesten spielten sich vor dem Körper ab, dabei hieß die Regieanweisung: »Flügel spreizen wie ein Adler, die Arme auch neben dem Körper arbeiten lassen.«

Also gut, ich stellte mich breiter hin und redete weiter. »Flüssiger sprechen!«, fuhr mir der Mann in die Parade. »Und denken Sie an Spannungspausen!« Ach ja, ich sollte mein Sprechtempo variieren. »Und Ihre Stimmmodulation: Nicht so leise! Sie haben doch gelernt, wie Sie wichtige Wörter und Passagen betonen müssen!«

Und während ich auf der kleinen Bühne probierte, meine Hände, meine Arme, meine Beine und meine Stimme gleichzeitig zu koordinieren, passierte es: Mein Mund verweigerte das Sprechen. Still und starr stand ich vor der Gruppe. Fragende Augen glotzten mich an. »Auch noch ein Blackout!«, stöhnte der Redetrainer.

Ich war Anfang 20, als ich dieses Redetraining besuchte. Der Trainer hatte zu Beginn festgelegt: »Sie werden hier immer das Gegenteil Ihrer Meinung vertreten. Kampfkunst muss unabhängig vom Gegner funktionieren, Rhetorik unabhängig vom Inhalt.«

Ich sollte reden mit einer Körpersprache, die nicht meine war, in einer Tonlage, die nicht meine war, und eine Meinung äußern, die meiner widersprach. Kein Wunder, dass ich verstummte.

In das Redetraining war ich gegangen, um bei politischen Versammlungen mit besserer Rhetorik aufzutreten. Nach dem Redekurs hatte sich dieses Problem erledigt: Ich sagte gar nichts mehr. Ich malte mir aus, jeder Zuhörer sähe meine Fehler: falsche Fußstellung, falsche Gestik, falsche Modulation. Die natürlichste Sache der Welt, den Mund aufzumachen und etwas zu sagen, war für mich zur unnatürlichsten geworden.

Kurse und Bücher stellen die Redekunst als Überredekunst dar, als ein feines Netz, das man über seine Zuhörer wirft, um sie einzufangen. Keiner rät Ihnen, ehrlich zu sein – aber jeder, es mit offenen Gesten zu signalisieren. Keiner rät Ihnen, standhaft im Inhalt zu sein – aber jeder, es durch stabile Fußstellung zu transportieren. Keiner rät Ihnen, leidenschaftlich zu sein – aber jeder, es durch Gestik zu vermitteln. Und angeblich kommt es nicht darauf an, was Sie sagen, sondern nur auf die rhetorischen Figuren.

Redekurse werden von Extrovertierten gehalten, die auf Außenwirkung bedacht sind, aber von Introvertierten besucht, die ihre (Überzeugungs-)Kraft von innen schöpfen. Darin liegt das Problem.

Schon bei den alten Griechen schieden sich die Geister an der Redekunst. Für die Sophisten war ein guter Rhetoriker, wer andere überzeugen konnte, egal wovon. Die Philosophen aber stellten Inhalt über Form: Sie strebten nach der Wahrheit. Und Platon wetterte gegen hohle Rhetorik. Keine Kunst sah er darin, sondern Künstlichkeit, ein Instrument der manipulativen »Seelenführung«.[97]

Solche Bauchschmerzen plagen zurückhaltende Menschen bis heute. Sie wollen beim Reden kein Schauspiel aufführen. Sie wollen sich nicht durchsetzen, weil sie richtig argumentieren, sondern *fürs Richtige*. Inhalt kommt bei ihnen vor Rhetorik.

Ich selbst bin ein guter Redner, wenn mir eine Botschaft unter den Nägeln brennt. Dann wird meine Körpersprache lebendig, weil ich innerlich lebendig bin. Dann kann ich Menschen begeistern, weil ich selbst begeistert bin. Und dann finde ich die richtigen Worte, weil die Worte mich finden.

Wenn Sie besser reden wollen, lauten die ersten Fragen:

▶ Was würden Sie auf der Welt gern verändern, welche Anliegen treiben Sie um?
▶ Wenn ich Ihnen nahe Menschen fragen würde, worüber Sie mit der größten Begeisterung sprechen: Was würden sie antworten?
▶ Wofür brennen Sie in Ihrem (Berufs-)Leben?

► Welche Botschaft wollen Sie gerne unter die Menschen bringen?

► Welcher Punkt, der vermutlich diskutiert wird (etwa bei einem Meeting), geht Ihnen am nächsten?

► Welches Wissen, das Sie mitbringen, kann andere bereichern?

Sprechen Sie über ein Thema, das Sie umtreibt. Dann können Sie andere entfachen, weil Sie selbst von innen brennen. Machen Sie sich zum Botschafter einer Sache, die es Ihnen wert ist, weil sie Ihren Werten entspricht. Die Wirkung kann erstaunlich sein:

► Ich erinnere mich an eine hochsensible Sozialarbeiterin, die es geschafft hat, bei einer Bürgerversammlung vor Hunderten von Menschen mit einer aufrüttelnden Rede die Situation der Obdachlosen zu schildern.

► Ich erinnere mich an einen wortkargen Computer-Nerd, der sich dazu durchrang, eine neue Programmierungsidee in der Geschäftsleitungs-Sitzung gegen Widerstände zu vertreten – mit Erfolg.

► Und ich erinnere mich an eine öffentlichkeitsscheue Lehrerin, die sich auf das Podium einer lokalen Zeitung begab, um auf die Gefahren von Drogen hinzuweisen – sie fand genau die richtigen Worte.

Sobald Sie von einer Sache tief überzeugt sind, tritt Ihre Scheu vorm Reden dahinter zurück. Der Facebook-Gründer Mark Zuckerberg, der Regisseur Woody Allen, der Schauspieler Matthias Brandt, die Autorin Elfriede Jelinek, der Sänger Reinhard Mey oder die Politikerin Angela Merkel: Diesen zurückhaltenden Menschen gelingt es, öffentlich zu reden, weil sie als Medium für etwas agieren, das größer ist als sie selbst: für ihre Firma, ihre Kunst, ihre politische Überzeugung.

Die Zuhörer interessieren sich für Ihre Botschaft, nicht für Ihre Rhetorik. Sie spüren, ob Sie Worte machen oder Worte meinen. Und sie spüren, wie es Ihnen beim Reden geht, keine Gestik kann das wegwischen. Sorgen Sie dafür, dass es Ihnen gutgeht: dass Ihr Energiespeicher voll ist, dass Sie Ihr Thema lieben, dass Sie etwas zu sagen haben und dass Sie gut vorbereitet sind.

Ich habe ein knappes Jahr gebraucht, um mich von meinem Redeseminar zu erholen. Seither weiß ich, welche Rolle beim Reden am besten zu mir passt: Ich spiele mich selbst!

## LEISE & WEISE

»Wer Geist hat, hat sicher auch das rechte Wort, aber wer Worte hat, hat darum noch nicht notwendig Geist.«
*Konfuzius, chinesischer Philosoph*

# DER COACHING-DIALOG: »ICH BIN BEIM REDEN IMMER SO NERVÖS.« (TEIL 1)

**Klient:** Ich bin immer so nervös, wenn ich vor anderen spreche. Vielleicht sollte ich meine nächste Rede ablesen. Dann vergesse ich nichts. Und der Inhalt kommt besser rüber.

**Coach:** Dann mailen Sie Ihr Manuskript doch ans Publikum. Jeder liest für sich allein, und Sie sparen sich den Auftritt. Wie wäre das?

**Klient** (zögert)**:** Zu unpersönlich – oder?

**Coach:** Sie sagen es: Eine Rede wirkt über Ihre Persönlichkeit! Fast alle Laien klingen beim Ablesen gleich: monoton und unbeholfen. Die Farbe Ihres Auftritts geht verloren. Sie widmen sich dem Papier, nicht dem Publikum. Und Sie servieren ein Fertiggericht. Zuhörer aber lieben das scheinbar Spontane.

**Klient:** Nur fürchte ich, dass ich beim freien Reden meinen Faden verliere. Zumindest brauche ich eine Unmenge von Folien als Gedächtnisstütze.

**Coach:** Ich kann mich an einen Klienten erinnern, dem es genauso ging. Doch eines Tages fiel mitten im Vortrag der Beamer aus. Er wollte die Bühne schon verlassen, als ihn der Veranstalter um ein paar abschließende Worte bat. Und so begann er, ohne Folien zu sprechen. Das Publikum rief ihm spontane Fragen zu. Es wurde der erfolgreichste Vortrag seines Lebens. Seither verwendet er kaum noch Folien.

**Klient:** Und was tut er, wenn er mal nicht weiterweiß?

**Coach:** Vor dem Vortrag lässt er sich von Zuhörern ihre wichtigsten Fragen auf Zettel schreiben. Wenn er festhängt, greift er eine solche Frage auf. Das Publikum ist jedes Mal hellwach. Das kommt als Highlight rüber, nicht als Panne.

**Klient:** Wünschen Sie mir bloß nicht, dass meine Technik ausfällt!

**Coach:** Nein! Aber probieren Sie doch mal, sich ein perfektes Redemanuskript zu schreiben. Oder 30 Folien vorzubereiten. Und dann, bei jeder zweiten Übungseinheit, verzichten Sie auf dieses Material – und reden frei. Viele zurückhaltende Menschen fühlen sich sogar wohler, wenn sie die Inhalte vollständig aus sich heraus schöpfen. Aber halten Sie die Präsentationstechnik beim Auftritt als Auffangnetz parat – das gibt Ihnen Sicherheit.

**Klient:** Will das Publikum heutzutage denn keine Folien?

**Coach:** Zuhörer kommen nicht, um Folien zu sehen: Sie kommen, um eine spannende Rede zu hören. Das geht mit Folien – aber erstaunlich oft ohne.

## Fünf Coaching-Impulse für Sie:

▶ Schreiben Sie ein Redemanuskript und tragen Sie es zum Training mehrfach vor. Wie lebendig und natürlich fühlen Sie sich dabei?

▶ Probieren Sie, die Inhalte des Manuskripts in freier Rede zu vermitteln. Immer, wenn Sie feststecken, schauen Sie im Manuskript nach. Wie oft müssen Sie schauen? Wie lebendig und natürlich fühlen Sie sich jetzt?

► Nun sorgen Sie dafür, dass das Manuskript außerhalb Ihrer Reichweite liegt. Füllen Sie die komplette Redezeit mit Ihrem freien Vortrag. Inwiefern fällt Ihnen das leichter, als Sie es vermutet hätten?

► Schauen Sie Ihre PowerPoint-Vorträge durch: Wenn Sie die Hälfte der Folien weglassen müssten, welche blieben übrig? Probieren Sie einen Vortrag auf dieser Grundlage. Füllen Sie die freie Redezeit mit Erlebnissen und Geschichten. Wie wirkt sich das auf die Qualität Ihres Vortrags aus?

► Schreiben Sie die wichtigsten Stichpunkte Ihrer Folien auf Rednerkarten und halten Sie Ihre Rede auf dieser Grundlage. Führen Sie einem vertrauten Menschen beide Fassungen vor: mit Folien und ohne. Holen Sie ein Feedback ein. Und entscheiden Sie sich für die wirksamere Form.

# Liefern Sie Ihre Rede als Pizza-Bote!

Stellen Sie sich vor, Sie blättern die Stellenanzeigen in Ihrer Zeitung durch und stoßen auf folgendes Inserat:

---

### Wir suchen eine(n) Mitarbeiter/in für eine Tätigkeit …

- die zu 90 Prozent in Stillarbeit verrichtet wird,

- die davon lebt, dass Sie sich in andere hineinversetzen,

- die von Ihnen fachliche Substanz und Kreativität erfordert,

- die von Ausdauer und Übungsbereitschaft profitiert,

- die Ihre Analysefertigkeiten herausfordert

- und die voraussetzt, dass Sie vorm Sprechen nachdenken.

---

Fühlen Sie sich angesprochen? Erkennen Sie eigene Stärken wieder? Wer eignet sich für diese Aufgabe besser – ein lauter oder ein zurückhaltender Mensch? Und, Preisfrage: Um welche Aufgabe handelt es sich?

Gesucht wird ein Redner! Überrascht? Die meisten stellen sich den Redner als Bühnenmenschen vor, der rund um die Uhr vor Publikum steht, eloquent, spontan und kontaktfreudig – also extrovertiert. Aber wer käme auf die Idee, sich einen Landwirt als jemanden zu denken, der den ganzen Tag auf dem Markt Gemüse verkauft? Jeder weiß: Seine eigentliche Arbeit findet nicht öffentlich statt – er muss Äcker bestellen, Pflanzen großziehen und Ernte einfahren.

Beim Reden ist das Auftreten der kleinste Teil der Arbeit. Wollen Sie eine Minute öffentlich sprechen, sind 30 bis 60 Minuten stille Vorbereitung nötig. Es braucht viel mehr als nur Eloquenz auf der Bühne:

▶ Als Redner brauchen Sie fachliche Substanz, denn wie ein Reiseleiter führen Sie Ihre Zuhörer zu den Sehenswürdigkeiten und in unentdeckte Winkel eines Themas.

▶ Als Redner brauchen Sie Empathie, denn ein guter Vortrag antwortet auf Fragen, die sich Ihr Publikum ohnehin stellt.

▶ Als Redner brauchen Sie Ausdauer beim Üben und Vorbereiten, denn was spontan wirkt, will von langer Hand geprobt sein.

▶ Und als Redner müssen Sie nachdenken, ehe Sie den Mund aufmachen.

Meine Klientin Uta Herberts (35), eine zurückhaltende Pharmavertreterin, zitterte ihrem Auftritt bei einem Ärztekongress entgegen. 150 Augenpaare würden auf sie gerichtet sein, das bereitete ihr schlaflose Nächte. Ins Coaching war sie mit einer Idee gekommen: »Ich habe gelesen, dass es auf der Bühne hilft, sich seine Zuschauer nackt vorzustellen. Was halten Sie von dieser Technik?«

»Beruhigt es Sie denn, vor 150 Nackten zu sprechen?«, fragte ich.

»Vielleicht fühle ich mich dann auf der Bühne souveräner: Ich bin ja angezogen.«

»Angenommen, Sie wären Zuhörerin: Wäre es Ihnen recht, dass sich ein Redner Ihre Kleidung wegdenkt?«

Sie kniff die Augen zusammen. »Klar, das fände ich respektlos. Aber ich weiß es ja nicht.«

»Den Gedanken können Sie nicht lesen. Aber der Gedanke macht etwas mit dem Redner. Und ich fürchte: nichts Gutes. Wer sein Publikum herabsetzt, kann herablassend rüberkommen.«

Sie seufzte. »Aber die Vorstellung, vor 150 Menschen zu sprechen, macht mir einfach Angst.«

»Mal angenommen, im Saal säße nur ein einziger Zuhörer: Was wäre dann anders?«

Ihr Gesicht hellte sich auf. »Mit einzelnen Menschen spreche ich gerne. Ich bin gut in Kundengesprächen. Ich höre hin, was die Leute interessiert. Und dann gebe ich Antworten und zeige Lösungen. Das fühlt sich viel berechenbarer an, als wenn ich zu einer anonymen Masse spreche. Ich weiß ja gar nicht, was die einzelnen Zuhörer wissen wollen. Und ich fühle mich beim Reden kritisch beobachtet.«

»Daraus höre ich zwei Wünsche: Erstens würden Sie gerne die Fragen Ihrer Zuhörer kennen, um konkret darauf antworten zu können. Und zweitens suchen Sie nach einem Weg, sich auf der Bühne ähnlich sicher zu fühlen wie mit einem einzelnen Gesprächspartner?«

Sie überlegte kurz. »Ja, das kann man so sagen.«

»Dann möchte ich Ihnen ein Gedankenspiel anbieten: Stellen Sie sich vor, dass Sie eben nicht zu einer Masse von 150 Menschen sprechen – sondern zu 150 *einzelnen* Menschen. Und jeder von ihnen sieht nur einen einzelnen Menschen auf der Bühne, nämlich Sie. Also führen Sie 150 einzelne Gespräche.«

»Aber wie soll das gehen zur gleichen Zeit?«

»Suchen Sie sich einzelne Gesichter aus, die Ihnen besonders sympathisch sind. Und dann fixieren Sie immer wieder diese Menschen, als würden Sie nur zu ihnen sprechen. Blenden Sie den Rest des Publikums aus. Dann werden Sie nicht länger von allen Reizen im Saal abgelenkt und können Ihr Einfühlungsvermögen nutzen.«

»Aber fühlen sich die restlichen Zuhörer nicht vernachlässigt?«

»Sie suchen Gesichter aus, die gut über den Saal verteilt sind, vorne und hinten, links, rechts und in der Mitte. Und immer, wenn Sie eines dieser Gesichter anschauen, fühlen sich alle anderen Zuschauer in diesem Bereich angesprochen. Wichtig ist nur, dass Sie Ihren Blick alle 30 bis 60 Sekunden zum Nächsten wandern lassen.«

»Ich fürchte, bislang habe ich das verkehrt gemacht: Ich habe immer wieder auf Zuhörer geschaut, die mir gelangweilt vorkamen – in der Hoffnung, sie würden interessierter schauen. Das hat mich runtergezogen.«

»Und genauso spornen Sie die interessierten Gesichter an. Probieren Sie es aus!«

Sie kratzte sich am Kinn. »Aber führt mich der Gedanke an ein Einzelgespräch nicht in eine falsche Richtung? Muss ich vor großem Publikum denn nicht lauter und offensiver auftreten, als wenn ich mit einem einzelnen Menschen rede?«

»Nein! Die besten Redner sprechen nicht wie Redner, sondern ganz natürlich. Jeder Zuhörer fühlt sich persönlich angesprochen. Ein Mikrofon sorgt für die nötige Lautstärke.«

Viele Vorträge werden am spannendsten, wenn sie vorbei sind – und die Rednerin ihr Publikum um Fragen bittet. Nun kommt zur Sprache, was die Zuhörer interessiert – und worauf sie bislang vergeblich gewartet haben. Die besten Vorträge sind Dialoge mit dem Publikum.

Deshalb stellte ich Uta Herberts eine Methode vor, die ich auch Ihnen empfehle: Schreiben Sie sich zur Vorbereitung einer

Rede auf, welches nach Ihrer Meinung die zehn wichtigsten Fragen Ihres Publikums sind. Verlassen Sie sich nicht nur auf Ihr Gespür, sondern fragen Sie bei mehreren (potenziellen) Zuhörern nach, zum Beispiel per Mail.

Dann werten Sie die Fragen der Zuhörer aus: Wo liegt der Schwerpunkt des Interesses? Welche Fragen wurden mehrfach gestellt? Und wie können Sie Ihren Vortrag aufbauen, um diese Frage in größerem Kontext zu beantworten?

Der erste Vorteil ist ein psychologischer: Selbst ein schüchterner Pizzabote hat kein Problem, an einer Haustür zu klingeln, wenn zuvor eine Pizza bestellt wurde. Ebenso fällt es Ihnen leichter, auf eine Bühne zu treten, wenn zuvor Fragen gestellt wurden, auf die Sie Antworten liefern können. Dann fühlen Sie sich beim Publikum willkommen.

Außerdem wird Ihnen bewusst: Wie es bei einer Pizzalieferung nicht um den Boten geht, sondern um die Pizza, so geht es bei einem Vortrag nicht in erster Linie um Sie, sondern um das Thema. Wenn Ihnen klar ist, wie Sie den (Wissens-)Hunger Ihres Publikums stillen können, was soll dann noch schiefgehen?

Richten Sie Ihre Antworten appetitlich an: Zählen Sie nicht nur Fakten auf, sondern geben Sie Beispiele und erzählen Sie kleine Geschichten. Wenn es Ihnen gelingt, die Emotionen Ihrer Zuhörer zu wecken, nehmen sie die Fakten leichter auf und Ihren Vortrag als noch unterhaltsamer wahr.

Das unterscheidet gute Redner von Schwätzern: Sie fühlen sich in die Zuhörer ein und liefern jene Pizza, die tatsächlich bestellt wurde. Dagegen treten Schwätzer oft mit einer gemischten Ego-Pfanne voller Heldengeschichten auf. Dieses Gericht flambieren sie dann mit rhetorischem Feuer. Aber das Publikum bleibt hungrig zurück.

Uta Herberts Vortrag kam gut an. Die Feedback-Fragebögen wiesen sie als beste Referentin des Tages aus. Bei dem Aspekt »Inhalt für mich relevant« hatte sie von 10 möglichen Punkten im Durchschnitt 9,7 bekommen. Wie gut, dass sie im Vorfeld sechs Zuhörer um ihre wichtigsten Fragen gebeten hatte!

### LEISE & WEISE

»Um eine gute improvisierte Drei-Minuten-Rede zu halten, benötige ich beispielsweise drei Tage.«
*Mark Twain, US-Autor*

# DER COACHING-DIALOG:
# »ICH BIN BEIM REDEN IMMER
# SO NERVÖS.« (TEIL 2)

**Coach:** Angenommen, Sie hätten nur eine Viertelstunde: Was würden Sie dann sagen?

**Klient:** Eine Viertelstunde? Das geht gar nicht. Ich möchte Zusammenhänge aufzeigen.

**Coach:** Sogar die Weltgeschichte ließe sich in 15 Minuten behandeln.

**Klient:** Aber meine Aufgabe als Redner ist es doch, möglichst viel Fachwissen ans Publikum zu vermitteln.

**Coach:** Wirklich? Was passiert, wenn Sie in einen 10-Liter-Eimer möglichst viel Wasser kippen, sagen wir: 50 Liter?

**Klient:** Er läuft über, ist doch klar.

**Coach:** Und was passiert, wenn Sie in die Köpfe Ihres Publikums mehr Wissen kippen wollen, als sie in kurzer Zeit aufnehmen können?

**Klient:** Nach meiner Rechnung kommen immer noch zehn Liter an, selbst wenn ein Eimer überläuft!

**Coach:** Aber Menschen sind keine Eimer, sie haben Gefühle. Und wie fühlt es sich an, von einem Redner überfordert zu sein? Sucht der Zuhörer den Fehler bei sich selbst? Oder wird er denken: »Der Redner taugt einfach nichts!«?

**Klient:** Sie meinen: Wenn ich dem Publikum zu viel Wissen präsentiere, fällt das am Ende negativ auf mich zurück?

**Coach:** So mancher schlechte Vortrag wäre gut geworden, wenn der Redner auf dreierlei verzichtet hätte: die Hälfte der

Fakten, die Hälfte der Folien – und die Hälfte der Redezeit.

**Klient:** Aber im Raum sind auch ein paar Experten. Und die erwarten doch Tiefgang!

**Coach:** Sprechen Sie so, dass Ihr durchschnittlicher Zuhörer Sie versteht. Zwölf Expertenkollegen zu befriedigen und 120 durchschnittliche Hörer zu verprellen ist ein schlechtes Geschäft.

**Klient:** Ich habe 45 Minuten Redezeit: Warum fragen Sie mich dann nach den Inhalten für 15 Minuten?

**Coach:** Dieses Gedankenspiel hilft Ihnen, den Kern Ihres Vortrags zu erkennen. Behandeln Sie Ihr Thema nie erschöpfend, das erschöpft Ihre Zuhörer.

**Klient:** Aber wenn ich viel weglasse, könnte doch der Eindruck entstehen, dass mein eigenes Wissen lückenhaft ist!

**Coach:** Nennen Sie mir einen Redner, der durchgefallen ist, weil er zu wenig gesagt hat! Ich kenne nur den umgekehrten Fall – hundertfach!

## Fünf Coaching-Impulse für Sie:

► Malen Sie sich vor jeder Rede aus, Sie hätten nur die Hälfte der Zeit: Was wäre Ihnen so wichtig, dass Sie es noch sagen würden?

► Überlegen Sie, ob sich die anderen Punkte (und Folien) nicht tatsächlich streichen lassen. Probieren Sie, die Zahl der Fakten zu senken – und dafür mehr Erklärungen einzustreuen, gerne in kleine Geschichten verpackt.

- ▶ Angenommen, Sie müssten einen Presseartikel über Ihren Vortrag schreiben: Wie könnte sich Ihre Kernthese in eine Überschrift fassen lassen? Formulieren Sie kurz und knackig.
- ▶ Arbeiten Sie Ihren Vortrag so um, dass sich diese These wie ein roter Faden durch ihn zieht.
- ▶ Formulieren Sie ein Ende, das den Hörer zum Handeln animiert.

# Es lebe die Unzulänglichkeit!

Die Politik gilt als Hochburg der Rhetorik. Werden Wahlen also von den brillantesten Rednern gewonnen? Nicht unbedingt: Seit 1990 haben sich beim Kampf ums Kanzleramt mehrfach die Rede-Außenseiter durchgesetzt. 1990 unterlag der Redeprofi Oskar Lafontaine dem rhetorisch unbeholfenen Helmut Kohl. Und 2013 verlor der Großrhetoriker Peer Steinbrück im Wahlkampf gegen die spröde Rednerin Angela Merkel, wie schon 2005 der wortgewandte Gerhard Schröder. Woran liegt das?

Der beste Redner ist nicht der, der über das größte Mundwerk verfügt und die steilste Formulierung findet, etwa dass er die »siebte Kavallerie« in die Schweiz schicken möchte – eine Formulierung, mit der einst Finanzminister Peer Steinbrück der Steueroase drohte. Der beste Redner ist der, dem die Menschen glauben.

Schlichte Rhetorik erweckt mehr Vertrauen als geschliffene, erst recht in einem Land, wo die Nazis den »totalen Krieg« herbeigeredet, den »Untermenschen« erfunden und einen Massenmord als »Endlösung« verkauft haben.[98] Gut möglich, dass Merkel und Kohl ihre Wahlkämpfe nicht trotz, sondern wegen ihrer rhetorischen Schlichtheit gewonnen haben.

Aristoteles weist in seiner »Rhetorik« auf drei Formen der Überzeugung hin: die Glaubwürdigkeit des Redners (»ethos«), den emotionalen Zustand des Zuhörers (»pathos«) und das Argument (»logos«).[99] Eine Rede dürfe weder banal noch erhaben wirken. Wer eine rhetorische Knallerbse nach der anderen zündet, mag damit unterhalten, nicht aber überzeugen; es fehlen Glaubwürdigkeit und Seriosität.

Zurückhaltende und sensible Menschen sind beim Reden dann im Vorteil, wenn sie festen Prinzipien folgen, sich gut in andere hineinversetzen und Bodenhaftung ausstrahlen. Gestik, Mimik und Sprache sind nur Werkzeuge. Über den Erfolg entscheidet Ihre innere Haltung:

- ▶ Interessieren Sie sich für Ihr Publikum?
- ▶ Können Sie sich in Ihre Zuhörer versetzen und sie abholen mit ihren Wünschen und ihren Sorgen?
- ▶ Erwecken Sie Vertrauen?
- ▶ Brennen Sie für Ihr Thema?
- ▶ Haben Sie eine klare Botschaft?
- ▶ Meinen Sie, was Sie sagen?

Ich habe Kongressredner erlebt, die über die Bühne und ihre eigenen Worte gestolpert sind; Redner, die den Boden vor sich mehr als ihr Publikum angesehen und eine stattliche Anzahl von Silben verschluckt haben; und Redner, die sich für den folgenden Vortrag entschuldigt haben, als wäre er ein strafbarer Zeitdiebstahl.

Sind sie alle gescheitert? Nein, ihre Unzulänglichkeit sorgte für Sympathie und Identifikation. Während Redner alles tun, fehlerlos zu wirken, liebt das Publikum kleine Schnitzer und Schwächen; es darf auf der Bühne »menscheln« – sofern der Redner inhaltlich einen guten Job macht: auf sein Publikum eingeht, glaubwürdig ist und Interessantes sagt.

Dagegen ruft der perfekte, geleckte Redner eine Abstoßungsreaktion hervor. So war Guido Westerwelle (FDP) als Politiker ein vorzüglicher Redner – aber auf nennenswerte Sympathiewerte kam er erst, als er sich nach seiner politischen Karriere im Herbst 2015 von einer schwachen Seite zeigte: als Krebskranker. Bei einem Talkshow-Auftritt hatte er schon körperliche Schwierigkeiten, klar und deutlich zu sprechen. Alles rhetorische Gedöns war von ihm abgefallen. Auf einmal, als er handwerklich viel schlechter, aber inhaltlich viel glaubwürdiger redete, flogen ihm die Herzen zu.[100]

Wer zu seinen eigenen Schwächen steht, kommt beim Publikum besser an. Prüfen Sie selbst, welcher der beiden folgenden Redeeinstiege Sie mehr anspricht:

*Einstieg eins:* »Heute werde ich Ihnen erzählen, welches meine größten Erfolge in der Menschenführung waren – wie ich den Umsatz meiner Abteilung verdoppelt habe, auf der Gehaltsleiter in kurzer Zeit steil nach oben gestiegen bin, zweimal befördert wurde – und dann den Titel ›Unternehmer des Jahres‹ errang.«

*Einstieg zwei:* »Heute werde ich Ihnen erzählen, welches meine größten Irrtümer in der Menschenführung waren: wie ich eine Abteilung in die Demotivation getrieben habe, eine mannshohe Reklamationswelle nicht kommen sah, am Ende meinen Hut nehmen musste – und erst Jahre später alles begriffen und viel daraus gelernt habe.«

Wie geht es Ihnen bei dem ersten Einstieg? Fühlen Sie sich wohl in der Gegenwart eines Menschen, der durch Handauflegen Umsätze und Gehälter verdoppelt? Interessiert Sie die Geschichte eines Gipfelstürmers, dem Beförderungen und Ehrungen zufliegen? Oder beschleicht Sie der Verdacht, dass es hier um das Ego des Redners, aber nicht um Ihre Bedürfnisse als Zuhörer gehen wird?

Jede allzu laute Erfolgsgeschichte eines Redners erinnert seine Zuhörer an ihre eigene Unzulänglichkeit. Der Abstand zwischen ihnen, den Normalsterblichen, und ihm, dem Himmlischen, scheint unendlich groß. Solche Reden funktionieren, wenn der Vortragende ein Weltstar ist. Aber nicht, wenn sich ein Schwätzer zum Weltstar hochreden will.

Und jetzt zum zweiten Einstieg: Sind Sie neugierig, welche Führungsfehler der Redner begangen, welche Schäden er angerichtet und welche Quittung er dafür kassiert hat? Finden Sie es menschlich, dass er sich geirrt hat, und sympathisch, dass er so offen darüber redet? Und kann es sein, dass Sie seinen heutigen Expertenstatus höher würdigen, wenn Sie seinen steinigen Weg dorthin kennen?

Tun Sie das, was die eitlen Schwätzer niemals wagen: Erzählen Sie von Ihren Fehlern, Ihren Irrtümern und Ihren Umwegen. Nehmen Sie sich selbst nicht ganz so ernst. Und lassen Sie die Zuhörer daran teilhaben, wie Sie am Ende doch Ihren Erfolgsweg gefunden haben.

Und denken Sie daran: Zitternde Hände haben noch keinem Redner geschadet, ein paar Versprecher ebenso wenig. Die meisten Zuhörer schauen deshalb zur Bühne rauf (und nicht von ihr runter), weil sie selbst nicht öffentlich reden wollen. Dass ein Redner aufgeregt ist, können sie bestens verstehen; sichtbare Aufregung erzeugt Nähe.

Sehen Sie Lampenfieber als nützliches Element Ihres Auftritts. Und begrüßen Sie kleine Fehler als Sympathiebringer. Die Erfahrung zeigt: Nie werden Ihre Finger ruhiger sein, als wenn Sie ihnen das Zittern gestatten.

## LEISE & WEISE

»Die großen Tugenden machen einen Menschen bewundernswert, die kleinen Fehler machen ihn liebenswert.«
*Pearl S. Buck, US-Autorin*

# DER COACHING-DIALOG: »ICH BIN BEIM REDEN IMMER SO NERVÖS.« (TEIL 3)

**Klient:** Leider komme ich beim Reden humorlos rüber. Das Publikum lacht einfach nicht. Wenn ich einen Gag versuche, schaue ich in starre Gesichter.

**Coach:** Welche Gags versuchen Sie denn?

**Klient:** Wirklich gute! Ich schaue mir im Internet Spitzenredner aus den USA an – und übernehme ihre Einstiege. Aber es funktioniert nicht.

**Coach:** Die Anzüge dieser Redner würden Ihnen auch nicht passen! Warum sollte der Humor dann bei Ihnen sitzen?

**Klient:** Wollen Sie andeuten, dass ich weniger Humor habe?

**Coach:** Nein, Ihren eigenen! Fremde Gags können Ihnen im Mund schlottern wie ein zu langer Anzug an den Armen. Das findet niemand komisch, höchstens peinlich.

**Klient:** Aber mein eigener Humor ist auf der Bühne weg. Da bin ich zu angespannt.

**Coach:** Wer sagt eigentlich, dass Sie die Leute zum Lachen bringen müssen? Viele Schwätzer überdecken mit Gags ihre inhaltliche Leere. Das haben Sie gar nicht nötig; Kompetenz darf gerne mit Ernsthaftigkeit einhergehen.

**Klient:** Aber es heißt doch: Sorge zu Beginn des Vortrags mit einem Scherz für Auflockerung!

**Coach:** Es geht nicht ums Lachen – Sie müssen die Sympathie des Publikums gewinnen. Eine schüchterne Klientin von mir erzählt zu Beginn immer, warum sie Rednerauftritte hasst – und weshalb sie dennoch auftritt. Das sorgt für Heiterkeit. Alle spüren: Diese Komik ist real.

**Klient:** Aber verstärke ich meine Redeangst nicht, indem ich sie anspreche?

**Coach:** Es ist so, als wenn sich ein Lügner zur Wahrheit durchringt: Eine Last fällt von seinen Schultern. Er muss nichts mehr verbergen. Wer Bühnenangst anspricht, erst recht mit Selbstironie, wird freier.

**Klient:** Was kann ich noch tun, um die Sympathie meiner Zuhörer zu gewinnen?

**Coach:** Drücken Sie ihnen Respekt aus! Wenn Sie vor Verkäufern reden, dann schildern Sie aufrichtig, was Sie an guten Verkäufern schätzen. Sagen Sie ehrlich, was Sie mit einer Stadt oder einer Veranstaltung verbindet. Das Publikum muss spüren: »Das ist keine Rede von der Stange – wir sind gemeint!«

## Fünf Coaching-Impulse für Sie:

▶ Was muss ein Redner zu Beginn seines Vortrags tun, um Sie als Zuhörer/in für sich einzunehmen. Rufen Sie sich mehrere Beispiele ins Gedächtnis und analysieren Sie diese.

▶ Bitte denken Sie an eine Situation, in der Sie rasch die Sympathie einer Gruppe gewonnen haben. Wie ist Ihnen das gelungen? Welche Erklärung würden Gruppenmitglieder liefern?

► Mit welcher Eigenschaft würden Sie am liebsten den Kontakt zu Ihrem Publikum aufbauen: Humor, Selbstironie, Bodenständigkeit, Kompetenz, Empathie usw.? Bilden Sie ein Ranking.

► Bitte greifen Sie die ersten drei Eigenschaften Ihrer Liste auf und leiten Sie Einstiege für eine bestimmte Rede daraus ab. Probieren Sie alle drei Fassungen aus. Womit fühlen Sie sich am wohlsten?

► Führen Sie einem Vertrauten Ihre Einstiege vor. Lassen Sie ihn ein Ranking bilden, was ihm am besten gefällt. Inwieweit deckt es sich mit Ihrer Wohlfühl-Liste?

## Zehn Tipps für zurückhaltende Redner

Dass er sein Publikum gewinnt, ohne sich selbst zu verbiegen: Das macht einen guten Redner aus. Welche Stärken können Sie als zurückhaltender Mensch ausspielen? Hier lernen Sie die zehn besten Methoden und Strategien kennen.

### 1. Erlauben Sie sich, ein guter Redner zu sein!

Neulich hat mich ein Klient zu seiner Rede bei einer Betriebsversammlung eingeladen. Danach schlich er mit hängendem Kopf zu mir: »Tut mir leid! Die Pointe am Beginn habe ich verbockt. Meine Argumentation ist aus dem Ruder gelaufen. Und mehrfach habe ich mit dem Zeigefinger ins Publikum gedeutet, obwohl ich weiß, wie doof das ist!«

Ich konnte ihn beruhigen: Seine Rede war hervorragend! Und

die angesprochenen Mängel hatte im Raum nur einer bemerkt: er selbst. Viele zurückhaltende Menschen grübeln gern und neigen zu überzogenen Selbstansprüchen. Geben Sie sich die Erlaubnis, ein guter Redner zu sein! Suchen Sie nicht nach Mängeln, sondern nach Stärken!

Schließen Sie die Augen und denken Sie an Applaus und Zustimmung, die Sie früher schon bekommen haben, an Menschen, die an Sie (als Redner) glauben. Das füllt Sie mit positiver Energie. Lassen Sie es zu, auf der Bühne als ganze Persönlichkeit zu stehen, auch mit Ihren Schwächen. Wer nichts zu verbergen hat, hat nichts zu verlieren.

## 2. Laden Sie Ihren Akku auf!

Vor Publikum zu reden ist für zurückhaltende Menschen ein Kraftakt. Füllen Sie Ihren Energiespeicher. Entspannen Sie am Vorabend (oder -tag). Nehmen Sie sich Zeit für Ihr liebstes Hobby. Gehen Sie in die Natur. Träumen Sie in einer stillen Stunde vor sich hin. Sammeln Sie Kraft!

Wenn möglich: Gehen Sie vor dem Auftritt spazieren. Genießen Sie schöne Anblicke, bauen Sie durch Bewegung Stress ab. Und sorgen Sie direkt vor der Rede für ein paar Minuten Ruhe, zur Not auf der Toilette. Rufen Sie sich Schönes in Erinnerung: Wie sieht mein Lieblingsort aus? Worüber habe ich mich zuletzt so richtig gefreut? Welches Gesicht eines Menschen lässt mich selig lächeln?

Solche Gedanken schenken Ihnen ein inneres Leuchten und füllen Sie mit Energie. Dagegen wäre es eine schlechte Idee, jetzt noch mit den Rednernotizen zu hantieren oder sich in einen anstrengenden Smalltalk verwickeln zu lassen. Meiden Sie Reizquellen!

### 3. Bereiten Sie sich gründlich vor!

Gehören Sie zu den Menschen, die keine Überraschungen lieben? Beim Reden haben Sie alles in der Hand: Sie sind Drehbuchautor, Regisseur und Darsteller in einer Person. Sie bestimmen, was passiert.

Vielleicht fällt es Ihnen leicht, sich ausdauernd vorzubereiten. Nutzen Sie das! Variieren Sie Ihren Vortrag, bis er stimmig klingt. Ihr Einstieg sollte das Wohlwollen des Publikums gewinnen, Ihr Mittelteil informieren und überzeugen, Ihr Schluss Handlungen anstoßen. Streuen Sie Fakten und Thesen ein, die überraschen. Belegen Sie Aussagen mit Beispielen und Geschichten. Und sorgen Sie dafür, dass sich Ihre Kernthese wie ein roter Faden durchzieht.

Je öfter Sie den Vortrag üben, desto sicherer werden Sie reden. Es ist nicht unbedingt erstrebenswert, »aus dem Stegreif« zu reden: »Stegreif« hieß früher der Steigbügel eines Pferdes. Wer als Bote vorritt, stieg nicht ab, sondern sprach zu den Menschen »aus dem Stegreif«. Meist waren es schlechte Nachrichten – und ein Bote, der noch auf seinem Pferd war, konnte schneller fliehen …[101]

### 4. Nutzen Sie Ihre Sprachkompetenz!

Liegt Ihnen das Schreiben? Dann können Sie sich als Ihr eigener Ghostwriter eine Steilvorlage liefern. Nutzen Sie alle Stilmittel, die zu Ihnen passen. Hier eine Redepassage in der Rohfassung:

»Die Unternehmen leiden heute unter einer starken Fluktuation. Mitarbeiter machen die Firmen aus, aber wandern oft nach wenigen Jahren ab, seit der Globalisierung sogar auf andere Kontinente. Dabei nehmen sie kostbares Wissen mit und bringen ihre

Kollegen ebenfalls auf Wechselgedanken. Darum liegt die Herausforderung für den Mittelstand darin, die Mitarbeiter emotional zu binden: durch ein Betriebsklima, das ihnen behagt. Damit lassen sich sogar Mitarbeiter von anderen Kontinenten anlocken.«

Versuchen Sie, diesen Redeentwurf griffiger und packender zu formulieren. Fällt Ihnen eine Metapher ein? Können Sie rhetorische Fragen und direkte Rede einflechten? Wie gelingt es Ihnen, die Emotionen Ihrer Zuhörer zu wecken? Probieren Sie es aus:

Ihre Fassung: _____

_____

_____

_____

*Lösungs-Beispiel:*
»Welcher Verlust trifft ein Unternehmen am härtesten? *(Rhetorische Frage.)* Der Verlust von Mitarbeitern! Jeder, der geht, trägt einen Rucksack voller Wissen aus dem Haus *(Metapher)*. Jeder, der geht, bringt seine Kollegen auf die Idee: »Mensch, ich könnte auch wechseln!« *(Anapher, denn zwei Sätze nacheinander beginnen gleich mit »Jeder, der geht«. Die Idee ist formuliert in direkter Rede.)* Mitarbeiter sind heutzutage wie Zugvögel: Sie können überall hinziehen, auch auf einen anderen Kontinent, es gibt keine Grenzen mehr *(Vergleich)*. Aber wann machen sich Zugvögel auf den Weg? Wenn es ihnen kalt wird und wenn die Nahrung

fehlt *(Allegorie – fortgesetzter Vergleich/Metapher)*. Und hier liegt
Ihre Chance als mittelständische Unternehmer: Sorgen Sie für
ein Betriebsklima, das die vorhandenen Zugvögel nicht nur hält,
sondern auch noch andere aus fernen Ländern anlockt *(direkte
Ansprache der Hörer)*. Das geht zum Beispiel so …«

Und denken Sie daran: Je klarer Ihre Sprache, desto besser. Kurt
Tucholsky empfiehlt in seinen »Ratschläge(n) für einen guten
Redner«: »Hauptsätze, Hauptsätze, Hauptsätze.«[102]

## 5. Erwarten Sie wohlwollende Zuhörer!

Studien weisen nach, welches Rezept soziale Ängste am zuver-
lässigsten entwaffnet: Korrigieren Sie Ihre negativen Erwartungen![103] Je wohlwollender Sie sich Ihr Publikum vorstellen, desto
eher wird Ihr Auftritt ein Erfolg.

Überlegen Sie: Welchen Grund haben die Zuhörer, sich auf
Ihren Auftritt zu freuen? Warum ist das Publikum offenbar an
Ihrer Expertise interessiert? Welche Ihrer Aussagen werden die
Zuhörer bereichern? Und was gibt Ihnen Grund, an Ihre Qualitäten als Redner zu glauben? Welche Erfolge der Vergangenheit können Sie beflügeln? Und was finden Sie an Ihrem Thema packend?

Solche positiven Gedanken sorgen dafür, dass Sie mit einem
guten Gefühl vor Ihr Publikum treten.

## 6. Fühlen Sie sich in Ihr Publikum ein!

Schwätzer missachten ihr Publikum: Weil *sie* stundenlanges Re-
den erfreut, denken sie, ihr Publikum höre gerne stundenlang zu.
Sie beherzigen Kurt Tucholskys »Ratschläge für einen schlechten
Redner«: »Kümmere dich nicht darum, ob die Wellen, die von

dir ins Publikum laufen, auch zurückkommen – das sind Kinkerlitzchen. Sprich unbekümmert um die Wirkung (…) – das ist deine Gelegenheit. Missbrauche sie.«[104]

Als einfühlsamer Redner sind Sie im Vorteil. Stellen Sie sich vor, Sie säßen als Zuhörer in Ihrem eigenen Vortrag. Was müsste ein Redner tun, um Ihre Gunst zu gewinnen? Wie könnte er Ihre Aufmerksamkeit fesseln? Und welches wäre der größte Nutzen, den er Ihnen mit seiner Rede vermitteln könnte?

Tucholsky sah Reden als Orchesterstück: »Eine stumme Masse spricht nämlich ununterbrochen mit. Und das musst du hören.«[105] Reagieren Sie auf diese Signale! Erzählen Sie mehr von dem, was die Leute begeistert. Und kürzen Sie Passagen ab, bei denen Ihre feinen Antennen spüren, dass die Aufmerksamkeit schwindet.

## 7. Seien Sie ein ruhender Pol!

Eine kleine Trainingsgruppe. Eine zurückhaltende Einzelhandelskauffrau spricht auf der Bühne über ihr Lieblingsthema: wie Kundengespräche gelingen. Nach ihrem Auftritt frage ich: »Wie haben Sie sich selbst gefühlt?« Sie zuckt mit den Schultern: »Beim Thema habe ich mich sicher gefühlt. Aber ich fürchte, meine Körpersprache war viel zu starr. Ich stand ja die ganze Zeit nur an einem Fleck.«

Dass ihre Eigenarten negativ beurteilt werden, davon gehen leise Menschen oft aus – zu Unrecht! In diesem Fall meldete eine Zuhörerin zurück: »Aber nein! Du hast super souverän gewirkt! Gerade dass du nicht über die Bühne gehüpft bist, hat dich seriös und glaubwürdig wirken lassen. Du warst ein ruhender Pol.«

Erlauben Sie es sich, auf der Bühne ein ruhender Pol zu sein.

Wenn Sie am liebsten hinter dem Stehpult stehen, dann stehen Sie dort. Wenn Sie am liebsten mit einer sparsamen Körpersprache arbeiten, dann arbeiten Sie mit einer sparsamen Körpersprache. Und wenn Sie es vorziehen, in gedämpfter Tonlage ins Mikrofon zu sprechen, dann sprechen Sie in gedämpfter Tonlage.

Gerade ein leiser Auftritt kann Ihnen lauten Applaus bringen. Denn wer mit so wenig Effekt arbeitet, muss wirklich etwas zu sagen haben. Und das haben Sie!

## 8. Setzen Sie Akzente zwischen den leisen Tönen!

Ein Schwätzer, der schon Unwichtiges hinausbrüllt, kann sich bei Wichtigem nicht mehr steigern. Dagegen können leise Redner Akzente setzen – so wie der Schriftsteller Heinrich Mann. Sein Neffe Klaus schreibt über ihn, er spräche »leise und eher auf eine scheu behinderte denn auf eine glänzende Art. Jedes Wort scheint ihn Mühe zu kosten (…)«. Aber: »Aus dieser äußersten, beruhigenden Zurückhaltung löst sich zuweilen ein Ton, eine Geste, die stärker rührt, trifft und erschüttert als das geübte Pathos der prachtvollsten Temperamente.«

Er beschreibt, wie Heinrich Mann mit einer Rede zum 50. Geburtstag seines Bruders Thomas ein Publikum »buchstäblich zu Tränen« rührte: »Er begann: ›Mein lieber Bruder‹, wobei er jede Silbe mit einer Art von zärtlicher Exaktheit zu Ende sprach (…).« Und schon habe sich über den Saal eine Stille gelegt, »feierlicher und viel inhaltsvoller« als bei allen Rednern zuvor.

Nutzen Sie als zurückhaltender Redner gezielt Betonungen. Heben Sie hervor, was Ihnen wichtig ist. Mischen Sie gelegentlich einen Trommelwirbel unter Ihren feinen Geigenstrich.

## 9. Rechnen Sie mit Zwischenrufen!

Ein Zwischenruf fährt Ihnen in die Parade. Wie damit umgehen? Es gibt drei Strategien (abgesehen von der spontanen Erwiderung, die zurückhaltenden Menschen unter Stress schwerfällt):

1. *Vorwegnahme:* Wenn Sie angreifbare Thesen vertreten, überlegen Sie vorab: Wie könnte Ihr Publikum widersprechen? Und was entgegnen Sie dann? So haben Sie eine (scheinbar) spontane Antwort auf Zwischenrufe parat. Und wenn niemand widerspricht? Dann übernehmen Sie den Disput selbst: »Vielleicht möchten Sie mir an dieser Stelle mit folgendem Argument widersprechen … Darauf sage ich …« Das macht Reden lebendig.

2. *Überhören:* Es ist Ihr gutes Recht, einen einzelnen Zwischenruf zu überhören – umso mehr, je unqualifizierter er ist. Oder Sie gehen nur augenzwinkernd darauf ein: »Schön zu hören, dass immerhin Ihre Stimmbänder funktionieren!«

3. *Scheinwerfer-Technik:* So mancher Zurufer schrumpft auf das Format eines Zwerges, wenn Sie ihn bitten aufzustehen, sich mit Namen und Position vorzustellen und seinen Zuruf zu begründen.[106] Falls er doch den Mut hat, gibt Ihnen das Zeit, sich eine Erwiderung auszudenken.

## 10. Bieten Sie den Dialog nach der Rede an!

Sagen Sie Ihrem Publikum, dass Sie nach der Rede ansprechbar sind. Drei Vorteile: Erstens kommt die Geste gut an: Das Publikum schätzt es, dass Sie sich Zeit nehmen. Zweitens merken Sie in solchen Gesprächen, was bei Ihrem Publikum hängen geblieben ist und wo noch Fragen sind. Und drittens kommen Sie in Kontakt mit potenziellen Auftraggebern, Arbeitgebern,

Geschäftspartnern. Und wenn das Vier-Augen-Gespräch eine Spezialität von Ihnen ist, können Sie den guten Eindruck noch verstärken, den Sie auf der Bühne schon hinterlassen haben.

## LEISE & WEISE

»Es ist nicht der Berg, den wir bezwingen – wir bezwingen uns selbst.«
*Edmund Hillary, neuseeländischer Bergsteiger*

## Prominente Zurückhaltung: »Ich habe die Sache total verpatzt!«

Die Einladung begann peinlich: Der zurückhaltende Unternehmer weilte schon im Hotel, als ihn die Kleiderordnung erreichte. Herren sollten bei der Party einen Smoking tragen. »Überflüssig zu erwähnen, dass ich so etwas nicht besaß. Ich geriet in Panik (…)«, erinnert er sich. In letzter Sekunde verhalf ihm die Sekretärin seiner Gastgeberin zu einem Smoking.

Dann wurde er kutschiert, der Wagen rollte einen Kiesweg hinauf, dort thronte eine cremefarbene Villa im gregorianischen Stil, drei Stockwerke hoch. Der zurückhaltende Unternehmer, selbst nur Einfamilienhaus-Besitzer, staunte ehrfürchtig – erst recht drinnen: Die Wände waren mit edlen Hölzern verkleidet, die Kerzenhalter aus Bronze. Ergriffen schlenderte er entlang an Gemälden von Renoir und Holzschnitten von Dürer. Er fühlte sich klein und unbedeutend.

Dieses Gefühl steigerte sich, als er an der Tafel Platz nahm: »(…) ich aber sterbe fast, weil ich keine Ahnung habe, was ich mit diesen Leuten reden soll.« Die Frau eines hochrangigen Politikers, die neben ihm saß, »hätte gar nicht liebenswürdiger sein können. Sie spürte, wie unwohl ich mich fühlte.«

Doch es kam noch dicker: Die Gastgeberin stand auf und brachte einen Toast auf *ihn* aus, den Ehrengast – voller Geist und Witz. Danach brannten alle Blicke auf ihm: Er sollte mit einem Toast antworten. Aber er konnte nicht! Es fühlte sich an, als wäre er auf seinem Stuhl festgeleimt. Und seine Lippen schienen ihm so trocken, dass sich jedes Wort sofort zu Staub aufgelöst hätte.

»Ich habe die Sache total verpatzt«, gibt er zu. »Ich fühlte mich so unwohl, dass ich meinte, mich übergeben zu müssen. Ich konnte einfach nicht vor versammelter Mannschaft aufstehen und sprechen. Ich war nicht darauf vorbereitet.« Und so fuhr er zerknirscht nach Hause, fest überzeugt, man habe ihn als verschüchterten Hinterwäldler wahrgenommen.

Die gute Nachricht: In späteren Jahren glänzte derselbe Mann als Redner. Freiwillig trat er vor Studenten auf, begeisterte Investoren und erlangte Kultstatus bei Fernsehauftritten. Seine Aphorismen werden rund um den Globus zitiert, zum Beispiel: »Man braucht 20 Jahre, um sich einen Ruf zu erarbeiten, und es braucht nur 5 Minuten, um ihn zu ruinieren.« Oder: »Die Ketten der Gewohnheit sind zu leicht, um sie wahrzunehmen, bis sie zu schwer sind, um sie zu zerbrechen.«

Wie er sich zum Reden überwand? Der introvertierte Unternehmer bereitete jeden seiner Auftritte akribisch vor – was ihm damals, im Haus der bekannten US-Verlegerin Katharine Graham, nicht möglich gewesen war. Ehe er auf eine Bühne trat, legte er sich nun treffende Formulierungen zurecht und studierte die Rede perfekt ein. Das gab ihm Sicherheit. Gleichzeitig nutzte er sein Talent für treffende Formulierungen und messerscharfe Analysen, um legendäre Aktionärsbriefe zu schreiben. Er glänzte mündlich und schriftlich.

Vor allem aber glänzte der zurückhaltende Mann als Investor: Er kaufte seine Aktien, wenn die anderen ängstlich waren, und verkaufte sie, wenn sie gierig wurden. Nie ließ er sich von der Masse anstecken oder von Schwätzern verunsichern. Diese Philosophie machte ihn zum (zeitweise) reichsten Mann der Welt: Warren Buffett.

# 9 Elefanten-Alarm:

## Wie Sie mit Dickhäutern umgehen

In diesem Kapitel erfahren Sie ...

- ▶ warum sensible Mensch oft mehr für andere tun als für sich selbst,

- ▶ wie Sie Ihre Wünsche wieder spüren und sich perfekt abgrenzen,

- ▶ warum diese Welt mehr Sensible braucht

- ▶ und welche zehn Elefanten-Bremsen Ihnen den Umgang mit Schwätzern erleichtern.

## Warum tue ich, was ich gar nicht will?

»Ich verstehe nicht, wie ich mich da reingeritten habe«, schimpfte der Fotograf Harry Scheibner (48). Ein paar Tage zuvor hatte ihn ein junges Nachbar-Paar mit großem Hallo angesprochen. Der Mann hatte gesagt: »Wir feiern in drei Monaten Hochzeit in Südfrankreich. Und du sollst unbedingt dabei sein.« Die Frau lächelte und fügte hinzu: »Du bist doch ein fantastischer Fotograf. Vielleicht schießt du ein paar Bilder von unserer Hochzeit. Das wäre ein toller Nachbarschaftsdienst.«

Beim Antworten beging Harry Scheibner drei Fehler: Erstens sagte er zu, obwohl er das Paar nur flüchtig kannte, nicht gerne reiste und Partys eigentlich mied. Zweitens ließ er sich darauf ein, seine professionelle Arbeit als »Nachbarschaftsdienst« zu sehen, und verschenkte seinen Tagessatz von 750 Euro. Und drittens versäumte er, seine Reisespesen anzusprechen, die ihm als Fotograf sonst zustanden.

Zunächst hatte sich die Zusage stimmig angefühlt; er wollte das junge Paar nicht enttäuschen. Doch in der folgenden Nacht wälzte er sich im Bett: Warum hatte er zugesagt, obwohl er eigentlich nicht wollte?

Harry Scheibner war hochsensibel. Seine Seelentür stand offen, das war sein Glück: Die heimlichen Wünsche seiner Kunden spazierten hinein, er schoss Porträts, die seine Auftraggeber beglückten. Sein Gespür machte ihn zum Medium und zum Künstler – seine besten Bilder waren schon mehrfach ausgestellt worden.

Seine Seelentür stand offen, das war auch sein Unglück: Denn nicht nur Kundenwünsche, sondern die Anforderungen sämtlicher Mitmenschen strömten ungefiltert hinein:

▶ Wenn jemand etwas erzählte, lachte er an Stellen, an denen sein Gesprächspartner ihn lachen hören wollte – auch wenn ihm nicht zum Lachen war.

▶ Wenn jemand wollte, dass er sich Zeit nahm, nahm er sich Zeit – auch wenn er keine hatte.

▶ Und Einladungen zu Partys nahm er an, um die Gastgeber nicht zu enttäuschen – obwohl er der größte Partymuffel des Universums war.

Etliche Schwätzer spannten ihn für ihre Zwecke ein. Regelmäßig fotografierte er zum Beispiel für einen Lions Club, dessen Vorsitzender ihn nicht mit Geld, sondern mit jovialen Sprüchen bezahlte.

Wie kam es, dass er es anderen recht, aber sich selbst schlecht machte? Ich bat ihn, die Geschichte seiner Kindheit zu erzählen – und hörte Folgendes (hier verkürzt):

*»Ich wurde auf einem Bauernhof groß, mit den Eltern und zwei Brüdern. Ich spürte Dinge, die anderen entgingen. So wusste ich immer, in welcher Laune unser Vater war – an der Art, wie er schaute; am Ton, in dem er sprach. War er gereizt, ging ich ihm aus dem Weg. Meine Brüder haben das nie bemerkt. Sie kassierten Ohrfeigen, weil sie im falschen Moment frech waren.*

*Wenn ein Bruder geschlagen wurde, weinte ich mit. Auch an Schlachttagen – auf einem Hof ganz normal – kauerte ich auf dem Heuboden und hielt mir die Ohren zu. Niemand wusste das; ich wollte die anderen nicht belasten. Am nächsten Tag gab es Schlachtplatte. Ich hörte das Fleisch aus den Töpfen und Pfannen noch quieken, wimmern und schreien. Jeder einzelne Bissen lag mir quer im Hals.*

*Und doch habe ich mitgegessen. Meine Eltern erwarteten das. Später, nach meinem Auszug, wurde ich Vegetarier. Meine Eltern haben das nie erfahren. Wenn ich sie besuchte, aß ich Fleisch. Einen Vegetarier als Sohn wollte ich ihnen nicht zumuten.*

*Schon als Kind suchte ich Ruhe. Ich krabbelte so oft wie möglich auf den Heuboden, wo es ganz dunkel war, und verbrachte Tage mit mir allein. Mein Kopf war wie ein Fotoalbum, ich konnte Bilder abrufen: schöne Erinnerungen, schreckliche Erinnerungen, alles ganz konkret.*

*Eines Tages sagte ich beim Essen: »Die Müllers lassen sich bald scheiden.« Mein Vater hätte mir fast eine geklebt, unsere Nachbarn galten als Musterehepaar. Aber zuletzt sprachen sie so merkwürdig miteinander, ich spürte: Sie hassten sich! Sah das denn nicht jeder? Ein Vierteljahr später trennten sie sich.*

*In der Pubertät sind meine Brüder in die Dorfdisco gegangen. Für mich wäre das Horror gewesen: dieser brüllende Lärm, dieses zuckende Licht, diese Horden von Menschen. Ich konnte Lärm und Menschenmassen nicht ertragen. Das erschöpfte mich. Deshalb mied ich Trubel.*

*Nur zum Eierverkaufen fuhr ich mit meinem Vater auf den Wochenmarkt. Ich war sein liebster Begleiter, er hatte ja keine Ahnung, dass ich den Markt hasste; das überspielte ich. Danach brauchte ich mehrere Tage, um mich zu erholen. Alleinsein war für mich wie eine Dusche: Es wusch mir den Lärm ab, ich kam wieder mit mir ins Reine.*

*In der Schule meldete ich mich kaum. Wenn ein Lehrer mich aufrief, brachte ich vor Aufregung nichts Gescheites raus. Nur ganz*

*selten hob ich doch den Arm und verblüffte alle: Keiner hätte mir*
*zugetraut, dass ich etwas Geistreiches sage. Mein Schweigen wurde*
*offenbar als Zeichen für Dummheit gewertet.*

*Ich war ein braver Schüler. Ich führte meine Hefte, wie die Leh-*
*rer es erwarteten, in Schönschrift und mit breitem Rand. Ich tat so,*
*als würde ich mich auf den Sportunterricht freuen, auf Fußball oder*
*Volleyball, um kein Spielverderber zu sein. Dabei widerten mich*
*Spiele an, bei denen es Verlierer gab.*

*Vor Klassenarbeiten wusste ich genau, was drankam. Die Leh-*
*rer betonten diesen Stoff im Unterricht so auffällig-unauffällig, dass*
*es für mich nicht zu überhören war. Aber den meisten entging es.*
*Manchmal schrieb ich mit Absicht schlechte Noten, um meine Brü-*
*der nicht bloßzustellen; sie waren schlecht in der Schule.*

*Aus der Haut fuhr ich, wenn andere Kinder gehänselt wurden.*
*Dann ging ich dazwischen, auch wenn ich Prügel riskierte. Ich war*
*immer für Gerechtigkeit und auf der Seite der Schwachen.«*

In seiner Erzählung fielen mir mehrere Eigenarten auf, die typisch für einen hochsensiblen Menschen sind:

▶ Harry Scheibner erriet die Gefühle anderer Menschen: Schon
als Junge kannte er die Launen seines Vaters und sah die Schei-
dung der Nachbarn kommen.
▶ Das Wohlergehen anderer war ihm wichtiger als sein eigenes:
Er verheimlichte seine Abneigung gegen das Schlachten, das
Essen von Fleisch, den Besuch des Marktes. Er tat so, als liebte
er den Sportunterricht, nur um kein »Spielverderber« zu sein.
▶ Er stellte seinen eigenen Vorteil zurück, um andere aufzuwer-
ten: So schrieb er absichtlich schlechte Noten, nur damit seine
Brüder besser dastanden.

- ▶ Er hörte zwischen den Zeilen. Ihm fiel auf, welchen Stoff die Lehrer im Unterricht besonders betonten – und schließlich in den Klassenarbeiten brachten.
- ▶ Er legte größten Wert auf Gerechtigkeit und litt mit allen Schwachen: den gehänselten Schülern, den geohrfeigten Brüdern, dem Schlachtvieh.
- ▶ Wettbewerber und Gewinner-Verlierer-Denken stießen ihn ab; darum seine Abneigung gegen den Sportunterricht.
- ▶ Lärm oder Menschenmengen führten zu Reizüberflutung und setzen ihm zu; deshalb mied er die Diskothek und schwieg oft im Unterricht.
- ▶ Er brauchte Stille und Rückzug, um sich zu erholen – und fand sie auf dem dunklen Heuboden.
- ▶ Sein Gedächtnis war in der Lage, Bilder der Vergangenheit exakt abzurufen.

Die spannende Frage war: Wie könnte er seine Hochsensibilität nutzen, um ausnahmsweise nicht anderen Menschen gerecht zu werden – sondern sich selbst?

## LEISE & WEISE

»Zu den Steinen / hat einer gesagt: / Seid menschlich. / Die Steine haben gesagt: / Wir sind noch nicht / hart genug.«
*Erich Fried, österreichischer Dichter*

# Im Hagel der Erwartungen

Harry Scheibner färbte sich so, wie seine Umwelt es gerade erwartete. Als Kind hatte er dieses Chamäleon-Verhalten gelernt und als Erwachsener beibehalten. Deshalb spielte er bei seinen Eltern noch immer den Fleischesser, deshalb sagte er reflexhaft »Ja«.

»Sie haben ein feines Gespür für andere Menschen«, sagte ich zu ihm. »Aber spüren Sie auch, was Ihnen selbst guttut?«

Er überlegte kurz. »Mir ist schon klar, dass ich die Hochzeitseinladung nicht hätte annehmen sollen. Und auch der Auftrag des Lions Clubs fühlt sich unstimmig an.«

»Aber warum sagen Sie dann zu?«

»Mein schlechtes Gefühl stellt sich erst verspätet ein. Dann sitze ich schon in der Falle. Ich begreife das nicht!«

Zur Erklärung bot ich ihm eine Metapher an: »Stellen Sie sich die Sinneseindrücke als Hagelkörner vor, die auf Ihren Kopf prasseln. In einem solchen Moment merken Sie nicht mehr, was Ihr Bauchgefühl flüstert; dann ist der Außenreiz so stark, dass er die Innenreize überlagert. Das geht allen hochsensiblen Menschen so.«

Harry Scheibner wollte »ein guter Junge« sein, auch noch mit 48. Als das Paar gefragt hatte, ob er bei der Hochzeit fotografiere, fragte er sich: Was erwarten die beiden von mir? Wie kann ich es ihnen recht machen? Er dachte die Gedanken der anderen. Dieser Erwartungshagel hatte ihn abgelenkt von seinem Empfinden. Sein Bauchgefühl wisperte: »Die wollen dich nur ausnutzen!« Seine Reiseangst flüsterte: »Mach dir bloß nicht diesen Stress!« Und sein innerer Finanzminister knurrte: »Wovon willst du eigentlich

leben, wenn du deine Dienstleistung als Fotograf verschenkst?«
All das überhörte er.

Weil er hochsensibel nach außen war, konnte er nicht gleichzeitig hochsensibel nach innen sein. Seine Außenwahrnehmung
lief auf Hochtouren, seine Innenwahrnehmung stockte. Er musste sich entscheiden, wem er es recht machen wollte. Und er machte es immer wieder den anderen recht.

Seine Gesundheit litt darunter: Häufig überfiel ihn Migräne,
sein Nacken war verspannt, depressive Verstimmungen suchten
ihn heim. Er musste wieder Kontakt zu seinem Inneren aufnehmen, seinen wahren Bedürfnissen.

Ich schlug ihm vor, Kameramann seiner selbst zu werden.
Wenn jemand etwas von ihm wollte, sollte er aus zwei Perspektiven schauen: durch die Außenkamera, wie ihn die anderen sahen und was sie empfanden – und durch die Innenkamera, wie
er sich selbst sah und was er empfand. Folgende Fragen sollten
ihm als Richtschnur dienen:

*Blick durch die Außenkamera*
1. Wie nehmen mich die anderen wahr?
2. Was erwarten sie von mir?
3. Was erfordert die Situation?
4. Was erfordert der Anstand?
5. Was erfordert die Höflichkeit?
6. Was müsste ich tun, um den anderen eine Freude zu bereiten?
7. Was müsste ich tun, um sie vor den Kopf zu stoßen?
8. Welche Wünsche kann ich ihnen erfüllen?
9. Welche Probleme für sie lösen?
10. Was müsste ich tun, damit sie von mir schwärmen?

11. Was müsste ich tun, damit sie über mich lästern?
12. Wie sollen sie mich in Erinnerung behalten?
13. Welchen Satz dürfen sie keinesfalls über mich denken?

*Blick durch die Innenkamera*
1. Wie nehme ich mich wahr?
2. Was erwarte ich von mir?
3. Was erfordert mein Gefühl?
4. Was erfordert mein Verstand?
5. Was erfordert meine Gesundheit?
6. Was müsste ich tun, um mir eine Freude zu bereiten?
7. Was müsste ich tun, um mich vor den Kopf zu stoßen?
8. Welche Wünsche kann ich mir erfüllen?
9. Welche Probleme für mich lösen?
10. Was müsste ich tun, damit ich von mir schwärme?
11. Was müsste ich tun, damit ich über mich lästere?
12. Wie will ich mich in Erinnerung behalten?
13. Welchen Satz will ich keinesfalls über mich denken?

Wie ein Egoist sich schwertut, die Interessen anderer zu sehen, so tat er sich schwer, seine eigenen Interessen zu sehen. Jedes Mal musste er sich zwingen, die Kamera von Empathie auf Selbstwahrnehmung umzuschalten. Anfangs fühlte er sich, als täte er etwas ungeheuer Egoistisches – dabei war es die natürlichste Sache der Welt.

In etlichen Gesprächen scheiterte der Plan: Er nahm sich nur durch die Außenkamera wahr. Später ging er dann die zweiten 13 Fragen durch. Dabei fiel ihm oft auf, dass er sich unstimmig entschieden hatte. Diese Erkenntnis motivierte ihn, während neuer Gespräche öfter die Innenkamera einzuschalten.

Je öfter er auf seine Gefühle und Bedürfnisse hörte, desto mehr gelang es ihm, seine Identität abzustecken. Wie ein Staat auf der Landkarte nur durch seine Grenzen sichtbar wird – sonst wäre er Teil der Nachbarstaaten –, so wird auch ein Individuum erst durch seine Grenzen sichtbar; sonst wäre es Teil oder Werkzeug anderer.

Mühsam lernte Harry Scheibner, seine Empfindungen als Mandat zu betrachten: Wenn ihm sein Bauch meldete, dass er den Wunsch eines anderen ablehnte, fühlte er sich berechtigt, dieses Nein nach außen zu vertreten. Immer öfter lehnte er es ab, für entfernte Bekannte gratis zu fotografieren. Oder bei Erzählungen zu lachen, die er nicht lustig fand. Oder auf Partys zu tanzen, an denen er nicht teilnehmen wollte.

Nach sechs Wochen harten Trainings hatte er viel dazugelernt, und ich fragte: »Die Hochzeit Ihrer Nachbarn rückt näher – was wollen Sie tun?«

»Ich horche mal in mich rein«, sagte er und schloss die Augen. »Ich spüre Unbehagen. Meine Zusage fühlt sich falsch an. Ich würde mir eine Freude machen, wenn ich jetzt noch absage. Und ich mache mir diese Freude!«

»Aber was wird das junge Paar von Ihnen denken?«, stellte ich ihn auf die Probe.

Sein Gesicht wurde finster. »Mein Gott, die werden denken …« Doch mitten im Satz schüttelte er den Kopf und korrigierte sich: »Nein, *ich* werde denken, dass es eine gute Entscheidung war. Denn ich will mir selbst ein gutes Leben bereiten, nicht nur anderen.«

Er zwinkerte mir zu; er hatte seine Lektion gelernt.

## LEISE & WEISE

»Es ist eine alte Regel: Ein Unverschämter kann
bescheiden aussehen, wenn er will, aber kein
Bescheidener unverschämt.«
*Georg Christoph Lichtenberg, deutscher
Mathematiker und Aphoristiker*

# Die Kellner-Falle

Könnten Sie Madonna erschüttern mit dem Satz: »Du bist erfolglos!«? Bill Gates mit: »Du bist arm!«? Papst Franziskus mit:
»Du bist unbarmherzig!«? Egal, wie sensibel die Genannten sind:
Diese Angriffe verpuffen. Und warum? Madonna weiß: Ich bin
erfolgreich. Gates weiß: Ich bin reich. Franziskus weiß: Ich bin
barmherzig.

Eine Attacke lässt uns kalt, solange wir sie für unberechtigt
halten. Der Vorwurf ist nur die brennende Lunte, der Sprengstoff steckt in uns selbst. Sobald Sie eine Anschuldigung heimlich
teilen, knallt es. Wer sich für schüchtern hält und dafür schämt,
reagiert alarmiert, wenn ein anderer auf seine (vermeintliche)
Schwachstelle zielt.

Prüfen Sie einmal, welche Äußerungen (von Schwätzern) Sie
in den letzten Jahren am meisten verletzt haben. Notieren Sie
bitte drei Beispiele.

**Diese Äußerungen haben mich verletzt:**

1. _____

2. _____

3. _____

Und dann fragen Sie sich: Warum war ich davon so getroffen? Könnte es sein, dass der Vorwurf von außen zugleich ein heimlicher Selbstvorwurf war?

**Erkannte Selbstvorwürfe in den Äußerungen:**

1. _____

2. _____

3. _____

Wie schaffen Sie es, mit dünner Haut unter Elefanten zu bestehen? Lieben Sie sich *mit* dieser dünnen Haut! Eine solche Selbstakzeptanz wirkt wie ein Bad in Drachenblut. Die Speere der Schwätzer verlieren ihre Bedrohlichkeit.

Selbstakzeptanz fällt schwer: Als Kleinkind haben Sie pausenlos gespürt, dass Sie unzulänglich sind – nicht so perfekt wie die Erwachsenen. Die Eltern wollten Sie stubenrein, aber Sie? Haben in die Hose gemacht! Die Eltern wollten Sie still, aber Sie? Haben wie am Spieß geschrien! Die Eltern wollten, dass Sie Ihren Brei aufessen, aber Sie? Haben ihn ausgespuckt![107] Jedes

Kind durchläuft eine solche Sozialisation, auch ohne Verschulden der Eltern.[108]

Bei allem, was Sie taten, haben Sie gespürt: Ich bin unzulänglich – nicht so perfekt wie die Erwachsenen. Die Gesichter Ihrer Eltern haben sich verfinstert, wenn Sie wieder einmal eine Erwartung verfehlten. Strenge Stimmen redeten auf Sie ein. Gut möglich, dass Ihre Eltern diese Wirkung gar nicht bemerkt haben und Sie selbst sich heute nicht mehr so daran erinnern – dennoch nimmt es Einfluss.

Und je sensibler Sie waren, desto mehr wuchs dann in Ihnen der Wunsch: Ich will es meinen Eltern recht machen! Damit Papa wieder lächelt und Mama mir übers Haar streichelt. Sie aßen den Teller leer, obwohl Sie keinen Hunger hatten. Sie setzten ein Lächeln auf, obwohl Ihnen zum Heulen war. Sie hielten still, obwohl Sie toben wollten.

Statt zu tun, wonach Ihnen war, taten Sie, was andere erwarteten. Und fürs Leben blieb hängen: Wenn ich tue, was ich will, handle ich schlecht. Die anderen akzeptieren mich nur, wenn ich ihnen gebe, was sie von mir erwarten.

Diese Haltung macht viele zurückhaltende Menschen zu Kellnern im Lokal des Lebens: Sie erfüllen anderen jeden Wunsch, wie einst den Eltern. Sie versuchen, die Gedanken ihrer Mitmenschen zu erraten. Dann servieren sie, was den anderen mutmaßlich beglückt. Aber wo bleiben ihre eigenen Bedürfnisse?

Vorauseilender Gehorsam kann zu gravierenden Fehlentscheidungen führen:

▶ Der sensible Einkäufer bietet seinem Chef an, die nächsten Wochenenddienste zu übernehmen – obwohl er mit seiner Kraft selbst am Ende ist.

▸ Die Ehefrau bietet ihrem Mann an, dessen geliebte Mutter
  zu Hause zu pflegen – obwohl sie die Mutter nicht ausste-
  hen kann.

▸ Die Tochter entscheidet sich für ein BWL-Studium, weil sie
  spürt, ihren Eltern damit eine Freude zu machen – in Wirklichkeit aber interessiert sie sich für Kunst.

▸ Die Managerin stimmt einer Fusion zu, weil sie ahnt, dass
  die Aktionäre es so wollen – dabei rät ihr die eigene Intuition
  dringend davon ab.

▸ Der junge Mann schlägt seiner Freundin eine gemeinsame
  Wohnung vor, weil er diesen Wunsch bei ihr ahnt – er selbst
  braucht aber noch sein eigenes Revier.

Was passiert, wenn die Ehefrau die Schwiegermutter über Jahre pflegt? Sie sperrt ihre eigenen Gefühle im Keller ein, um einen Wunsch zu erfüllen, den ihr Mann so nicht geäußert hat.
Und wenn sie es nicht mehr aushält? Dann kann sie nach Jahren
schlecht sagen: »Ich habe deine Mutter noch nie leiden können,
jetzt ist Schluss!« Weil sie die Weichen einmal falsch gestellt hat,
entgleist ihr Leben dauerhaft.

Und auch der Einkäufer stellt sich eine Falle: Wie wird sein
Chef es deuten, dass er sich freiwillig für die Wochenenddienste
meldet? Er wird als Spezialist für Überstunden und Sonder-
missionen gelten. Schon hat der Einkäufer ein Bild von sich ge-
zeichnet, das den Wünschen seines Chefs entspricht – aber völlig
gegen seine eigene Natur läuft.

Und die BWL-Studentin wird ihr Studium vielleicht ab-
schließen, nur weil sie es angefangen hat. Und dann wird sie
einen Job nur deshalb übernehmen, weil ihr Studium sie dafür
qualifiziert. Das ganze Leben gerät zur Irrfahrt, weil sie ihre Be-

rufsentscheidung mit dem Kopf ihrer Eltern gedacht hat. Die Eltern meinen, eine glückliche Tochter zu haben, bis sie ihnen irgendwann an den Kopf wirft: »Ihr habt mein Leben verpfuscht!«

Wer gegen seine Natur handelt, entfacht in sich selbst einen emotionalen Schwelbrand. Eines Tages kann ein offenes Feuer der Wut ausbrechen, das gegen denjenigen züngelt, dessen Wünsche erfüllt worden sind. Dann sind gleich zwei Menschen unglücklich.

Das ist ja der Hohn, wenn Sie Ihr Leben nach dem Kellner-Prinzip führen: Diejenigen, denen Sie es recht machen wollen, werden betrogen – Sie spielen Übereinkunft vor, wo keine ist. Weil Sie fürchten, mit einem »Nein« die Liebe der anderen zu verwirken.

Zum Beispiel denkt die Ehefrau: »Wenn ich die Mutter meines Mannes nicht pflege, hält er mich für kaltherzig.« Aber angenommen, sie würde sich selbst akzeptieren und als warmherzig sehen: Dann könnte sie ablehnen, ohne um ihr Ansehen oder ihre Beziehung zu fürchten – so wie Madonna locker den Vorwurf zurückweisen kann, sie sei erfolglos.

Können Sie Selbstakzeptanz lernen? Ja, lenken Sie den Blick von den Minus- auf die Pluszeichen. Ziehen Sie sich zum Beispiel einmal pro Woche für 60 Minuten zurück und konzentrieren Sie sich auf Ihre eigenen Qualitäten: Ihre Stärken, Ihre Talente, Ihre guten Taten der Woche, alles, was Sie aus sich und Ihrem Leben gemacht haben. Was finden Sie gut an sich? Was gelingt in Ihrem Leben?

Das wichtigste Lob kommt nicht aus fremdem Munde, sondern aus Ihrem eigenen! Wenn Sie liebevoll und positiv über sich denken, macht Sie das selbstbewusst und bildet ein Gegengewicht zu den kritischen Stimmen aus der Kindheit in Ihrem Kopf.

Allen Respekt, den Sie von anderen erwarten, müssen Sie sich erst einmal selbst entgegenbringen.

### LEISE & WEISE

»Wenn du damit beginnst, dich denen aufzuopfern, die du liebst, wirst du damit enden, die zu hassen, denen du dich aufgeopfert hast.«
*George Bernard Shaw, irisch-britischer Dramatiker*

## Schließen Sie die Seelen-Tür!

Sehen Sie dort, wo andere nur einen Fluss erblicken, schon das Meer glitzern? Dieses komplexe Denken ist eine Qualität, aber auch riskant: Viele Zurückhaltende sind abwesend, während sie wichtige Gespräche führen. Ihre Gedanken verreisen in die Zukunft: Wie wirkt es sich aus, wenn ich dieses tue oder jenes lasse? Was passiert dann mit der Beziehung zu meinem Gegenüber? Wie wird sich mein Ruf in den nächsten Stunden, Tagen, Jahren entwickeln?

Wenn Sie dieses Spiel raffiniert betreiben, können Sie sich einreden, dass ein Nein zu Ihrem Chef auf lange Frist zu Ihrem Rauswurf führt; dass Ihr Partner in drei oder vier Jahren fremdgeht, nur weil Sie jetzt Ihren Kopfschmerz wichtiger nehmen als seinen Wunsch nach Sex; und dass Ihre Freunde schon heute Abend beschließen werden, in einigen Jahren Ihre Feinde zu sein, nur weil Sie gerade eine Einladung zum Grillen abgelehnt und eine stille Stunde vorgezogen haben.

Wenn Sie in der (negativen) Zukunft wohnen, sind Sie obdachlos im Augenblick. Dann fehlt Ihnen die Türe, die Sie schließen können, um fremde Erwartungen abzuwehren und eigene Bedürfnisse durchzusetzen.

Aber das Spiel funktioniert auch in die umgekehrte Zeitrichtung: Während Ihr Chef Ihnen nahelegt, die unangenehmste Dienstreise des Jahrhunderts anzutreten, bitte schön schon heute Abend, fällt Ihnen ein: Ich habe in den vergangenen drei Jahren schon zweimal eine Dienstreise abgesagt! Können Sie es sich wirklich erlauben, erneut Nein zu sagen? Ganz sicher wäre das Fass dann voll und Ihr Arbeitsplatz weg … Natürlich übersehen Sie dabei all die Reisen, die Sie tatsächlich angetreten haben.

Oder Ihnen fällt schlagartig ein, während Ihr Partner es nicht mehr beim Kuscheln belassen will: Schon vor zwei Monaten haben Sie ihn mit Hinweis auf Ihre Migräne ausgebremst. Ganz klar, dass er eine erneute Zurückweisung persönlich nehmen wird, als Zeichen für das Erkalten Ihrer Liebe. Natürlich übersehen Sie dabei all die zärtlichen Abende, die ohne Migräne verlaufen und über das Kuscheln hinausgegangen sind.

Manchmal schwingen alte Generalvorwürfe mit. Haben Ihre Eltern nicht schon immer behauptet, dass Sie ein Einzelgänger sind? Darin wollen Sie Ihre Freunde doch sicher nicht bestärken, indem Sie den Grillabend ablehnen! Hat nicht Ihr fieser Physiklehrer schon immer gesagt: »Du landest eines Tages auf der Straße.«? Diese Prophezeiung wollen Sie bestimmt nicht eintreten lassen, indem Sie einen Wusch Ihres Chefs zurückweisen!

Wenn Sie so überzeugt in einer negativen Vergangenheit wohnen, sind Sie erneut obdachlos im Augenblick. Wieder können Sie die Tür zu Ihrer Seele nicht schließen und werden überflutet von Erwartungen.

In einem Gespräch sind Sie nur ein guter Anwalt Ihrer selbst, wenn Sie tatsächlich *in* diesem Gespräch sind – statt in Ihrer Zukunft oder Ihrer Vergangenheit. Die Formulierung, jemand wirke »abwesend«, kommt nicht von ungefähr.

Die Kunst der Abgrenzung besteht aus der Kunst der Präsenz: Je konzentrierter Sie auf den Augenblick sind, auf Ihr Bauchgefühl, Ihre Bedürfnisse, Ihre Wünsche – desto stimmiger können Sie agieren, entscheiden und auftreten.

Fragen Sie sich in kritischen Gesprächen:

▶ Sind meine Gedanken ganz in der Gegenwart – oder reißen sie aus in die Vergangenheit oder die Zukunft?

▶ Spüre ich, wie es mir gerade geht – oder werden meine Gefühle von einem fernen Echo oder einem künftigen Grollen überlagert?

▶ Denke ich über Tatsachen nach – oder lasse ich (negativen) Fantasien den Vortritt?

▶ Bin ich ein guter Anwalt meiner selbst – oder nehmen mich andere Prozesse noch zu sehr in Anspruch?

Wann immer Ihnen auffällt, dass Sie »nicht anwesend« sind, sollten Sie einen Gegenwartsanker setzen. Manche Menschen kneifen sich in den Oberschenkel, während die Hand in der Hosentasche steckt. Andere treten unterm Tisch mit einem Fuß auf den anderen. Ein gegenwärtiges Gefühl hilft, Sie an die Gegenwart zu erinnern.

Konzentrieren Sie Ihre Aufmerksamkeit wie den Strahl eines

Lasers, statt sie wie das Licht einer Glühbirne zu zerstreuen. Ziehen Sie dabei auch inhaltliche Grenzen: Wofür sind Sie zuständig? Ist es Ihre Aufgabe, die Probleme einer Familie, einer Abteilung, ja der ganzen Menschheit zu lösen? Sind Sie dazu berufen, jeden, der Ihren Weg kreuzt, glücklich zu machen? Nein, Sie sind in erster Linie verantwortlich für sich selbst!

Errichten Sie ein stabiles Gedankenhaus in der Gegenwart. Erst wenn Sie anwesend und mit sich im Reinen sind, können Sie denen eine Stütze sein, die es wirklich verdient haben – und die abblitzen lassen, die Sie nur ausbeuten wollen.

### LEISE & WEISE

»Leben ist das, was passiert, während du beschäftigt bist, andere Pläne zu machen.«
*John Lennon, britischer Musiker*

## Wir brauchen mehr Sensible!

Wer unter der Grobheit seiner Mitmenschen leidet, bekommt Tipps zu hören, die wenig hilfreich sind:

► Nimm dir nicht alles so zu Herzen!
► Sei doch nicht so dünnhäutig!
► Härte dich ab!
► Leg dir ein dickeres Fell zu!
► Nimm nicht alles so persönlich!

Die eigentliche Botschaft schwingt nur mit: »Das Problem bist du selbst: Deine Haut ist zu dünn!« Käme ein brutaler Schläger vor Gericht durch, wenn er behauptete: »Meine Faust hat die Nase nur deshalb gebrochen, weil das Nasenbein zu weich war!«? Jeder Richter würde die Ausrede durchschauen.

Aber Worte hinterlassen keine sichtbaren Wunden. Die Beweislast liegt beim Angegriffenen. Und viele sensible Menschen fragen sich: Bin ich nicht tatsächlich zu empfindlich? Sehe ich Angriffe, wo keine sind? Reagiere ich über?

Diese Zweifel sind ein Echo der Zuschreibungen, die Feinfühlige ihr Leben lang hören. In seinem Stück »Andorra« zeigt Max Frisch, wie die Identität eines Menschen durch das Bildnis bestimmt wird, das sich andere von ihm machen: Andri, die Hauptfigur, wird von seinem unehelichen Vater als gerettetes Judenkind ausgegeben. Seine Mitmenschen sehen ihn als Juden und schreiben ihm Eigenschaften zu, die ihrem Juden-Klischee entsprechen. Und Andri, mit diesen Erwartungen beladen, entspricht ihnen von Tag zu Tag mehr. Bis er von Experten mit überzeugender Begründung als Jude enttarnt wird, obwohl er gar keiner ist. Er ist geworden, was die anderen in ihm sahen.[109]

Wer lang genug »dünnhäutig« genannt, als »Mimose« gebrandmarkt und dem Weichei-Verdacht ausgesetzt wird, traut diesen Etiketten oft mehr als seinem eigenen Empfinden. Dann scheint nicht mehr die Faust, die eine seelische Nase zertrümmert, für den Schaden verantwortlich – sondern die Nase selbst, durch ihre bloße Existenz.

Die Schwätzer greifen die Sensiblen auch deshalb an, um eine schreckliche Begegnung zu vermeiden: die mit sich selbst. Wer einen anderen als »zu dünnhäutig« bezeichnet, drückt sich um die Frage: Bin ich selbst zu grob? Wer einen anderen als

»Gutmensch« definiert, fragt nicht: Bin ich selbst ein schlechter Mensch? Und wer von einem anderen sagt, der halte nichts aus, fragt nicht: Was mute ich ihm alles zu?

Viele sensible Menschen ahnen, dass sie manipuliert werden – und das seit ihrer Kindheit. Dabei liegt es nahe, den Spieß umzudrehen. Warum rufen wir den Grobianen und Schwätzern eigentlich nicht zu:

▶ Deine Haut ist zu dick, leg dir ein dünneres Fell zu!
▶ Sei doch nicht so unempfindlich!
▶ Nimm doch nicht alles so unpersönlich!
▶ Lass mehr an dich heran!
▶ Du musst weicher werden!

Solche Empfehlungen wären nützlicher für eine Menschheit, die auf dem besten Weg ist, sich durch Gier und Egoismus auszulöschen. Wir leben in …

▶ einer Welt, in der täglich 57 000 Menschen verhungern, während ein Prozent der Weltbevölkerung mehr besitzt als 99 Prozent zusammen[110];
▶ einer Welt, in der Firmen wie Kriegsparteien in »Fusionsschlachten« ziehen und Tausende Mitarbeiter feuern, nur um den Gewinn zu maximieren;
▶ einer Welt, in der gierige Börsenspekulanten die Preise für Nahrungsmittel in die Höhe und damit viele Menschen in den Tod treiben[111];
▶ einer Welt, in der es kein Kompliment sein soll, wenn man »Träumer« oder »Gutmensch« genannt wird, sondern eine Schmähung;

▶ einer Welt, in der die gefährlichsten Terroristen nicht für Terror-Organisationen kämpfen, sondern als Chefs ihre Mitarbeiter in den Burnout treiben, als Kollegen ihre Büronachbarn in den Selbstmord mobben, als Nachbarn intrigieren und als Liebespartner durch Lug und Trug das Herz des anderen wie einen rostigen Eimer durchlöchern. Papst Franziskus sagt: »Wer lästert, der ist ein Terrorist. Er wirft Wortbomben.«[112]

Braucht eine solche Welt mehr grobe Klötze? Nein, mehr Feinfühlige: Menschen, die in die Herzen anderer schauen statt nur durch die Ego-Brille; Menschen, die nicht dem Geld, sondern ihren Idealen folgen; Menschen, deren eigenes Glück es ist, wenn sie (sich und) anderen Glück bereiten.

Ich bin stolz darauf, ein empfindsamer Mensch zu sein. Ich lasse mich nicht als »Sensibelchen« abstempeln, nur weil mir Dinge zu Herzen gehen, die an den Herzlosen abprallen. Und ich habe nicht vor, in eine Ritterrüstung zu schlüpfen, hart und unnahbar zu werden, nur weil Grobiane mit Lanzen nach mir stoßen.

Der Rest dieses Buches wird *nicht* davon handeln, wie Sie sich eine dickere Haut zulegen, sondern davon, wie Sie mit den (rhetorischen) Grobheiten von Schwätzern souveräner umgehen.

## LEISE & WEISE

»Sowie man etwas Gutes tun will, kann man sicher sein, Feinde zu finden.«
*Voltaire, französischer Philosoph*

# Die zehn Elefanten-Bremsen

Wollen Sie verhindern, dass Dickhäuter Sie verletzen? Dafür sorgen, dass Sie gehört werden, obwohl andere schwätzen und trompeten? Dann kommt es darauf an, dass Sie sich abgrenzen, Profil zeigen und Ihre Stärken nutzen.

Was stört sensible Menschen unter Dickhäutern am meisten? Es folgen die zehn häufigsten Herausforderungen – und Vorschläge, mit welchen Elefanten-Bremsen Sie sich souverän aus der Affäre ziehen.

## 1. Ich leide unter frostigem Klima.

Mit Ihren feinen Sensoren können Sie die emotionale Temperatur zwischen Menschen erspüren. Wo Frost herrscht, nehmen Sie Frost wahr, auch wenn warme Worte gewechselt werden. Sie bemerken schwelende Konflikte, hören falsche Töne und durchschauen Heuchelei. Wo gestichelt, gerangelt, gemobbt wird, fühlen Sie sich unwohl. Harmonie und Solidarität sind wichtige Werte für Sie.

*Hinderlicher Glaubenssatz:*

»Ich bin zu empfindlich.«

*Nützlicher Glaubenssatz:*

»Meine innere Frostwarnung funktioniert – und ich kann für Wärme sorgen.«

*Drei Elefanten-Bremsen:*

1. Seien Sie Ihr eigener Gärtner! Pflanzen Sie sich in Gruppen ein, in denen Sie wachsen können. So gibt es auch in »kalten« Firmen einzelne Vorgesetzte und Bereiche, wo die Menschen wertschätzend miteinander umgehen. Spüren Sie solche Oasen auf.

2. Nutzen Sie Ihr Feingefühl, um ein Klima vorherzusagen. Zum Beispiel merken Sie in Vorstellungsgesprächen rasch, ob Ihre Gesprächspartner ein Herz in der Brust haben oder nur Sprüche auf den Lippen. Machen Sie Zusagen auch vom Klima abhängig. Es ist für Ihre Zufriedenheit genauso wichtig wie der Inhalt Ihrer Arbeit.

3. Sprechen Sie schwelende Konflikte an, bringen Sie Streithähne an einen Tisch, nutzen Sie Ihr Talent zur Moderation. So können Sie selbst zu einem Klima beitragen, das Ihnen entgegenkommt. Aber hüten Sie sich davor, die ganze (Firmen-)Welt verbessern zu wollen – es reicht, wenn Sie in Ihrem unmittelbaren Umfeld ein paar Kriegsbeile begraben.

## 2. Ich werde von Schwätzern ausgenutzt.

Tun Sie anderen mehr Gefallen, als Ihnen das gefällt? Delegiert Ihnen die Kollegin immer wieder unangenehme Arbeiten auf den Tisch? Helfen Sie bei Umzügen von Menschen mit, die Sie kaum kennen? Laden andere Seelenschrott bei Ihnen ab, aber sind unbekannt verzogen, wenn Sie über Ihre Sorgen sprechen wollen? Schwätzer sind wie Vampire: Sie stürzen sich auf Menschen, die feinfühlig, sozial und gutmütig sind – und saugen sie aus.

*Hinderlicher Glaubenssatz:*

»Ich muss anderen Menschen helfen, sonst bin ich unsozial!«

*Nützlicher Glaubenssatz:*

»Es ist mein Recht, Hilfe abzulehnen, wenn mich jemand ausnutzen will.«

*Drei Elefanten-Bremsen:*

1. Seien Sie nett zu Menschen – aber fordern Sie auch Nettigkeit ein. Helfen Sie denen, die Ihnen auch helfen. Umsorgen Sie die, die sich auch um Sie sorgen. Aber lehnen Sie es ab, immer der emo-

tionale Zahlmeister zu sein. Brechen Sie solche Minus-Kontakte ab. Das spart Energie und verschafft Ihnen mehr Lebensfreude.

2. Fordern Sie von Schwätzern, die Sie ausnutzen wollen, einen fairen Ausgleich: »Du fragst mich jetzt das dritte Mal in diesem Quartal, ob ich einen Wochenenddienst für dich übernehme. Das tue ich gerne wieder – sobald du zuvor zweimal für mich eingesprungen bist wie ich für dich.« In der Gewissheit, Ihnen noch etwas zu schulden, wird der Schwätzer Sie nicht mehr so schnell ansprechen.

3. Machen Sie sich bewusst, dass Sie nicht ausgenutzt »werden« – sondern sich ausnutzen lassen. Es gehören immer zwei dazu! Diese Sichtweise entreißt Sie der Opferrolle und lässt Sie Ihre Macht erkennen: Kleben Sie auf jeden Gefallen, den Sie Schwätzern tun, ein dickes Preisschild – und rasch wird die Zahl der Anfragen abnehmen.

## 3. Ich werde von Leuten vollgelabert, denen ich nicht zuhören will.

Manchmal kommen Sie sich vor wie ein Therapeut: Die Tenniskollegin schmettert das Eheproblem in Ihr Spielfeld, Ihr Nachbar redet seine Gelenkschmerzen in Ihren Garten rüber, und im Büro jammern Ihnen alle die Ohren voll über den wachsenden Druck und den gemeinen Chef. Das erleichtert Ihre Gesprächspartner. Aber Sie? Schultern noch ein paar Probleme mehr, ohne dass Sie Ihre eigenen hätten abladen können.

*Hinderlicher Glaubenssatz:*

»Ich muss immer ein offenes Ohr haben.«

*Nützlicher Glaubenssatz:*

»Ich darf mich abwenden, wenn mir jemand Zeit stiehlt oder mich langweilt.«

*Drei Elefanten-Bremsen:*

1. Weigern Sie sich, die Verantwortung für fremde Probleme zu übernehmen. Verweisen Sie die Tenniskollegin an eine Eheberatung, den Nachbarn an einen Rheumatologen und die Kollegen direkt an den Chef. Erst wenn Sie deutlich machen, dass Sie nicht jedes Problempaket annehmen, nimmt die Zahl der Lieferungen ab.

2. Die Sprechlawine aus dem Mund eines Schwätzers lässt sich am leichtesten bremsen, ehe sie ins Rollen gekommen ist. Sagen Sie gleich zu Beginn, ebenso freundlich wie bestimmt: »Es passt jetzt nicht, ich muss etwas erledigen.« Dann wenden Sie sich ab und greifen zum Beispiel zum Telefon.

3. Wenn Sie schon im Gespräch sind, aber rauswollen: Brechen Sie den Blickkontakt ab, sagen Sie: »Mir fällt gerade was Wichtiges ein!«, und wenden Sie sich mit einer Entschuldigung zum Gehen – nur eindeutige Signale bremsen eindeutige Schwätzer.

## 4. Schwätzer profilieren sich auf meine Kosten.

Ist Ihnen bei der »Teamarbeit« aufgefallen, dass Sie die Arbeit hinterm Vorhang fast allein gemacht haben – während ein Schwätzer die Ergebnisse auf der Bühne als seine eigenen verkauft hat? Manche Menschen neigen dazu, Stillarbeiter vor ihren Karren zu spannen: ihr Wissen abzusaugen, ihre Leistung zu vereinnahmen und ihre Ideen zu übernehmen.

*Hinderlicher Glaubenssatz:*

»Ich komme nicht zu Wort, die anderen stehlen mir die Show!«

*Nützlicher Glaubenssatz:*

»Ich bestimme selbst, wie viel Munition die Schwätzer bekommen.«

*Drei Elefanten-Bremsen:*

1. Schließen Sie das Vakuum, in das der Schwätzer stoßen will. Legen Sie Ihre Leistungen offen: durch Mails, durch Strategiepapiere, durch direkten Austausch mit dem Chef. Wenn jeder weiß, was Sie leisten, wird der Schwätzer sich eine Profilierung auf Ihre Kosten verkneifen; er will ja nicht als Leistungsdieb dastehen.

2. Seien Sie sparsam mit Informationen, wenn Sie ein Schwätzer hinter den Kulissen nach Ihren Ideen zu einem Arbeitsthema fragt. Schon dass er fragt, statt wie sonst zu schwätzen, sollte Sie misstrauisch machen. Behalten Sie Ihre besten Ideen für sich. Geben Sie keine Entwürfe raus. Lassen Sie ihn abblitzen.

3. Wenn ein Schwätzer es doch wagt, eine Idee von Ihnen als seine eigene zu verkaufen: Gehen Sie dazwischen! Bedanken Sie sich, dass er *Ihre* Idee vorgestellt hat – und führen Sie jetzt weitere Gedanken dazu aus, deren Tiefe keinen Zweifel lässt, dass Sie der Urheber sind.

## 5. Ich werde von anderen unterschätzt.

Beim Fußball gibt es eine »Ballbesitz-Quote«: Je länger ein Team den Ball führt, desto überlegener ist es angeblich. Schwätzer legen Wert auf Wortbesitz. Je länger sie reden, desto wichtiger fühlen sie sich. Als zurückhaltender Mensch werden Sie zunächst unterschätzt: Zu wenig Wortbesitz! Aber Fußballspiele werden nicht durch Ballbesitz gewonnen, sondern durch Tore. Und bei der Arbeit geht es nicht um Wortbesitz, sondern um Ergebnisse. Das ist Ihr Pfund, werfen Sie es in die Waagschale.

*Hinderlicher Glaubenssatz:*

»Ich bin einfach zu bescheiden!«

*Nützlicher Glaubenssatz:*

»Ich bin in der Lage, meine Leistung ohne große Sprüche zu transportieren.«

*Drei Elefanten-Bremsen:*

1. Lassen Sie andere wissen, was Sie bewegen: Setzen Sie Ihren Chef bei wichtigen Mails auf den Verteiler. Sprechen Sie über Ihre Erfolge und schildern Sie Hindernisse, die Sie überwinden mussten. Und halten Sie Ihre Arbeits-Highlights in einer Leistungsmappe fest – auf dieser Basis gelingen Gehalts- und Beförderungs-Verhandlungen.

2. Nutzen Sie Einzelgespräche, um Ihre Stärken zu zeigen. Bereiten Sie sich gründlich vor, bringen Sie Ideen ein oder liefern Sie wertvolle Analysen. In dieser vertrauten Gesprächssituation ist Ihnen mehr Tiefgang möglich als in der großen Runde.

3. Suchen Sie Verbündete, die Ihre Leistung gegenüber anderen betonen. Wenn ein wichtiger Kunde Sie lobt, sagen Sie ruhig: »Das dürfte mein Chef auch mal hören.« Und leiten Sie anerkennende Mails weiter. Lob durch Dritte ist besonders wirksam, denn es scheint neutral. Nutzen Sie auch die Zirkel-Strategie (siehe Seite 197).

## 6. Ich gehe Konflikten zu oft aus dem Weg.

Eigentlich wäre ein Gespräch mit der leichtfertigen Freundin fällig, die Sie nun zum zweiten Mal in vier Wochen versetzt hat. Doch wem wäre mit einem Streit gedient? Sie machen gute Miene zum bösen Spiel. Aber in Ihrem Magen wächst Ärger. Oder ist es schon ein Magengeschwür? Gerade sensible Menschen lieben klare Verhältnisse. Unstimmigkeiten bringen sie aus dem Lot. Darum sollten Sie Konflikte als Chance sehen, Beziehungen zu bereinigen und Situationen zu klären.

*Hinderlicher Glaubenssatz:*

»Ich muss nett zu den anderen sein, denn beim Streiten verlieren beide!«

*Nützlicher Glaubenssatz:*

»Eine offene Aussprache ist gut: Sie gibt mir die Chance, klare Verhältnisse zu schaffen.«

*Drei Elefanten-Bremsen:*

1. Fragen Sie sich nicht, welche Vorteile es hat, dem Konflikt auszuweichen, sondern umgekehrt: Was passiert, wenn ich mich um eine Klärung drücke? Wenn Sie nicht protestieren, könnte Ihre Freundin schließen: »Es ist okay, wenn ich Verabredungen sausen lasse.« Und sie tut es noch öfter! Eine klare Aussprache setzt Grenzen.

2. Machen Sie sich bewusst, dass Sie niemanden angreifen wollen, sondern nur über *Ihre* Bedürfnisse und die Spielregeln des Umgangs sprechen. Das ist legitim und für Ihre Mitmenschen hilfreich: Nur wenn Sie sagen, was Ihnen wichtig ist, können die anderen sich darauf einstellen.

3. Schieben Sie Konflikte niemals auf! Wenn Sie das erste Grummeln bemerken, suchen Sie ein offenes Konfliktgespräch nach folgendem Muster:

a.) Schildern Sie neutral Ihre Beobachtung: »Diesen Monat habe ich zweimal bei unseren Verabredungen auf dich gewartet, und du bist nicht gekommen.«

b.) Sagen Sie, welche Gefühle bei Ihnen ausgelöst werden (ohne Anklage oder Angriff): »Das macht mich traurig und ärgerlich, denn ich bekomme das Gefühl, unsere Termine seien nicht wichtig.«

c.) Leiten Sie eine Erwartung ab, was der andere tun soll: »Deshalb erwarte ich von dir, dass du künftig zuverlässig da bist, wenn wir uns verabreden.«

d.) Benennen Sie Konsequenzen, einmal positiv, einmal negativ:
»Dann kann ich mich wieder auf Verabredungen mit dir freuen.«
(positiv) »Andernfalls hätte ich keine Lust mehr.« (negativ)

### 7. Ich sage Ja, wenn ich Nein sagen will.

»Tust du mir diesen Gefallen?«, fragt Sie jemand – und schon
flutscht Ihnen ein »Ja« über die Lippen. Dann spielen Sie unfreiwillig den Babysitter, besuchen Verwandte, die Sie gar nicht
besuchen wollten, oder steigen ins Hamsterrad der Überstunden. Sensible Menschen wollen ihren Mitmenschen kein Nein
zumuten. Dabei ist ein Nein keine schroffe Zurückweisung des
anderen, sondern ein Bekenntnis zu Ihnen selbst. Nur wer klar
Nein sagt, erntet Respekt – und wertet sein »Ja« auf, weil es keine
Selbstverständlichkeit mehr ist.

*Hinderlicher Glaubenssatz:*
»Ich darf nicht Nein sagen; das stößt andere vor den Kopf.«

*Nützlicher Glaubenssatz:*
»Ich darf ablehnen, was ich nicht mag – aus Selbstrespekt und
Aufrichtigkeit.«

*Drei Elefanten-Bremsen:*
1. Nehmen Sie sich Zeit! Sagen Sie, wenn jemand etwas von Ihnen will: »Ich komme gleich auf dich zurück.« Nun können Sie
sich innerlich sammeln für ein klares Nein. Klar heißt, dass Sie
eindeutig sein sollten: »Nein, das passt bei mir nicht.« Meiden Sie
sprachliche Weichmacher wie »Eigentlich wollte ich ja nicht …«,
denn sonst hört Ihr Gesprächspartner, dass Sie innerlich wan-
ken – und wird nachsetzen.

2. Entschuldigen Sie sich nicht für Ihr Nein! Sonst wird Ihr
schlechtes Gewissen offensichtlich, und der Schwätzer hakt dann
nach. Und sparen Sie sich lange Begründungen; jedes Argument

provoziert Gegenargumente. Wer sagt, er könne nicht, weil er die Kinder abholen müsse, hört sofort: »Kann das nicht jemand anders machen?« Dagegen bleibt eine unbestimmte Begründung (»Das passt jetzt nicht!«) unanfechtbar.

3. Nutzen Sie Sprache und Körpersprache, um den anderen abprallen zu lassen! Sprechen Sie tief, wenn Sie Nein sagen, verschränken Sie gerne die Arme und halten Sie den Blickkontakt. Das signalisiert, dass Sie entschlossen sind und gut abgegrenzt.[113]

Spezielle Tipps zum Nein-Sagen finden Sie in meinem Buch *Sei einzig, nicht artig! – So sagen Sie nie mehr Ja, wenn Sie Nein sagen wollen* (Mosaik, 2015).

## 8. Ich leide unter der Oberflächlichkeit der anderen.

Was tun Sie als Frau, wenn Ihre Kolleginnen nur über Themen sprechen, die Ihnen gleichgültig sind – etwa Moden aus Paris, Adlige aus Palästen oder kriselnde Promi-Ehen? Und was tun Sie als Mann, wenn Ihre Bekannten bei Reden auf höhere PS- als IQ-Zahlen kommen, wenn sich alles nur um Autos, kurze Röcke und neue Discos dreht? Viele zurückhaltenden Menschen surfen nicht gern an der Oberfläche, sondern ziehen Gespräche mit Sinn und Tiefgang vor.

*Hinderlicher Glaubenssatz:*
»Ich muss bei allen Themen mitreden können, schon aus Höflichkeit.«

*Nützlicher Glaubenssatz:*
»Ich kann selbst Themen setzen – und bestimme, wo ich mitrede und wo nicht.«

*Drei Elefanten-Bremsen:*
1. Verzichten Sie darauf, Interesse vorzuspielen, wo keines ist.

Halten Sie sich aus Gesprächen raus, wenn Sie ein Thema langweilt. Sagen Sie höflich: »Mit den Königshäusern kenne ich mich nicht aus.« Oder: »Ich fahre einen Gebrauchtwagen, die neuen Modelle sind nicht mein Ding.«

2. Stellen Sie Fragen, die ein Gespräch vertiefen. Wenn Ihnen jemand von der Scheidung eines Promis erzählt, »beide erfolgreiche Schauspieler«, könnten Sie zum Beispiel sagen: »Mich interessiert, wie sich beruflicher Erfolg auf eine Beziehung auswirkt. Ist es belebend, wenn beide erfolgreich sind? Oder braucht es einen, der im Hintergrund bleibt?« So bauen Sie eine Brücke vom Tratschen zum Denken.

3. Nutzen Sie die Reporter-Methode (siehe Seite 141), um spannende Gespräche auf hohem Niveau einzufädeln. Sogar manch ein Schwätzer, der Sie sonst nur langweilt, hat spannende Erlebnisse und relevante Informationen auf Lager – mit Ihren Fragen können Sie das Gespräch lenken.

## 9. Ich fürchte, gemobbt zu werden.

Wenn Schwätzer merken, dass ihre dummen Sprüche treffen, legen sie nach. Schnell wird ein zurückhaltender Mensch zur Zielscheibe ihres Spotts. Drei Delikte werden ihm angekreidet: Er ist aus der Art gefallen, also selbst kein Schwätzer; er weiß manches besser, also ist er ein Besserwisser; und die Tatsache, dass er nicht pausenlos redet, wird ihm als Arroganz ausgelegt. Dabei trifft es sich gut, dass zurückhaltende Menschen oft nicht dabeistehen, wenn gelästert wird in der Raucherecke oder in der Kneipe nach Feierabend. Schnell entwickeln sich aus dem Lästern und Spotten systematische Angriffe.

*Hinderlicher Glaubenssatz:*
»Ich werde gemobbt und kann mich nicht wehren.«

*Nützlicher Glaubenssatz:*

»Ich kann Mobber zur Rede stellen – sie sind Feiglinge und schätzen das nicht.«

*Drei Elefanten-Bremsen:*

1. Reagieren Sie schon bei ersten Angriffen, etwa wenn jemand über Sie spottet oder Gerüchte verbreitet. Knöpfen Sie sich den Schwätzer einzeln vor: »Du erzählst anderen, ich würde die Firma bald verlassen: Was bezweckst du mit diesem Gerücht?« Damit zeigen Sie sich wehrhaft. Mobber sind feige, sie werden ungern zur Rede gestellt.

2. Sprechen Sie andere Mitglieder der Gruppe an, die für Fairness sind. Bitten Sie diese Menschen, beim nächsten Angriff für Sie Partei zu ergreifen. Wenn dem Mobber aus mehreren Richtungen Gegenwind ins Gesicht bläst, verliert er die Lust am Mobben. Erst recht, wenn Sie die Führungskraft auf Ihrer Seite haben.

3. Beschäftigen Sie sich mit rhetorischen Abwehrtechniken (siehe ab Seite 313), um dem Schwätzer vor der Gruppe Kontra zu geben. Je souveräner Sie die Angriffe abprallen lassen, desto eher streckt er die Waffen.

## 10. Der Umgang mit Schwätzern erschöpft mich.

Vermutlich strengt es Sie an, für längere Zeit unter Menschen zu sein – erst recht, wenn sie Ihnen die Ohren vollreden. Privat können Sie Schwätzer meiden, aber nicht im Beruf. Ob im Großraumbüro oder beim Meeting, hinterm Verkaufstresen oder auf der Baustelle: Überall haben Sie es mit Schwätzern zu tun. Wie schaffen Sie es, solche Begegnungen auszuhalten, ohne mit leerem Tank liegen zu bleiben?

*Hinderlicher Glaubenssatz:*

»Ich habe nicht genug Energie für den Umgang mit Schwätzern.«

*Nützlicher Glaubenssatz:*

»Ich kenne meine Energiequellen und kann sie zum Ausgleich nutzen.«

*Drei Elefanten-Bremsen:*

1. Fahren Sie immer wieder Ihre Energie-Tankstellen an! Füllen Sie Ihren Tank vor der Begegnung mit Schwätzern, indem Sie spazieren, meditieren, bei sich sind. Nehmen Sie sich während der Begegnung kurze Auszeiten, ziehen Sie sich auf die Toilette oder vor die Tür zurück. Laden Sie den Akku nach, ehe er leer ist.

2. Sorgen Sie dafür, dass die Schwätzer nicht die Regie übernehmen. Zwingen Sie sich, selbst auch zu reden, denn so kommt mehr Substanz ins Gespräch. Und jede Minute, in der Sie selbst reden, ist eine Schweigeminute für den Schwätzer. Reden kann erholsamer als Zuhören sein!

3. Legen Sie Ihre Termine so, dass Sie niemals mehrere Meetings oder Begegnungen mit Schwätzern direkt nacheinander haben. Sorgen Sie für zeitlichen Abstand, für erholsame und stille Pausen, damit Sie innerlich wieder ins Gleichgewicht kommen.

---

## LEISE & WEISE

»Man muss sich durch die kleinen Gedanken, die einen ärgern, immer wieder hindurchfinden zu den großen Gedanken, die einen stärken.«
*Dietrich Bonhoeffer, deutscher Theologe*

# 10 Die Schwätzer-Bremse:

## Wie Sie Maulhelden entzaubern

In diesem Kapitel erfahren Sie …

- ▶ welches Denken Ihren Kopf von rhetorischer Erstarrung befreit,

- ▶ warum Eichhörnchen keine Pferde sind, mit denen wir auf Bäume hinaufreiten,

- ▶ wie Sie die besten Laber-Tricks der Schwätzer entlarven

- ▶ und wie Sie ihre fiesesten Angriffe pfiffig kontern.

# Rede nie mit Säbelzahntigern!

Was ist bloß los in dieser Projektgruppe? Sie sind Experte, aber keiner hört auf Sie. Ihre Einwände werden von einem Schwätzer wortreich kleingeredet. Er schmückt sich mit Wissen, über das er nicht verfügt, verweist auf Studien, die er nicht kennt, und schreibt sich Heldentaten zu, die er nie vollbracht hat. Dennoch hängt die Gruppe an seinen Lippen.

Kennen Sie das, von einem inkompetenten Übertreiber in den Schatten gestellt zu werden? Und gelingt es Ihnen, den Schwätzer zu entlarven und Ihre Position durchzusetzen?

Was ist bloß los in dieser Diskussion? Ihre Kollegin argumentiert nicht sachlich, sondern sagt zum Beispiel: »Wie lange machst du diesen Job jetzt schon? Mit etwas Erfahrung müsstest du doch wissen …«

Kennen Sie das, persönlich angegriffen zu werden? Und können Sie dabei gelassen und sachlich kontern? Oder sind Sie so überrumpelt, dass Ihnen die perfekte Antwort zwar einfällt – aber erst Stunden später?

Was ist bloß los in dieser Verhandlung? Gerade tragen Sie Ihr bestes Argument vor, da unterbricht Sie Ihr Verhandlungspartner: »Was Sie da reden, ist doch alles Theorie. Ich erzähle Ihnen jetzt mal was aus der Praxis.«

Kennen Sie das, dass Ihnen jemand das Wort entreißt, um selbst große Reden zu schwingen? Und gelingt es Ihnen, das Wort rasch zurückzuerobern? Oder kann es passieren, dass Sie wie gelähmt dasitzen – während Ihr Verhandlungspartner sich auf Ihre Kosten profiliert?

Wenn sie auf brisante Gespräche mit Schwätzern zurückblicken, sagen viele zurückhaltende Menschen Sätze wie:

- ▶ »Ich war völlig blockiert!«
- ▶ »Ich konnte keinen klaren Gedanken fassen!«
- ▶ »Ich stand auf dem Schlauch!«
- ▶ »Ich kam mir vor wie stumm!«
- ▶ »Ich wusste einfach nicht, wie ich auf eine solche Unverschämtheit reagieren soll.«
- ▶ »Er hat mich einfach nicht zu Wort kommen lassen.«

Ein Wortwechsel, bei dem Sie sich angegriffen fühlen, überflutet Ihr reizempfindliches Gehirn. Dann schaltet sich ein uraltes Programm der Evolution ein, der Kampf-Flucht-Modus. Wer von einem Raubtier attackiert wurde, durfte nicht lange nachdenken: Er musste die Beine in die Hand nehmen oder zum Schlag ausholen.

Eine rhetorische Attacke mobilisiert Ihren Körper. Ihr Herz beschleunigt, Ihr Blutdruck steigt, Ihr Atem geht schneller. Und Ihre Wahrnehmung ist auf die Gefahr verengt, auf den Angreifer mit der rhetorischen Keule. Mit demselben starren Blick, mit dem wir einst dem Säbelzahntiger ins Auge sahen, fixieren Sie den Diskussionsgegner.

Das ist eine gute Voraussetzung, um einen Fausthieb zu setzen – aber eine schlechte, um rhetorische Treffer zu laden. Denn die erfordern nicht Muskel-, sondern Geisteskraft. Aber Ihr Verstand ist jetzt wie ausgeschaltet.

Die US-Psychologen Robert Yerkes und John D. Dodson haben nachgewiesen: Menschen handeln und denken auf mittlerem Anspannungsniveau effektiv. Bei geringer Anspannung, etwa direkt nach dem Aufstehen, sind sie nachlässig. Bei höherer Anspannung, etwa im Streit, sind sie blockiert.[114] Rhetorische Angriffe erzeugen Stress, wenn Sie den Schlagabtausch nicht als Spiel sehen wie viele Schwätzer, sondern als Bedrohung.

Daraus folgt: Stress entsteht nicht durch Worte anderer, sondern durch Ihre Bewertung. Wie ordnen Sie die Bemerkung eines Schwätzers ein? Wollen Sie ihm den Gefallen tun, sich »angegriffen« oder »gekränkt« zu fühlen? Dann geht seine Rechnung auf: Sie blockieren oder handeln irrational.

Oder entscheiden Sie sich dafür, seine unqualifizierte Äußerung als willkommene Selbstentblößung zu betrachten? Dann stresst Sie seine Äußerung nicht, sondern ermutigt Sie, mit Verstand zu reagieren. Das ist die wichtigste Voraussetzung, um Schwätzern Paroli zu bieten.

Diese Tabelle lehnt sich an die Rational-Emotive Verhaltenstherapie (REVT) des US-Psychologen Albert Ellis, nach der neue Gedanken für neue Gefühle sorgen, und macht Ihnen an zwei Beispielen vor, wie Sie auf einen Angriff anders reagieren können, indem Sie zuvor Ihr Denken verändern:[115]

| Bemerkung des Schwätzers | Unsicherer Gedanke und empfindliche Reaktion | Selbstbewusster Gedanke und souveräne Reaktion |
|---|---|---|
| »Können Sie zur Abwechslung mal was Intelligentes sagen?« | *Gedanke:* »Frechheit, er hält mich für dumm! Das darf ich mir nicht gefallen lassen! Ich muss zurückschlagen.« *Reaktion:* Emotionen fluten Ihren Körper, wütend antworten Sie: »Was ich sage, ist nicht dümmer als Ihre Anmerkungen.« *Folge:* Der Schwätzer hat es geschafft, dass Sie Ihren Verstand ausgeschaltet und archaisch reagiert haben: mit Kampf. Genau auf diesem Niveau wollte er Sie haben, denn hier ist er Ihnen überlegen. Jetzt muss er Ihnen die Argumente, die ihm fehlen, nicht mehr liefern – sondern legt verbale Kinnhaken nach. | *Gedanke:* »Aha, meine Argumente treffen ins Schwarze! Offenbar weiß er auf der Sachebene keine Antwort mehr. Und jetzt will er anstelle der Diskussion eine verbale Prügelei. Nicht mit mir!« *Reaktion:* Sie bleiben völlig gelassen und antworten: »Offenbar definieren Sie ›Intelligenz‹ anders als ich. Lassen Sie uns deshalb bei der Sache bleiben: Was genau halten Sie meinen Argumenten entgegen?« *Folge:* Der Befreiungsschlag des Schwätzers ist missglückt. Es ist ihm nicht gelungen, Sie aufs Feld des Irrationalen zu treiben und seine inhaltliche Leere zu überspielen. |

| Bemerkung des Schwätzers | Unsicherer Gedanke und empfindliche Reaktion | Selbstbewusster Gedanke und souveräne Reaktion |
|---|---|---|
| »Seien Sie doch nicht so mimosenhaft! Wir sprechen hier von einer kleinen Einschränkung im Service, nicht von einem eiskalten Kundenmord!« | *Gedanke:* Verdammt, er hat bemerkt, wie dünnhäutig ich bin, und reibt es mir unter die Nase! Das kann ich so nicht stehen lassen, das muss ich widerlegen! *Reaktion:* »Man muss doch keine Mimose sein, um zu erkennen: Sie walzen hier die Wünsche der Kunden platt!« *Folge:* Der Schwätzer hat Sie zu einer emotionalen Reaktion veranlasst: Das ist nicht Ihr Ton, sondern seiner; nicht Ihr Niveau, sondern seines. Ein solches Auswärtsspiel können Sie nur verlieren. Ihr Heimspiel fände auf der Sachebene statt! | *Gedanke:* Wunderbar, jetzt schimmert sein schlechtes Gewissen durch! Er räumt »Einschränkungen« ein und streitet einen »Kundenmord« ab. Sicher ahnt er, dass ich feinfühlig genug bin, die ganze Tragweite zu durchschauen. *Reaktion:* »Ganz richtig: Ich versetze mich in die Kunden. Und ich möchte mit Ihnen besprechen, wie die Einschränkungen im Service ankommen.« *Folge:* Das Ablenkungsmanöver des Schwätzers ist missglückt, Sie haben ihn absichtlich positiv interpretiert und gelassen zurück zum Thema geführt. |

Bitte denken Sie zurück an reale Verbal-Angriffe, die Sie beruflich oder privat erlebt haben, schreiben Sie gleich den Wortlaut auf und rekonstruieren Sie dann, wie oben in der zweiten Spalte, welcher Gedanke Sie zu Ihrer realen Reaktion getrieben hat. Welche Folgen hatte das für Ihr Gespräch?

Und dann probieren Sie, was die dritte Spalte vormacht: Verändern Sie Ihren ersten Gedanken nach Ihren Wünschen. Wie hätten Sie dann reagiert? Und mit welchen Folgen?

| Bemerkung des Schwätzers | Unsicherer Gedanke und empfindliche Reaktion | Selbstbewusster Gedanke und souveräne Reaktion |
|---|---|---|
| *Reale Situation 1:* | *Realer Gedanke:* | *Gewünschter Gedanke:* |
| | *Reale Reaktion:* | *Gewünschte Reaktion:* |
| | *Reale Folge:* | *Vermutliche Folge:* |
| *Reale Situation 2:* | *Realer Gedanke:* | *Gewünschter Gedanke:* |
| | *Reale Reaktion:* | *Gewünschte Reaktion:* |
| | *Reale Folge:* | *Vermutliche Folge:* |

Prägen Sie sich Ihre alternativen Gedanken ein: Das rüstet Sie, um auf künftige Angriffe souverän zu reagieren. Denn Gesprächspartner sind keine Säbelzahntiger!

## LEISE & WEISE

»Der Anführer eines großen Heeres kann besiegt werden; aber den festen Entschluss eines Einzigen kannst du nicht wankend machen.«
*Konfuzius, chinesischer Philosoph*

# Rote Karte für Schwätzer

Stellen Sie sich eine Diskussion zwischen einem Schwätzer und Ihnen wie ein Fußballspiel vor, bei dem sich eine Mannschaft streng an die Regeln hält, die andere aber nach Belieben foult, Hand spielt und Sie am Trikot zieht. Denn es gibt zwei Arten von Dialektik: die Fried- und die Kampfdialektik.[116] Fast alle zurückhaltenden Menschen neigen zur Frieddialektik.

▶ Sie halten sich an die Gebote der Fairness.
▶ Sie wollen sich mit den besseren Argumenten durchsetzen, nicht mit den fieseren Tricks.
▶ Sie verzichten auf Machtspielchen, Dominanzgebaren und Manipulation.
▶ Sie gehen wertschätzend mit anderen Menschen und anderen Meinungen um.
▶ Sie stellen eine gute Lösung in den Mittelpunkt – und nicht ihr eigenes Ego.

Dagegen ziehen viele Schwätzer die Kampfdialektik vor:

▶ Sie missachten die Gebote der Fairness.
▶ Sie wollen ihren Gegner einschüchtern, angreifen und manipulieren.
▶ Sie verbreiten Angst und erzeugen Stress.
▶ Sie wollen nicht recht haben, nur recht behalten.
▶ Es geht ihnen nicht um die beste Lösung, sondern darum, ihre Position durchzusetzen und ihr Ego zu produzieren.

Und nun malen Sie sich aus, was auf dem Spielfeld der Rhetorik passiert, wenn die eine Mannschaft brav alle Regeln beachtet – aber die andere Mannschaft dreist dagegen verstößt. Dann ist die Niederlage der fairen Mannschaft programmiert – es sei denn, es gibt einen Schiedsrichter, der dazwischengeht, die Regeln durchsetzt und die Kampfdialektiker notfalls ermahnt oder vom Platz stellt.

Genau ein solcher Schiedsrichter fehlt bei wichtigen Gesprächen, meinen Sie? Nicht unbedingt: Sie selbst können in diese Rolle schlüpfen! Durchschauen Sie die faulen Tricks eines Schwätzers. Nutzen Sie die verbale Pfeife, sobald er unfair wird. Weisen Sie auf das Regelwerk der fairen Dialektik hin. Lassen Sie ihm keine verbalen Tritte durchgehen, und fallen Sie nicht auf gemeine Finten rein.

Wenn es Ihnen gelingt, rechtzeitig einzuschreiten, ist der Effekt verblüffend: Sie holen Ihren Gesprächspartner zurück auf die Sachebene. Und Sie sorgen dafür, dass er fair spielt. »Führen« Sie das Gespräch – leiten Sie also nicht nur sich, sondern auch den Schwätzer. Dann werden Sie in der Diskussion gut aussehen.

## LEISE & WEISE

»Wo ein Weiser den Toren nicht rügt, / ist zweierlei Schaden zugefügt: / Sich selbst wird er sein Ansehen schmälern, / und jenen bestärkt er in seinen Fehlern.«
*Friedrich Rückert, deutscher Dichter*

## Warum ein Gespräch keine Schlacht ist

Eine Laune des Schicksals machte zwei Feinde über Nacht zu Kollegen. Der eine, ein Bayer, hatte den anderen, einen Norddeutschen, zuvor öffentlich als »übergewichtig und unfähig« bezeichnet. Genau darauf wurde das Nordlicht, tatsächlich kugelrund, nun in einer Pressekonferenz angesprochen. Seine Antwort: »Zumindest zu der einen Hälfte hat er ja recht.« Zu welcher, hänge von der Gewichtsklasse des Betrachters ab.[117]

Mit dieser kurzen Bemerkung konterte SPD-Chef Sigmar Gabriel den Angriff des CSU-Politikers Alexander Dobrindt, fortan sein Kollege im Bundeskabinett.

Eine Podiumsdiskussion Mitte der 1980er-Jahre: Ein kritischer Zuhörer versucht, den CDU-Generalsekretär Heiner Geißler in die Enge zu treiben: »Herr Geißler, wie würden Sie eigentlich argumentieren, wenn bei der nächsten Bundestagswahl Rot-Grün die Mehrheit hätte?« Mit seiner Antwort bringt Geißler den ganzen Saal zum Lachen: »Verehrter Herr Fragesteller, Ihre Frage liegt etwa auf folgendem Niveau: Wenn Eichhörnchen Pferde wären, könnten wir die Bäume hinaufreiten. Nun sind Eichhörnchen nachweislich keine Pferde …«[118]

Gute Antworten? Kein Zweifel. Spontane Antworten? Bestimmt nicht. Ich wette, dass Heiner Geißler seinen Konter als Standardwaffe gegen hypothetische Fragen im rhetorischen Gepäck hatte. Exakt gleich hätte er antworten können, wenn man ihn gefragt hätte, was er als Bundeskanzler täte. Oder nach Ausbruch des Dritten Weltkriegs.

Und Sigmar Gabriel kannte den persönlichen Angriff Dobrindts zum Zeitpunkt der Pressekonferenz schon lange: Seine pointierte Antwort war wohl von langer Hand eingefädelt. Sicher hat er im Laufe seines Lebens schon viele Angriffe auf seine Körperfülle erlebt und passende Konter entwickelt.

Daraus können Sie lernen: »Schlagfertigkeit« besteht nur zu zehn Prozent aus Spontaneität und zu 90 Prozent aus guter Vorbereitung. Und die Angriffe der Schwätzer laufen ins Leere, wenn Sie sich nicht provozieren lassen; der Zweck vieler unfairer Taktiken »liegt darin, den Gegner durch Unverschämtheiten und Schikanen zum Zorn zu reizen und seine Urteilsfähigkeit zu trüben« wie Wolf Ruede-Wissmann in seinem Buch *Satanische Verhandlungskunst* enthüllt.[119]

Reagieren Sie so, wie der Provokateur es nicht erwartet: mit Ruhe, Verstand und einem Augenzwinkern. Hätte Sigmar Gabriel mit der rhetorischen Keule geantwortet, wäre er in die Falle gegangen. Doch er räumte augenzwinkernd sein Übergewicht ein und deutete geschickt an, er halte seinen Angreifer für ein politisches Leichtgewicht.

Brauchen Sie also druckreife Antworten, die ganze Säle zum Lachen bringen? Im Gegenteil: Mit vielen Schwätzern haben Sie dauerhaft zu tun, es kann Ihr Chef sein oder eine Kollegin, Ihr Vereinsbruder oder Ihre Schwiegermutter. Was passiert, wenn Sie den Schwätzer lächerlich machen? Er wird zu Ihrem Gegner. Dabei wäre Ihnen mit einem Kooperationspartner mehr gedient.

Denken Sie an einen Rat des lebensklugen Adolph Freiherr von Knigge: »Suche keinen Menschen, auch den Schwächsten nicht, in Gesellschaften lächerlich zu machen. Ist er dumm, so hast du wenig Ehre von dem Witze, den du an ihn verschwendest; ist er es weniger, als du glaubst, so kannst du vielleicht der Gegenstand seines Spottes werden; (…) und ist er tückisch und rachsüchtig, so kann er dir's vielleicht auf eine Rechnung setzen, die du früher oder später (…) bezahlen musst.«[120]

Was Sie brauchen, ist Fingerspitzengefühl: Auf der einen Seite zeigen Sie sich wehrhaft. Der Schwätzer soll spüren, dass Sie sich weder blenden noch ins Bockshorn jagen lassen. Das verschafft Ihnen Respekt. Andererseits darf er sich *nicht* als Verlierer fühlen, schon gar nicht in Gegenwart anderer; er muss sein Gesicht wahren.

Gefragt ist also eine faire Dialektik, die den Schwätzer entwaffnet, ohne ihn zu schlagen. Das kommt Ihnen entgegen, weil Sie nicht sekundenschnell eine hollywoodreife Antwort brauchen; es reicht, wenn Sie den Hebel an der rhetorischen Schwachstelle des Schwätzers ansetzen. Dieses Vorgehen liegt zurückhaltenden Menschen eher als ein Griff in die unterste Schublade.

Aber wie gelingt es Ihnen, gute Antworten von langer Hand vorzubereiten? In drei Schritten:

1. Rufen Sie sich Situationen ins Gedächtnis, in denen Sie – beruflich oder privat – von einem Schwätzer angegriffen wurden und mit Ihrer Reaktion unzufrieden waren. Notieren Sie, wann und in welchem Zusammenhang das passiert ist.

2. Finden Sie heraus, worauf die Angriffe zielten. Welche Ihrer Eigenschaften (oder vermeintlichen Schwächen) wurden aufs Korn genommen? Achten Sie darauf, welche Vorwürfe sich wiederholen. Zum Beispiel hören leise Menschen öfter den Vorwurf, dass sie sich in Gruppen zu wenig einbringen.

3. Entwickeln Sie zu jedem dieser Angriffspunkte eine Abwehrstrategie. Suchen Sie nach drei Kontern, die in einer vergangenen Situation gepasst hätten – und die sich, wie Heiner Geißlers Antwort, auf vergleichbare Situationen der Zukunft übertragen lassen.

Mit einem Beispiel können Sie die Methode üben: Angenommen, ein Kollege hat im Meeting zu Ihnen gesagt:

*»Erst redest du eine Dreiviertelstunde keinen Ton. Und dann meldest du dich und weißt alles besser. Das kann ich nicht ernst nehmen.«*

Wie reagieren Sie darauf? Bitte notieren Sie drei Antworten, die den Angriff freundlich, aber klar zurückweisen (und lesen Sie erst danach weiter):

1. _____

2. _____

3. _____

*Beispiele für Antworten:*
1. Wenn ich nicht rede, ist das ein gutes Zeichen: Ich denke über Lösungen nach!
2. Danke, dass du meine Worte als Raritäten siehst! Dann gehe ich mal davon aus, dass du sie auch so behandelst und gründlich darüber nachdenkst.
3. Manchmal fallen die schönsten Tore eben in der Nachspielzeit. Lass uns über den Inhalt meines Beitrags sprechen.

Mindestens eine dieser Antworten passt in ähnlichen Situationen *immer*. Mit solcher Munition können Sie Angriffe von Schwätzern spontan abblitzen lassen, ohne dafür spontan sein zu müssen. Die Schwäche, für gute Antworten lange zu brauchen, wird durch die Stärke kompensiert, sich gut und mit hoher Sprachkompetenz vorzubereiten.

Entwickeln Sie jeweils drei Antworten für alle typischen Angriffe, mit denen Sie konfrontiert sind. Dann sind Sie für heiße Diskussionen gewappnet.

Aber nur, sofern Sie innerlich über der Attacke stehen. Gehen Sie die typischen Angriffe durch und prüfen Sie:

► Akzeptiere ich das, was andere an mir kritisieren, selbst?
► Welche Vorteile habe ich durch diese Eigenschaften? Was davon schätzen meine Freunde und Kollegen?
► Wann habe ich im Leben schon davon profitiert?
► Warum wäre ich nicht ich, wenn ich anders wäre?

Ein Übergewichtiger, der mit seinem Körper hadert, hätte auf den Vorwurf Dobrindts verletzt reagiert. Aber Sigmar Gabriel, der sich offenbar als runde Sache annimmt, war zu einer unaufgeregten und schlagfertigen Reaktion fähig.

In den folgenden beiden Kapiteln lernen Sie jeweils sieben Strategien gegen Schwätzer kennen, inklusive Trainingsprogamm: zunächst, wie Sie leeres Gerede enttarnen; und dann, wie Sie auf Angriff reagieren.

## LEISE & WEISE

»Noch einen solchen Sieg, und wir sind verloren!«
*Plutarch, griechischer Autor*

# Die sieben tückischsten Laber-Tricks: So enttarnen Sie Schwätzer!

Ein Ärztekongress, eine Rednerbühne, Applaus flutet den Saal. Gesprochen hat der leitende Oberarzt eines psychiatrischen Krankenhauses über »bipolare Depression dritten Grades«, ein seltenes Krankheitsbild. Die Fachkollegen sind beeindruckt. Nachfragen? Keine.

Derselbe Mann hatte schon bei seinem Vorstellungsgespräch eine Auswahlkommission des Sozialministeriums überzeugt: 40 Bewerber hatten nach der Oberarzt-Stelle gegriffen, aber er machte das Rennen – spätestens, als er das Thema seiner Promotion nannte: »Über kognitiv induzierte Verzerrung mit einer stereotypen Urteilsbildung«. Der Vorsitzende antwortete entzückt: »Ach, Sie werden sich bestimmt bei uns wohlfühlen.«

Und so wurde der Volksschüler und Postbote Gert Postel als »leitender Oberarzt« eingestellt. Seine Promotionsurkunde? Gefälscht. Das Thema seiner Promotion? Eine sinnfreie Aneinanderreihung von Fachbegriffen. Die »bipolare Depression dritten Grades«? Mal eben frei erfunden.[121]

Warum hatte niemand den Mut, die hohlen Worthülsen zu knacken? Weil es an Wissen fehlt, wie Schwätzer tricksen – und was dagegen hilft. Hier lernen Sie die sieben gefährlichsten Schwätzer-Strategien kennen (gleich an erster Stelle die »Schwafel-Methode« von Postel, in der Wissenschaft als »Komplex-Prinzip« bekannt[122]).

Ich erkläre Ihnen, was der Schwätzer bezweckt und wie Sie ihm in die Parade fahren können. Jedes Mal bekommen Sie drei mögliche Antworten vorgeschlagen. Wägen Sie ab, welcher An-

satz am besten zu Ihnen passt – und probieren Sie diesen Dreh
in eigenen Worten bei ähnlicher Gelegenheit aus.

## 1. Die Schwafel-Methode

### Der Auftritt:

Sie fragen den Schwätzer: »Was haben Sie geplant, um die Kunden
vom neuen Sortiment zu überzeugen?« Er antwortet: »Wir haben
umfangreiche Maßnahmenpakete geschnürt, die alle Eventualitä-
ten berücksichtigen, auch gegenüber den Direktkonsumenten. Vor
allem sind wir zu der Überzeugung gelangt, dass die Bewegung des
Weltmarktes, insbesondere durch die Globalisierung, kein Festhal-
ten an Überholtem mehr zulässt. Außerdem …«

### Die Analyse:

Der Schwätzer pustet Wortnebel in den Raum, ohne konkret auf
die Frage einzugehen. Er verwendet wichtigtuerische Begriffe, die
vollkommen abstrakt sind (»Maßnahmenpakete«, »Eventualitä-
ten« usw.). Gleichzeitig versteckt er sich hinter der Wir-Form,
als spräche er für eine Gruppe, etwa die Wirtschaftsweisen. Am
Ende schweift er völlig ab. Er hat keine Antwort – will das aber
durch Wortgeklingel verschleiern.

### Gegenstrategie:

Je wolkiger einer schwafelt, desto konkreter sollten Sie nachfragen, was sich hinter Begriffen verbirgt, welcher Zusammenhang
zum Thema besteht und inwiefern die Aussage zur Diskussion
beiträgt. Als guter Zuhörer und Analytiker fallen Ihnen solche
Manöver auf, Sie lassen sich nicht blenden.

### Ihre drei Schwätzer-Bremsen:

*Bremse 1:* »Öffnen Sie für mich mal das Maßnahmenpaket:

Was genau ist da drin, womit wir die Kunden überzeugen können?«

*Erläuterung:* Sie greifen das Sprachbild des Schwätzers auf; diese Vorlage kann er nur schwer zurückweisen. Und Sie zwingen ihn, von seiner Schwafel-Wolke ins Land des Konkreten umzuziehen.

*Bremse 2:* »Sie sprechen von ›Wir‹ – wer genau steht hinter dieser Überzeugung? »

*Erläuterung:* Mit dieser Präzisierungsfrage können Sie enthüllen, dass der Schwätzer nicht für eine große Gruppe spricht, sondern nur für sich selbst oder wenige. Haken Sie nach, falls er ausweichend antwortet!

*Bremse 3:* »Ich habe nicht genau verstanden, in welchem Zusammenhang der Weltmarkt, die Globalisierung und die Argumente für das neue Sortiment stehen. Helfen Sie mir auf die Sprünge!«

*Erläuterung:* Mit einer scheinbar naiven Frage nehmen Sie das Geschwafel als Unsinn auseinander. Der Schwätzer sitzt in der selbst gestellten Falle und muss seine abstruse Argumentation begründen.


## 2. Die Papst-Strategie

### Der Auftritt:

Sie melden Ihre Zweifel an einer waghalsigen These des Schwätzers an. Er antwortet: »Als ich anfing, mich mit dem Thema zu beschäftigen, hatte ich dieselben Bedenken wie Sie. Mittlerweile habe ich genug Durchblick, um zu erkennen: Wir müssen den Fokus auf Europa richten, statt uns mit den Zahlen aus dem Inland aufzuhalten.«

## Die Analyse:

Der Schwätzer gibt sich erleuchtet und unfehlbar: Er durchschaut Dinge, die sich Ihnen mangels Erfahrung angeblich nicht erschließen. Damit weist er Ihnen die Rolle des Anfängers zu. Die Zahlen, mit denen er sich nicht aufhalten will, sind sicher mehr als diskussionswürdig. Er will Sie in den Tiefstatus schleudern und als Papst unfehlbar sein – ohne Diskussion!

## Gegenstrategie:

Falls Sie zu Selbstkritik und Bescheidenheit neigen, sollten Sie umso wachsamer sein: Lassen Sie sich nicht in den Tiefstatus drücken. Meist hat Ihnen der Schwätzer keine fachliche Kompetenz voraus, nur angeberische. Kontern Sie sein Geschwätz mit fundierten Fragen. Fordern Sie Fakten. Oder bringen Sie Wissen ein, das Ihren Expertenstatus belegt und den Schwätzer auf seine reale Größe zurückstutzt.

## Ihre drei Schwätzer-Bremsen:

*Bremse 1:* »Nach meinen Informationen basiert unser Geschäft im Moment auf den Zahlen aus dem Inland – bitte nennen Sie mir Fakten, warum Sie das anders sehen.«

*Erläuterung:* Sie zwingen den Papst, sich nicht länger auf seinen (Erfahrungs-)Status zu berufen: Er muss Fakten zu jenem Thema auf den Tisch legen, das er – wahrscheinlich mangels guter Argumente – selbst ausklammern will.

*Bremse 2:* »Offenbar verstehen Sie unter ›mit den Zahlen aus dem Inland aufhalten‹ etwas anderes als ich. Begründen Sie bitte, weshalb Sie meine wesentlichen Einwände als so unbedeutend sehen.«

*Erläuterung:* Sie zeigen, dass Sie den Taschenspieler-Trick durchschaut haben: Was er kleinredet, ist in Wahrheit groß. Und Sie fordern inhaltliche Substanz.

*Bremse 3:* »Da wir beide lange mit dem Thema befasst sind, ich seit 2001, sollten wir uns noch mal folgende Frage stellen …«
*Erläuterung:* Sie katapultieren sich auf Augenhöhe zurück und zeigen, dass Sie dem Schwätzer an Routine und Fachkenntnis (mehr als) ebenbürtig sind. Zugleich leiten Sie wieder zu fachlichen Aspekten über.

### 3. Das Münchhausen-Manöver

**Der Auftritt:**

Sie sagen: »Ich bin mir nicht sicher, ob das neue Produkt funktioniert. Sogar Mitarbeiter Ihrer Entwicklungsabteilung haben sich skeptisch geäußert.« Der Schwätzer antwortet: »Ich habe mit Dutzenden von seriösen Kunden gesprochen und nur positive Rückmeldungen auf das neue Produkt erhalten. Der Markt schreit danach, das riecht nach einem Millionenerfolg. Dass ein paar fußkranke Mitarbeiter wenig begeistert sind, könnte an der damit verbundenen Mehrarbeit liegen.«

**Die Analyse:**

Der Schwätzer redet einen Erfolg herbei und stellt Behauptungen in den Raum, die sich nicht überprüfen lassen. Dabei beruft er sich auf (vermeintliche) Zeugen, die natürlich »seriös« sind, hantiert mit einer Verallgemeinerung (»nur positive Rückmeldungen«) und diffamiert zugleich seine Gegner (»fußkrank«). Sein Münchhausen-Manöver soll einen windigen Standpunkt für seriös erklären und eine ernsthafte Debatte verhindern.

**Gegenstrategie:**

Fragen Sie nach Namen, Fakten, Zahlen und Kalkulationsgrundlagen. Falls der Schwätzer ausweicht: Bohren Sie nach –

bis Sie dort, wo Argumente sein sollten, den Hohlraum enttarnt haben.

**Ihre drei Schwätzer-Bremsen:**

*Bremse 1:* »Schön, dass Sie Rückmeldungen eingeholt haben. Nennen Sie doch mal fünf, sechs Namen von diesen Dutzenden Kunden. Ich würde diese Gespräche gerne vertiefen.«

*Erläuterung:* Wenn Sie ihn zwingen, seine Quellen offenzulegen, verrät sich ein Münchhausen meist durch Ausweichmanöver.

*Bremse 2:* »Die Kunden, die ich gesprochen habe, waren anderer Meinung. Ich will Ihnen ein paar Beispiele nennen: Frau Meyer von der Ibo GmbH sagte …«

*Erläuterung:* Sie liefern genau das, was der Schwätzer verweigert: Namen und Fakten. Die Glaubwürdigkeit Ihrer Argumentation kontrastiert die Unglaubwürdigkeit der seinen.

*Bremse 3:* »Sie sprechen von einem Millionenerfolg. Auf welcher Grundlage haben Sie das kalkuliert? Und wie sind Ihre Mitarbeiter an die Sache herangegangen, dass sie zu einem ganz anderen Ergebnis kommen?«

*Erläuterung:* Sie lassen sich nicht vom Wortnebel ablenken, sondern fordern Fakten. Und Sie deuten an, dass die Mitarbeiter nicht von Faulheit, sondern von sachlichen Bedenken geleitet werden.


## 4. Die Vergleichs-Falle

### Der Auftritt:

Als Gegner der WM-Vergabe an Katar fragten Sie einen Fußballfunktionär im Vorfeld: »Warum rufen Sie die WM nicht zurück? In Katar kommen jeden Tag Menschen auf den WM-Baustellen um.« Er antwortete: »Dann könnten wir auch in

Deutschland die Autobahnen sperren, weil sich jeden Tag tödliche Unfälle ereignen. Klüger ist es doch, für weniger Unfälle zu sorgen, auf den Autobahnen wie in Katar. Und genau daran arbeiten wir.«

**Die Analyse:**

Der Schwätzer vergleicht, was nicht zu vergleichen ist: Arbeitssklaven, deren Tod durch schlechte Arbeitsbedingungen einkalkuliert wird, mit Autofahrern, die trotz hoher Sicherheitsstandards ums Leben kommen. Damit verharmlost er die Situation in Katar. Die Behauptung, er arbeite an mehr Sicherheit, wirkt zynisch und heuchlerisch.

**Gegenstrategie:**

Prüfen Sie die Vergleiche. Fragen Sie sich immer, ob die Vergleichsebene stimmt. Wenn nicht: Machen Sie deutlich, dass der Vergleich schief ist – und rücken Sie ihn gerade.

**Ihre drei Schwätzer-Bremsen:**

*Bremse 1:* »Was veranlasst Sie, schicksalhafte Autounfälle mit einkalkulierten Arbeitsunfällen zu vergleichen?«

*Erläuterung:* Sie decken die Manipulation auf und enthüllen den Vergleich als Verharmlosung. Der Schwätzer muss sich erklären.

*Bremse 2:* »Angenommen, der Tod von Autofahrern würde durch Geisterfahrer wegen einer falschen Ausschilderung der Einfahrten verursacht: Würden wir dann die Autobahnen nicht tatsächlich sperren?«

*Erläuterung:* Sie rücken den Vergleich auf eine realistische Ebene und locken den Schwätzer am Ende mit einer Suggestivfrage aus der Reserve. Damit schlagen Sie zwei Fliegen mit einer Klappe.

*Bremse 3:* »Sie sagen, dass Sie an weniger Unfällen arbeiten. Wann und durch welche Maßnahmen haben Sie damit begonnen? Und mit welchem Erfolg?«

*Erläuterung:* Sie fühlen der Behauptung auf den Zahn, fordern Belege ein und zielen darauf ab, dass der Schwätzer den relativen Misserfolg der bisherigen Maßnahme eingestehen muss.

## 5. Die Garantie-Taktik

### Der Auftritt:
Sie äußern sich bei einer Bürgerbefragung skeptisch gegenüber einem Politiker, der gerade das Abitur in zwölf Jahren eingeführt hat. Er antwortet: »Ich garantiere Ihnen, dass diese Verkürzung nur Vorteile bringt, auch für die Schüler. Und ich versichere Ihnen aus vollster Überzeugung, dass diese Entscheidung sich als Meilenstein in der Bildungspolitik erweisen wird.«

### Die Analyse:
Der Schwätzer lädt seine Sachentscheidung mit Emotionen auf, indem er sich persönlich für sie verbürgt: Er »garantiert« und »versichert«, natürlich »aus vollster Überzeugung« – sodass jeder, der die Entscheidung anzweifelt, ihn (indirekt) persönlich angreifen muss.[123] Genau davor, so hofft er, werden Sie zurückschrecken.

### Gegenstrategie:
Berücksichtigen Sie, dass Schwätzer mit Garantien und Versicherungen anders umgehen als zurückhaltende Menschen: nicht sparsam, sondern inflationär. Ziehen Sie solche emotionalen Bekenntnisse ab – und prüfen Sie, was an handfesten Argumenten übrig bleibt.

### Ihre drei Schwätzer-Bremsen:
*Bremse 1:* »Auf welcher Grundlage können Sie für ein Experiment garantieren, dessen Ausgang noch völlig ungewiss ist?«

*Erläuterung:* Mit dem Wort »Experiment« bringen Sie den Charakter des Vorhabens auf den Punkt. Die Frage nach der Grundlage lenkt den Blick von der emotionalen auf die sachliche Ebene.

*Bremse 2:* »Sie garantieren, dass es klappt – andere garantieren, dass es scheitert. Das klingt für mich, als wären die Folgen noch nicht absehbar.«

*Erläuterung:* Sie nutzen Ihre analytischen Fähigkeiten und weisen auf die Subjektivität der Äußerung hin. Die Gegengarantie hebt die des Schwätzers auf und entlarvt seine windige Argumentation.

*Bremse 3:* »So mancher Stein, der als Meilenstein gedacht war, hat sich schon als Stolperstein erwiesen. Was gibt Ihnen die Sicherheit, dass es diesmal nicht auch so ist?«

*Erläuterung:* Sie greifen die Wortwahl des Schwätzers für ein Wortspiel auf. Die Frage, woher er die »Sicherheit« nimmt, bringt ihn in Verlegenheit.


## 6. Die Lawinen-Drohung

### Der Auftritt:

Im Vorfeld einer Aktionärsversammlung bringen Sie bei einer Sitzung eine negative Geschäftsprognose auf den Tisch. Diese Information muss an die Aktionäre weitergegeben werden. Doch ein Manager sagt: »Wir können die realen Prognosen in der Hauptversammlung nicht nennen. Sonst bricht unser Aktienkurs ein, die Kunden springen ab, und dann spaziert der Insolvenzverwalter durchs Haus. Wollen Sie denn, dass wir alle arbeitslos werden?«

### Die Analyse:

Der Schwätzer erweckt den Eindruck, ein Abweichen von seinem

Vorschlag löse zwangsläufig eine Katastrophenlawine aus – dabei spekuliert und übertreibt er kräftig! Dass er Aktionäre hintergehen will, erscheint plötzlich als Notwendigkeit, als Maßnahme zur Sicherung der Arbeitsplätze. Er will den Eindruck erwecken, es gäbe keine Alternative zum Lügen oder Übertreiben. Auf dass seine Meinungsgegner stillhalten.

**Gegenstrategie:**
Beginnen Sie zu analysieren. Wie wahrscheinlich ist das Eintreten der Katastrophe? Machen Sie durch Ihre Fragen und Einwände deutlich, dass diese fantasierten Voraussetzungen nicht Grundlage der Diskussion sein können.

**Ihre drei Schwätzer-Bremsen:**
*Bremse 1:* »Welche Vorteile für uns könnte es haben, den Aktionären schon jetzt reinen Wein einzuschenken?«
*Erläuterung:* Sie lenken die Gedanken zu den möglichen Vorteilen. Damit verlassen Sie die geistige Einbahnstraße, auf die der Schwätzer Sie drängen wollte. »Schon jetzt« deutet an: Die Wahrheit kommt ohnehin ans Licht.

*Bremse 2:* »Verstehe ich richtig, dass Sie unseren Aktionären die Wahrheit unterschlagen wollen – mit allen rechtlichen und moralischen Konsequenzen?«
*Erläuterung:* Sie nennen das Kind beim Namen. Der Hinweis auf die möglichen Konsequenzen verleiht Ihrer Wortmeldung Schlagkraft und Gewicht.

*Bremse 3:* »*Ich* lag mit meinen Prognosen für unseren Aktienkurs schon oft daneben – woher nehmen Sie die Sicherheit, dass Ihre richtig ist?«
*Erläuterung:* Sie machen deutlich, dass schon der erste Schneeball, der die Lawine angeblich auslöst, ein Fantasiegebilde sein kann. Die Ich-Botschaft am Anfang federt die Aussage ab.

## 7. Die Schon-immer-Strategie

**Der Auftritt:**

Sie schlagen vor: »Ein Meeting pro Woche würde reichen – wir brauchen keine drei.« Der Schwätzer antwortet: »Sie wissen doch genau, dass sich die Abteilung schon seit 20 Jahren dreimal pro Woche trifft. Waren es schlechte Jahre? Nein, wir haben uns zum Marktführer entwickelt. Deshalb rate ich dringend, diesen bewährten Rhythmus fortzusetzen.«

**Die Analyse:**

Der Schwätzer tut so, als ließe jede kleine Abweichung von der Vergangenheit die Welt einstürzen. Er verzichtet auf sachliche Argumente. Stattdessen konstruiert er einen unzulässigen Zusammenhang: Er erweckt den Eindruck, weniger Meetings bedeuteten weniger Erfolg. Er verknüpft eine Frage der Gegenwart in unzulässiger Weise mit der Vergangenheit.

**Gegenstrategie:**

Versuchen Sie, die Motive des Schwätzers zu erahnen: Was veranlasst ihn, sich hinter der Vergangenheit zu verschanzen? Lenken Sie die Debatte auf die Schwachpunkte seiner Position und machen Sie deutlich: Hier wird nicht über Vergangenheit gesprochen – sondern über Gegenwart und Zukunft.

**Ihre drei Schwätzer-Bremsen:**

*Bremse 1:* »Woher wissen Sie, dass der Erfolg in der Vergangenheit bei einem Meeting pro Woche nicht genauso groß, ja vielleicht noch größer gewesen wäre?«

*Erläuterung:* Mit dieser Frage enthüllen Sie den Logikfehler – zumal der Schwätzer keinen verbindlichen Nachweis führen kann, weder in die eine noch in die andere Richtung.

*Bremse 2:* »Haben Sie mal überlegt, dass wir Meetings anders organisieren könnten – sodass *ein* Termin denselben Zweck erfüllt wie drei?«

*Erläuterung:* Sie rütteln an der stillschweigenden Annahme, dass die Zahl der Meetings die Effektivität bestimmt. Damit geht die Rechnung des Schwätzers nicht mehr auf.

*Bremse 3:* »Beschreiben Sie doch mal im Detail, welche gravierenden Schäden für die Firma entstehen könnten, wenn wir die Zahl der Meetings senken.«

*Erläuterung:* Sie zwingen den Schwätzer in die Gegenwart und zum Konkreten. Statt sich auf die Vergangenheit zu berufen, muss er nun überzeugend für seinen Standpunkt argumentieren.

## LEISE & WEISE

»Die Leute streiten im Allgemeinen nur deshalb, weil sie nicht diskutieren können.«
*Gilbert Keith Chesterton, englischer Autor*

## Das Laber-Abwehr-Training

Dieses Training lädt Sie ein, die Schwätzer-Bremsen auszuprobieren. Bitte lesen Sie folgenden Dialog und finden Sie heraus, wann Herr Regenhoff welche Laber-Methode anwendet.

**Frau Geber:** »Ich habe mich auf die Stelle im Marketing beworben. Aber jetzt habe ich erfahren: Sie ist schon unter der Hand vergeben! Das finde ich nicht in Ordnung.«

**Herr Regenhoff:** »Ich kann Ihre Vorbehalte verstehen. In jungen Jahren habe ich die Sache ähnlich gesehen. Heute, nach zwei Jahrzehnten im Personalwesen, weiß ich: Als Profi muss man den eigenen Qualitätsanspruch wichtiger nehmen als formale Hürden.«

**Frau Geber:** »Aber so machen Sie den offiziellen Bewerbern doch unnötige Hoffnungen!«

**Herr Regenhoff:** »Mit unserer Stellenvergabe-Politik erzielen wir seit vielen Jahren hervorragende Ergebnisse, das wissen Sie. Der Laden läuft, die Geschäfte brummen. Es ist unnötig, hier Risiken durch Veränderungen einzugehen.«

**Frau Geber:** »Welche Risiken denn?«

**Herr Regenhoff:** »Im HR-Bereich spielen unzählige Faktoren mit, unter anderem systemische Wechselwirkungen und psychodynamische Abläufe. Dieses Konglomerat aus individual- und gruppenpsychologischen Prozessen beinhaltet potenzierte Risikokomponenten.«

**Frau Geber:** »Bei mir bleibt das Gefühl, dass es keine faire Personalentscheidung war.«

**Herr Regenhoff:** »Ich versichere Ihnen aus ganzem Herzen: Diese Entscheidung war mehr als fair. Sie wäre auf dem offiziellen Weg genauso gefallen.«

**Frau Geber:** »Und das soll ich Ihnen jetzt glauben?«

**Herr Regenhoff:** »Wenn Ihr Augenarzt Ihnen sagt, dass Ihre Augen schlechter geworden sind, können Sie daran natürlich zweifeln. Aber gehen Sie nicht gerade zu ihm, weil er ein Experte ist? Also dürfen Sie auch meiner langjährigen Expertise vertrauen.«

**Frau Geber:** »Ich habe vor, mit dem Betriebsrat zu sprechen. Ich möchte hören, wie die Sache dort beurteilt wird.«

**Herr Regenhoff:** »Das steht Ihnen frei! Aber denken Sie daran: Wenn der Betriebsrat erst anfängt, Personalentscheidungen zu überprüfen, können alle Stühle in diesem Unternehmen wackeln. Am Ende werden auch Kolleginnen von Ihnen aus ihren Positionen gekegelt, weil angeblich etwas nicht korrekt war. Dann schlittern wir ins totale Chaos.«

**Frau Geber:** »Aber der Betriebsrat ist doch für solche Aufgaben da!«

**Herr Regenhoff:** »Glauben Sie mir, ich habe meine Quellen im Betriebsrat. Die Kollegen sind ganz froh, wenn sie aus solchen Personalentscheidungen rausgehalten werden. Die haben weiß Gott an anderen Fronten zu kämpfen, etwa bei der Arbeitssicherheit.«

**Frau Geber:** »Stimmt, von Problemen bei der Arbeitssicherheit habe ich gehört.«

*Folgende Laber-Techniken kamen zum Einsatz:*

Münchhausen-Manöver, Schwafel-Methode, Papst-Strategie, Vergleichs-Falle, Schon-immer-Strategie, Lawinen-Drohung, Garantie-Taktik.

**Übung:** Bitte ordnen Sie die genannten Laber-Methoden den einzelnen Aussagen von Herrn Regenhoff zu – und entwickeln Sie Antworten, in denen Sie Ihr frisches Wissen über Schwätzer-Bremsen einsetzen (blättern Sie gerne zurück):

1. »Ich kann Ihre Vorbehalte verstehen. In jungen Jahren habe ich die Sache ähnlich gesehen. Heute, nach zwei Jahrzehnten im Personalwesen, weiß ich: Als Profi muss man den eigenen Qualitätsanspruch wichtiger nehmen als formale Hürden.«

*Laber-Methode:* _____

*Meine Antwort:* _____

_____

2. »Mit unserer Stellvergabe-Politik erzielen wir seit vielen Jahren hervorragende Ergebnisse, das wissen Sie. Der Laden läuft, die Geschäfte brummen. Es ist unnötig, hier Risiken durch Veränderungen einzugehen.«

*Laber-Methode:* _____

*Meine Antwort:* _____

_____

3. »Im HR-Bereich spielen unzählige Faktoren mit, unter anderem systemische Wechselwirkungen und psychodynamische Abläufe. Dieses Konglomerat aus individual- und gruppenpsychologischen Prozessen beinhaltet potenzierte Risikokomponenten.«

*Laber-Methode:* _____

*Meine Antwort:* _____

4. »Ich versichere Ihnen aus ganzem Herzen: Diese Entscheidung war mehr als fair. Sie wäre auf dem offiziellen Weg genauso gefallen.«

*Laber-Methode:* _____

*Meine Antwort:* _____

_____

5. »Wenn Ihr Augenarzt Ihnen sagt, dass Ihre Augen schlechter geworden sind, können Sie daran natürlich zweifeln. Aber gehen Sie nicht gerade zu ihm, weil er ein Experte ist? Also dürfen Sie auch meiner langjährigen Expertise vertrauen.«

*Laber-Methode:* _____

*Meine Antwort:* _____

_____

6. »Das steht Ihnen frei! Aber denken Sie daran: Wenn der Betriebsrat erst anfängt, Personalentscheidungen zu überprüfen, können alle Stühle in diesem Unternehmen wackeln. Am Ende werden auch Kolleginnen von Ihnen aus ihren Positionen gekegelt, weil angeblich etwas nicht korrekt war. Dann schlittern wir ins totale Chaos.«

*Laber-Methode:* _____

*Meine Antwort:* _____

_____

7. »Glauben Sie mir, ich habe meine Quellen im Betriebsrat. Die Kollegen sind ganz froh, wenn sie aus solchen Personalent-

scheidungen rausgehalten werden. Die haben weiß Gott an anderen Fronten zu kämpfen, etwa bei der Arbeitssicherheit.«

*Laber-Methode:* _____

*Meine Antwort:* _____

_____

Bitte erst weiterlesen, wenn Sie geantwortet haben.


## Lösungsvorschläge

**1.** = Papst-Strategie
*Antwort-Vorschlag:* »Jetzt interessiert mich doch sehr, was Sie unter ›formalen Hürden‹ verstehen – und welche Rollen die geltenden Regeln in unserem Unternehmen für Sie spielen.«

**2.** = Schon-immer-Strategie.
*Antwort-Vorschlag:* »Aus meiner Sicht sprechen viele Gründe dafür, dass der Laden genauso gut liefe, wenn jeder Bewerber seine Chance bekäme. Und genau darüber, wie ich noch zu dieser Chance komme, möchte ich mit Ihnen sprechen.«

**3.** = Schwafel-Methode
*Antwort-Vorschlag:* »Bitte entschuldigen Sie, ich bin nicht so gut in Fachchinesisch. Können Sie mir noch einmal in einfachen Begriffen sagen: Welche konkreten Risiken gäbe es?«

**4.** = Garantie-Taktik

*Antwort-Vorschlag:* »Und ich versichere Ihnen von ganzem Herzen: Ich möchte, dass meine Bewerbung noch berücksichtigt wird. Wie können wir das erreichen?«

**5.** = Vergleichs-Falle

*Antwort-Vorschlag:* »Ich denke, wir begegnen uns hier auf Augenhöhe, nicht als Arzt und Patient – auch wenn es nach meinem Gefühl tatsächlich um Sehschärfe geht: die bei der Personalauswahl. Noch einmal: Inwieweit wurde meine Bewerbung berücksichtigt?«

**6.** = Lawinen-Drohung

*Antwort-Vorschlag:* »Es geht nicht um alle Stühle, nur um einen einzigen. Ich bin sicher, dass der Betriebsrat die Vergabe mit Fingerspitzengefühl prüfen wird.«

**7.** = Münchhausen-Manöver

*Antwort-Vorschlag:* »Bitte nennen Sie Ross und Reiter: Wer im Betriebsrat vertritt diesen Standpunkt? Nach meiner Kenntnis ist der Betriebsrat sehr an Fällen wie meinem interessiert. Gern können wir auch unter vier Augen eine Lösung finden. Was schlagen Sie vor?«

---

## LEISE & WEISE

»Das Schwierigste am Diskutieren ist nicht, den eigenen Standpunkt zu verteidigen, sondern ihn zu kennen.«
*André Maurois, französischer Autor*

# Die sieben fiesesten Angriffe: So wehren Sie sich gegen Schwätzer!

Schwätzer sind Zauberkünstler, wenn es darum geht, Ihnen das Wort im Mund umzudrehen. Sie unterstellen Ihnen Meinungen, die Sie gar nicht vertreten, greifen Sie persönlich an und bringen Sie auf die Palme. Wenn Sie sich verteidigen, schneiden sie Ihnen das Wort ab. Plötzlich stehen Sie in einer Diskussion mit dem Rücken an der Wand – obwohl Sie eindeutig die besseren Argumente hatten.

Aber das passiert nur, wenn Sie die Angriffe nicht früh genug durchschauen und parieren. Hier erfahren Sie, welches die gefährlichsten Angriffe sind – und wie Sie diese Attacken souverän abwehren.

## 1. Der persönliche Angriff

**Der Angriff:**
Auf einmal wechselt der Schwätzer die Gesprächsebene und sagt zu Ihnen: »Ihre Argumente sind genauso blass wie Ihre Gesichtsfarbe!«

**Die Analyse:**
Solche Angriffe sollen Sie verunsichern, aufbringen und aus der Bahn Ihrer logischen Argumentation schleudern. Der Schwätzer will Sie in die Arena des rhetorischen Schlammcatchens locken – weg von dort, wo Sie die Schlacht gewinnen können: der Sachebene.

**Gegenstrategie:**

Ihre Stärken liegen in der fairen Dialektik. Weisen Sie Angriffe niveauvoll zurück, ohne sich emotional darauf einzulassen. Machen Sie sich bewusst, dass das Problem nicht bei Ihnen liegt, sondern beim Schwätzer: Er sagt mehr über sich als über Sie.

**Ihre drei Schwätzer-Bremsen:**

*Bremse 1:* »Das ist natürlich aussagekräftig, was Sie hier über meine Gesichtsfarbe sagen. Aber noch mehr interessiert mich Ihre Meinung zu meinen Argumenten. Haben Sie da noch was auf Lager?«

*Erläuterung:* Sie federn den Angriff locker ab und verweigern dem Schwätzer den Gefallen, sich auf sein Niveau zu begeben. Ihre Einleitung deutet an, dass der Schwätzer sich durch den persönlichen Angriff selbst diskreditiert. Dann lenken Sie zur Sache über.

*Bremse 2:* »Mal ist etwas blass, mal ein Betrachter farbenblind. Ich schlage vor, dass wir das Feld des Persönlichen verlassen und wieder zur Sachfrage zurückkehren …«

*Erläuterung:* Ihre Bemerkung ist geistreich genug, um den enthaltenen Angriff zu rechtfertigen (indirekt bezeichnen Sie den Schwätzer als »farbenblind«) – und deutlich genug, dass der Schwätzer spürt: Sie ziehen eine klare Grenze.

*Bremse 3:* »Jeder ist selbst für das Niveau verantwortlich, auf dem er diskutiert. Mir geht es nach wie vor darum, wie wir das Projekt zeitnah realisieren. Haben Sie zu meinen Argumenten noch etwas Sachdienliches zu sagen?«

*Erläuterung:* Sie machen dem Schwätzer deutlich, dass seine unprofessionelle Äußerung auf ihn selbst zurückfällt. Ihre konkrete Frage lenkt ihn zurück zur konstruktiven Diskussion.

## 2. Der indirekte Angriff

**Der Angriff:**

Sie zögern, einen Vorschlag anzunehmen. Ihr Verhandlungspartner sagt: »Unser Angebot ist hervorragend. Wer nur ein bisschen was von der Materie versteht, erkennt das auf den ersten Blick!«

**Die Analyse:**

Ihr Gesprächspartner greift Sie an, will aber nicht dafür haften – deshalb die indirekte Variante. Er wirft Ihnen vor, nichts von der Materie zu verstehen. Natürlich sollen Sie das Gegenteil beweisen – indem Sie umschwenken und zustimmen! Sicher greift er zu diesem Mittel, weil seine Sachargumente schwach sind.

**Gegenstrategie:**

Feingefühl hilft, indirekte Angriffe herauszuhören. Lassen Sie solche Sticheleien nie im Raum stehen, sondern gehen Sie souverän darauf ein. Dadurch wird der Angriff entkräftet.

**Ihre drei Schwätzer-Bremsen:**

*Bremse 1:* »Vielleicht ist mein Problem, dass ich nicht nur ›ein bisschen was‹ von der Materie verstehe, sondern nach 15 Jahren richtig viel. Erklären Sie mir noch mal ganz konkret die Vorteile des Angebots.«

*Erläuterung:* Sie verstehen den Schwätzer absichtlich falsch, legen selbstbewusst Ihre Expertise offen (»nach 15 Jahren«) und leiten unaufgeregt zu den Sachaspekten über.

*Bremse 2:* »Nennen Sie Ross und Reiter: Wer, meinen Sie, versteht zu wenig von der Materie?«

*Erläuterung:* Sie fordern den Schwätzer auf, sich zu seinem Angriff auf Sie zu bekennen. In den meisten Fällen wird er einen Rückzieher machen. Wenn Sie heimliche Nadelstiche ansprechen, zerstören Sie ihre Wirkung.

*Bremse 3:* »Wenn ich Sie richtig verstehe, zählen Sie sich zu denen, die perfekt mit der Materie vertraut sind. Dann können Sie mir bestimmt folgende Frage zu Ihrem Angebot beantworten ...«
*Erläuterung:* Statt auf die Sie-Botschaft mit Seitenhieb einzusteigen, reagieren Sie freundlich auf die Ich-Botschaft des Schwätzers. Sie leiten eine positive Erwartung daraus ab, das erhöht den Antwortdruck auf ihn und lenkt zur Sachfrage zurück.

## 3. Die Befangenheits-Unterstellung

### Der Angriff:

Sie melden sich bei einer Bürgerversammlung zu Wort, treten gegen eine geplante Schnellstraße ein und weisen auf mögliche Umweltschäden hin. Ein Schwätzer erwidert: »Ich glaube Ihnen kein Wort! Es geht Ihnen nicht um die Umwelt, sondern darum, dass Sie Ihre feine Wohngegend vor Baulärm schützen wollen. Haben Sie mal an die lokale Bauwirtschaft gedacht?!«

### Die Analyse:

Der Schwätzer unterstellt Ihnen ein Motiv, das gar nicht Ihres ist. Plötzlich wirkt Ihr Einsatz nicht mehr ehrenwert, sondern egoistisch – und Sie geben ein gutes Angriffsziel ab.

### Gegenstrategie:

Hier ist gute Vorbereitung alles: Spielen Sie vor einer Diskussion durch, welche fiesen Unterstellungen kommen könnten. Entwickeln Sie lockere Gegenargumente – je weniger Sie sich rechtfertigen, desto mehr läuft die Unterstellung ins Leere.

### Ihre drei Schwätzer-Bremsen:

*Bremse 1:* »Sind Sie denn für die Schnellstraße, weil Sie auf dem heißen Teer Spiegeleier braten und Ihren Herd schonen wollen?

Ich gehe davon aus, dass es Ihnen tatsächlich um die lokale Bauwirtschaft geht. Und ich erwarte von Ihnen, dass Sie auch mir mein Engagement für die Umwelt abnehmen.«

*Erläuterung:* Sie übertragen das Muster des Angriffs auf die Motive des Schwätzers, mit einer absurden und damit augenzwinkernden Unterstellung. So enthüllen Sie seine faule Dialektik. Zugleich fordern Sie als Spielregel ein, dem anderen seine Motive abzunehmen – statt ihm beliebige zu unterstellen.

*Bremse 2:* »Da wissen Sie mehr über meine Motive als ich selbst! Darf ich Sie fragen, woher Sie diese Kenntnis nehmen?«

*Erläuterung:* Ihr erster Satz weist den Vorwurf geschickt und höflich zurück. Und die Frage nach seiner Quelle bringt den Schwätzer in Verlegenheit.

*Bremse 3:* »Ob Sie mir glauben oder nicht, ist Ihre freie Entscheidung. Und ich kann mich frei entscheiden, aus welchen Gründen ich gegen die Schnellstraße bin, und zwar …«

*Erläuterung:* Sie belassen das Problem beim Absender, räumen ihm ein Recht auf seine Zweifel ein und holen aus zu neuen Argumenten, um die Lauterkeit Ihres Einspruchs zu unterstreichen.


## 4. Die Unterbrecher-Methode

**Der Angriff:**

Gerade sind Sie dabei, Ihr bestes Argument auszuführen, da fällt Ihnen der Schwätzer ins Wort: »Jetzt machen Sie mal einen Punkt. Meine Ansicht dazu ist …«

**Die Analyse:**

Mit seiner Unterbrechung will er Sie aus dem Konzept bringen und eine Rangordnung festlegen. Wer dem anderen ins Wort fällt, hat die Macht. Der Diener würde nie seinen König unterbrechen – umgekehrt sehr wohl. Er nimmt den Hochstatus für sich in Anspruch.

**Gegenstrategie:**
Wenn Sie zwischen dem Sprechen nachdenken, ist das ein Einfallstor für Schwätzer, die Sie unterbrechen wollen. Holen Sie sich das Wort zurück, indem Sie nach der Denkpause weiterreden, betont laut. Definieren Sie als Spielregel, dass jeder den anderen ausreden lässt.

**Ihre drei Schwätzer-Bremsen:**
*Bremse 1:* »Moment, jetzt rede ich! Ich bin neugierig, was Sie antworten – aber sicher interessiert Sie auch, wie meine Argumentation weitergeht, und zwar …«
*Erläuterung:* Sie holen sich das Wort zurück, zeigen sich an der Antwort des Schwätzers interessiert und fordern im Gegenzug selbst Interesse ein. Das bringt ihn unter moralischen Zugzwang.
*Bremse 2:* »Mir ist (mehrfach) aufgefallen, dass Sie mich unterbrechen. Können wir uns auf die Spielregel einigen, dass jeder den anderen ausreden lässt, ehe er antwortet?«
*Erläuterung:* Sie gehen auf die Meta-Ebene, sprechen also über die Art, wie Sie miteinander kommunizieren. Wenn es zu einer solchen Vereinbarung kommt, können Sie sich später darauf beziehen.
*Bremse 3:* »Finden Sie meine Argumente denn so überragend, dass Sie mich (dauernd) am Aussprechen hindern wollen?«
*Erläuterung:* Dieser Satz, mit einem Augenzwinkern vorgetragen, kann den Schwätzer wieder zum Zuhören und seine Manieren auf Vordermann bringen.

## 5. Die Sippenhaft

**Der Angriff:**

Sie kämpfen mit guten Argumenten für Ihr Projekt, da sagt ein Schwätzer: »Als Expertin müssen Sie ja so reden! Jeder weiß, dass Spezialisten ihre Projekte mit Klauen und Zähnen verteidigen, auch wenn es Totgeburten sind.«

**Die Analyse:**

Jeder von uns gehört Gruppen an – und läuft Gefahr, in die rhetorische Sippenhaft genommen zu werden. Ganz egal, ob Sie Experte sind, Mutter, Vater, Gewerkschafter, Managerin, Hausfrau, Fußballfan oder Kaninchenzüchter. Der Schwätzer unterstellt Ihnen, dass Sie befangen sind – nicht vom Sachverstand, sondern von Gruppeninteressen geleitet.

**Gegenstrategie:**

Wahrscheinlich legen Sie großen Wert darauf, selbst zu denken, statt für eine Gruppe zu sprechen. Reagieren Sie gelassen. Stellen Sie Ihre Sacherwägungen in den Vordergrund. Und zwingen Sie den Schwätzer, von seiner allgemeinen Unterstellung zu konkreten Argumenten zu kommen.

**Ihre drei Schwätzer-Bremsen:**

*Bremse 1:* »Schön, dass Sie mich als Expertin anerkennen. Jetzt bin ich umso neugieriger, was Sie mir in der Sache zu erwidern haben – da habe ich nämlich noch nichts gehört.«

*Erläuterung:* Sie machen die Not zur Tugend, nehmen den Titel »Expertin« dankend an und leiten den Schwätzer zurück auf die Sachebene.

*Bremse 2:* »Ich gebe mein Projekt sofort auf, wenn Sie mir Sachargumente nennen, die meine eigenen entkräften. Bitte legen Sie los!«

*Erläuterung:* Sie unterlaufen den Vorwurf des Schwätzers, indem Sie sich bereit zeigen, Ihr Projekt aufzugeben – jedoch unter einer Bedingung, von der Sie schon ahnen, dass er sie nicht wird erfüllen können.

*Bremse 3:* »Ich könnte jetzt auch sagen, dass Sie als erklärter Gegner dieses Projektes natürlich aus Prinzip dagegen sein müssen, auch wenn Sie seine Richtigkeit einsehen. Aber bringen uns solche Fantasien weiter? Ich schlage vor, wir kehren zurück zu den seriösen Argumenten.«

*Erläuterung:* Sie demonstrieren dem Schwätzer die Wirkung seiner eigenen dialektischen Taktik, allerdings in abgefederter Form (»könnte … sagen«), auch da Sie die Rückkehr zur Seriosität am Ende in der Wir-Form vorschlagen. Das hält die Beziehungsebene intakt.

## 6. Der Pedanterie-Vorwurf

**Der Angriff:**

Beim Meeting weisen Sie auf die Nachteile einer geplanten Marktausweitung hin. Ein Schwätzer fährt Ihnen sofort über den Mund: »Nun sei mit deinen Bedenken doch nicht so kleinlich! Wir sprechen darüber, wie wir einen neuen Markt erobern können – und du hängst dich an einer Kleinigkeit wie der unterschiedlichen Kundenmentalität auf.«

**Die Analyse:**

Es soll der Eindruck entstehen, dass Ihr Horizont nicht über den Rand des Schreibtisches hinausreicht – während der Schwätzer ein großer Stratege ist, der mindestens den Weltmarkt im Blick hat. Der Gegenstand Ihrer Bedenken wird zur »Kleinigkeit« erklärt.

## Gegenstrategie:

Schwätzer sind Meister darin, kritische Menschen als kleinkarierte Bedenkenträger abzustempeln. Drehen Sie den Spieß um und machen Sie deutlich, dass das Risiko nicht in Ihren gut geprüften Gegenargumenten liegt – sondern in seinen schlecht geprüften Argumenten für einen Fehler.

### Ihre drei Schwätzer-Bremsen:

*Bremse 1:* »Um den neuen Markt zu erobern, müssen wir neue Kunden erobern. Deshalb hängt alles ab von der Frage: Trifft unser Angebot ihre Mentalität? Darauf hätte ich gerne eine Antwort!«

*Erläuterung:* Sie befreien Ihre Bedenken vom Pedanterie-Verdacht, indem Sie den Zusammenhang zum großen Ziel aufzeigen. Gleichzeitig bestehen Sie nach wie vor auf einer konkreten Antwort.

*Bremse 2:* »Wenn du einfach voraussetzt, dass die Kunden unser Angebot annehmen, hast du sicher fundierte Hinweise darauf. Nenn mir ein paar!«

*Erläuterung:* Sie interpretieren die Aussage des Schwätzers positiv, um ihn dann doch zu einer greifbaren Aussage zu veranlassen. Ihre Formulierung, dass er »fundierte Hinweise« nennen solle, und zwar »ein paar«, macht deutlich: Mit oberflächlichem Geschwätz geben Sie sich nicht zufrieden.

*Bremse 3:* »Bin ich mit meinen Bedenken kleinlich? Oder bist du mit deinem Optimismus zu großzügig? Lass uns das klären, indem wir meiner Frage nachgehen, und zwar ...«

*Erläuterung:* Sie kontern mit derselben Waffe, wenn auch in abgefederter Frageform – um dann in der milden Wir-Form den Weg zurück auf die Sachebene zu weisen.

## 7. Die Verzerrungs-Falle

**Der Angriff:**

Sie schlagen bei einer Versammlung vor, den Mitgliedsbeitrag um 10 Prozent zu senken, von 55 auf 50 Euro, da auch die Kosten des Vereins seit Jahren um 10 Prozent gesunken sind. Ein Schwätzer meldet sich empört zu Wort: »Das ist doch wieder ein abschreckendes Beispiel für die Geiz-ist-geil-Mentalität! Sie wollen alle Vorteile des Vereins ausreizen, sind aber zu knauserig, dafür auch nur einen Cent zu bezahlen. Haben Sie schon mal überlegt, warum im Supermarkt alles was kostet? Leistung hat ihren Preis, das gilt auch im Verein.«

**Die Analyse:**

Der Schwätzer verzerrt Ihre Position, um Sie zum Feindbild zu stilisieren. Auf einmal entsteht der Eindruck, dass Sie sich nicht für eine moderate Senkung des Beitrags eingesetzt haben, sondern für eine kostenlose Mitgliedschaft. Durch die Unterstellung, Sie würden »alle Vorteile des Vereins ausreizen«, entsteht ein für Sie ungünstiger Kontrast.

**Gegenstrategie:**

Wenn Sie Inhalte genau nehmen, sind Ihnen Verzerrungen zuwider. Aber zügeln Sie Ihre Emotionen – reagieren Sie sachlich. Rücken Sie Verzerrungen gerade. Lassen Sie nicht zu, dass Sie für Standpunkte angegangen werden, die gar nicht die Ihren sind.

**Ihre drei Schwätzer-Bremsen:**

*Bremse 1:* »Ich habe vorgeschlagen, den Vereinsbeitrag den Vereinskosten anzupassen – um 10 Prozent nach unten. Dieser Vorschlag ist kostenneutral. Können Sie dazu etwas sagen, statt über eine Position zu sprechen, die ich gar nicht vertreten habe?«

*Erläuterung:* Sie heben hervor, dass Ihr Vorschlag den Verein nichts kostet – also nicht dem gemalten Klischee entspricht. Gleichzeitig machen Sie dem Schwätzer klar, dass er von Unterstellungen zur Stellungnahme übergehen soll.

*Bremse 2:* »Ich finde tatsächlich, dass Geiz geil ist – aber nur, wenn es darum geht, mit Unterstellungen sparsam umzugehen. Deshalb zurück zu meinem Vorschlag …«

*Erläuterung:* Sie wählen einen Einstieg, der Ihren Gesprächspartner irritiert. Dann weisen Sie indirekt, ohne jede Emotionalität, seine Unterstellung zurück – und richten den Scheinwerfer wieder auf die Sachfrage.

*Bremse 3:* »Wem ist die Vereinsmitgliedschaft keinen Cent wert? Ich habe gerade erklärt, dass ich pro Jahr gerne 5000 Cent bezahle, also 50 Euro. Denn die Frage ist, ob wir tatsächlich noch einen Beitrag von 55 Euro brauchen.«

*Erläuterung:* Sie widerlegen den Schwätzer – auch noch originell, indem Sie den Beitrag in Cent umrechnen und auf dieser Basis Ihr Kernanliegen aufgreifen.

## LEISE & WEISE

»Man streitet ja meistens nicht zu dem Zweck, die Wahrheit zu finden, sondern um sie zu verbergen.«
*Maxim Gorki, russischer Autor*

# Das Angriffs-Abwehr-Training

Jetzt dürfen *Sie* wieder in den Ring steigen und Ihr Wissen anwenden. Lesen Sie den folgenden Dialog und finden Sie heraus, mit welchen unfairen Mitteln Jana operiert:

**Ingo:** »Hast du schon darüber nachgedacht, mit welcher Strategie wir das Projekt angehen?«

**Jana:** »Allerdings! Ich gehöre ja zu den Menschen, die gelegentlich mal eine Idee haben und sich nicht nur auf fremder Kreativität ausruhen. Deshalb habe ich mehrere Ansätze im Kopf.«

**Ingo:** »Welche denn?«

**Jana:** »Wenn meine Ideen so naiv wären wie deine Fragen, könnte man sie in der Pfeife rauchen!«

**Ingo:** »He, was soll das! Ich frag doch nur.«

**Jana:** »Du verlangst gerade, dass ich die ganze Arbeit allein mache! Ich soll recherchieren, bis ich vor Müdigkeit umfalle, mit vollem Risiko entscheiden und bin die Dumme, wenn etwas nicht klappt.«

**Ingo:** »Jetzt mach doch nicht so ein Theater. Ich will über das Projekt reden.«

**Jana:** »Ihr Männer habt doch gar kein Interesse am vielen Reden. Ihr wollt nur Arbeit abwälzen und die Füße hochlegen. So ist das!«

**Ingo:** »Ich verstehe nicht, wie du zu dieser Überzeugung kommst. Ich habe doch …«

**Jana:** »Was hast du? Mich eingespannt, sonst nichts.«

**Ingo:** »Darf ich dich daran erinnern, dass ich beim letzten Projekt die komplette Präsentation organisiert habe?«

**Jana:** »Jetzt reicht's aber! Ich spreche hier über ein grundsätzliches Problem, nämlich dass du immer die Arbeit auf mich abwälzt. Und du kommst mir mit der Nebensache, dass du schon mal zwei, drei Folien präsentiert hast.«

**Ingo:** »Ich mache mal einen Vorschlag: Ich würde der Schreiber GmbH für unser Projekt einen Probelauf zu vergünstigtem Preis anbieten. Dann sammeln wir Erfahrung.«

**Jana:** »Erfahrung? Darum geht es dir doch gar nicht! Du willst dem jungen Schreiber einen Gefallen tun. Ich weiß doch, dass er mit dir im Kegelverein ist und du sein Lieblingsbetreuer bist.«

**Ingo:** »Quatsch, das ist nicht der Grund!«


*Folgende Angriffs-Methoden kamen zum Einsatz:*
Persönlicher Angriff, indirekter Angriff, Befangenheits-Unterstellung, Unterbrecher-Methode, Sippenhaft, Pedanterie-Vorwurf, Verzerrungs-Falle.


Bitte ordnen Sie die Angriffe den einzelnen Aussagen zu und formulieren Sie Antworten, die sich an den Schwätzer-Bremsen des Kapitels orientieren – und in Inhalt und Wortwahl zu Ihnen passen:

1. »Allerdings! Ich gehöre ja zu den Menschen, die gelegentlich mal eine Idee haben und sich nicht nur auf fremder Kreativität ausruhen. Deshalb habe ich mehrere Ansätze im Kopf.«

*Angriffs-Methode:* _____

*Meine Antwort:* _____

2. »Wenn meine Ideen so naiv wären wie deine Fragen, könnte
   man sie in der Pfeife rauchen!«

*Angriffs-Methode:* _____

*Meine Antwort:* _____

_____


3. »Du verlangst gerade, dass ich die ganze Arbeit allein mache!
   Ich soll recherchieren, bis ich vor Müdigkeit umfalle, mit vollem Risiko entscheiden und bin die Dumme, wenn etwas
   nicht klappt.«

*Angriffs-Methode:* _____

*Meine Antwort:* _____

_____


4. »Ihr Männer habt doch gar kein Interesse am vielen Reden.
   Ihr wollt nur Arbeit abwälzen und die Füße hochlegen. So
   ist das!«

*Angriffs-Methode:* _____

*Meine Antwort:* _____

_____

5. »Ich habe doch …« – »Was hast du? Mich eingespannt, sonst nichts.«

*Angriffs-Methode:* _____

*Meine Antwort:* _____

_____

6. »Jetzt reicht's aber! Ich spreche hier über ein grundsätzliches Problem, nämlich dass du immer die Arbeit auf mich abwälzt. Und du kommst mir mit der Nebensache, dass du schon mal zwei, drei Folien präsentiert hast.«

*Angriffs-Methode:* _____

*Meine Antwort:* _____

_____

7. »Erfahrung? Darum geht es dir doch gar nicht! Du willst dem
   jungen Schreiber einen Gefallen tun. Ich weiß doch, dass er
   mit dir im Kegelverein ist und du sein Lieblingsbetreuer bist.«

*Angriffs-Methode:* _____

*Meine Antwort:* _____

_____

Bitte erst weiterlesen, wenn Sie geantwortet haben.

## Lösungsvorschläge

**1.** = Indirekter Angriff
*Antwort-Vorschlag:* »Bitte sei konkret: Wer ruht sich nach deiner Meinung auf fremder Kreativität aus und hat nie eine Idee?«

**2.** = Direkter Angriff
*Antwort-Vorschlag:* »Das ist natürlich interessant, was du so alles
in deine Pfeife stopfst. Ich schlage vor, dass wir unser Gespräch
rauchfrei führen – darüber, mit welcher Strategie wir an das Projekt herangehen.«

**3.** = Verzerrungs-Falle
*Antwort-Vorschlag:* »Ich habe dich nach Ideen für das Projekt gefragt – und nichts von dem gefordert, was du gerade aufgezählt
hast. Lass uns wieder über die Fakten sprechen.«

**4.** = Sippenhaft

*Antwort-Vorschlag:* »Die einen Männer wollen reden, die anderen nicht. Vor dir sitzt gerade einer, der besprechen möchte: Wie bringen wie unser Projekt auf den Weg?«

**5.** = Unterbrecher-Methode

*Antwort-Vorschlag:* Holt sich das Wort zurück, führt seinen Satz zu Ende und sagt dann: »Vorschlag: Ich interessiere mich für deine Meinung – und du dich für meine. Deshalb möchte ich mich mit dir darauf einigen, dass wir einander aussprechen lassen. Einverstanden?«

**6.** = Pedanterie-Vorwurf

*Antwort-Vorschlag:* »Ich habe gerade von einer einwöchigen Arbeit gesprochen, etwa dem halben Zeitaufwand unseres letzten Projektes. Aus welchen Gründen siehst du darin eine ›Nebensache‹?«

**7.** = Befangenheits-Unterstellung

*Antwort-Vorschlag:* »Welcher Gedankenleser hat dir das geflüstert? Jedenfalls irrt er: Ich schlage die Schreiber GmbH vor, weil sie sich aus meiner Sicht am besten für einen solchen Probelauf eignet. Gibt es sachliche Gründe, die gegen meinen Vorschlag sprechen?«

## LEISE & WEISE

»Siege, aber triumphiere nicht.«
*Marie von Ebner-Eschenbach, österreichische Autorin*

# Stilles Dessert:

## Vom Reden zur Redlichkeit

Der kleine Waldsee liegt da wie ein blaues Leintuch, keine Welle kräuselt seine Oberfläche. Die Sonne greift mit zarten Strahlenfingern in den Morgennebel und zerstreut ihn. Ein Kuckuck ruft aus der Ferne. Ich stehe auf einem kleinen Steg und starre gebannt ins Wasser. Am Grund habe ich ein quadratisches Netz ausgelegt, eine Senke. Das Wasser ist klar, ich kann jede Masche des braunen Netzes sehen.

Endlich taucht ein Barschschwarm auf, etwa 30 Fische, schwarz gestreift und mit aufgestellten Stachelflossen am Rücken. Einer schwimmt vorweg, der Leitbarsch. An der Kante meines Netzes stoppt er. Hinter ihm verharrt der Schwarm. Meine Armmuskeln spannen sich: Gleich werde ich die Senke aus dem Wasser heben. Der Barsch wirkt, als würde er an meinem Netz schnuppern. Seine Brustflossen zittern. Schwimm schon drauf, denke ich. Er zögert, wartet, scheint zu grübeln. Und dann schwimmt er an meinem Netz vorbei. Der Schwarm folgt ihm; ich habe keine Chance.

Zehn Minuten später zieht der nächste Barschschwarm heran. Diesmal schwimmt ein Draufgänger voraus: Arglos quert der Leitfisch das Netz. Der Schwarm folgt seinem Vorbild. Rasch hebe ich die Senke an. Das Netz wölbt sich, ein guter Fischzug!

Wer käme auf die Idee, den draufgängerischen Leitbarsch zu loben? Durch seine unbedachte Art hat er seinen Schwarm ins Verderben gestürzt. Und wer käme auf die Idee, den bedachten Leitbarsch zu rügen? Durch seine Vorsicht hat er seinen Schwarm gerettet. Bei den Tieren gilt dasselbe wie bei den Menschen: Die Evolution hatte gute Gründe, unterschiedliche Temperamente zu vergeben. Die Vorpreschenden braucht es, um neue Nahrungsquellen zu erschließen und Kämpfe zu gewinnen. Und die Bedachten braucht es, um Gefahren zu meiden und das Überleben zu sichern.[124]

Wir leben in einer Zeit, in der alle Kontinente erschlossen, alle Pole bereist, die höchsten Berge bestiegen und Pistolenduelle auf nebligen Feldern schwer aus der Mode gekommen sind. Der Bedarf an Abenteurern mit rauchenden Colts, stählernen Muskeln und dröhnenden Sprüchen ist dramatisch gesunken.

Wer in früheren Zeiten unbedacht handelte, zertrümmerte mit seiner Keule einen Schädel. Wer heute unbedacht handelt, kann den ganzen Erdball zertrümmern. Ein Knopfdruck genügt, um einen Krieg zu entfesseln; ein Fehler im Management, um eine Firma auszuradieren. Und jedes unbedachte Wort kann in Sekunden um den Globus eilen und Krisen, Revolutionen oder Terrorwellen heraufbeschwören.

Schwätzer neigen zu Risiken. Sie treten Börsencrashs los, schieben halsbrecherische Fusionen an, fahren Beziehungen an die Wand und zetteln Streit an, um sich zu profilieren. Wenn sie geredet haben, bleibt es laut, dann platzen ihre Versprechungen. Sie halten sich für Macher, aber sind nur Mitmacher. Wie Satelliten kreisen sie in fremder Umlaufbahn: um Menschen, um Moden, um Geld, um Erfolg, um Karriere, um Sex.

Sie sind Leitbarsche, die auf jedes Netz schwimmen. Es ist gefährlich, ihnen zu folgen!

Heute braucht es einen Menschentyp, der Risiken abwägt, Glaubwürdigkeit verkörpert und durch Nachdenklichkeit neue Nachhaltigkeit ermöglicht. Gefragt sind …

▶ Menschen, die vordenken, statt nachzuplappern, und zuhören, statt andere zuzuquatschen;

▶ Menschen, die Ideale verfolgen, Zusammenhänge erkennen
und sich von ihren Überzeugungen leiten lassen statt vom
Mainstream;

▶ Menschen, die sich an ein Wort, das sie heute geben, morgen
noch gebunden fühlen;

▶ und Menschen, deren Stärke nicht aus Lautstärke besteht, sondern aus Kompetenz, Tiefgang, Empathie und Loyalität.

Die Natur hat sich etwas gedacht, als sie Ihr zurückhaltendes
Temperament schuf: Sie sind der Barsch, der *nicht* auf jedes Netz
schwimmt. Diese Zurückhaltung ist Ihr Trumpf. Gerade dass Sie
sich nicht gemeinmachen, nützt Ihnen und der Gemeinschaft.
Es ist gut, das Herz nicht auf der Zunge, sondern in der Brust
zu tragen; gut, nicht jeden, der einem mal die Hand geschüt-
telt hat, »Freund« zu nennen; gut, Einladungen abzulehnen, die
einem nicht einladend erscheinen; gut, nicht für große Reden,
sondern für gutes Zuhören bekannt zu sein; gut, die eigene Gesellschaft dem Lärm und Trubel der sogenannten Gesellschaft
vorzuziehen; und gut, nicht ein dickes Fell zu tragen, sondern
eine empfindsame Haut.

Es ist gut, dass Sie sind, wie Sie sind. Erst wenn Sie Ihr Temperament akzeptieren, wenn Sie es als Stärke sehen, kann es Sie
erfolgreich und zufrieden machen. Denn Ihre Natur ist wie ein
Gummiband: Sie zieht Sie immer wieder in dieselbe Richtung
zurück. Das bedeutet Spielräume: Wenn Sie gelegentliche Ausflü-
ge in extrovertiertes Verhalten unternehmen, wenn Sie Vorträge
halten oder in Gruppen sprechen, kann das Ihr Leben bereichern.

Aber was passiert, wenn Sie sich dauerhaft am äußersten Rand

Ihres Temperaments einrichten? Wenn Sie darstellen, was Sie nicht sind, einen lauten Menschen? Dann kämpfen Sie rund um die Uhr gegen den Zug des Gummibandes an. Das kostet Sie Energie. Lebensfreude und Authentizität. Bei dem Versuch, auf diese Weise Anerkennung zu finden, können Sie sich selbst verlieren. Dann enden Sie auf Netzen, die Sie eigentlich gemieden hätten.

Stehen Sie zu sich! Wenn Sie viele Meetings zum Gähnen finden, könnte das daran liegen, dass viele Meetings zum Gähnen sind. Wenn Sie Smalltalk in der üblichen Variante ätzend finden, könnte das daran liegen, dass er ätzend ist. Und wenn Sie ein Großraumbüro für eine Zumutung halten, könnte das daran liegen, dass es eine Zumutung ist. Sie müssen nicht gut finden, was andere Ihnen als gut verkaufen. Meist werden solche Überzeugungen nicht von den Klügsten, sondern den Lautesten geprägt.

Gewinnen Sie Lust daran, ein Grübler zu sein! Niemand zwingt Sie, nur über Versäumnisse, Fehler und Risiken nachzudenken. Der Psychologe und Flow-Forscher Mihaly Csikszentmihalyi empfiehlt, »über das eigene Leben nachzudenken, wenn es Grund gibt, sich darüber zu freuen, oder wenn man in gehobener Stimmung ist«.[125] Wer lange auf positiven Gedanken herumkaut, steigert seinen Genuss am Leben.

Und verweigern Sie sich dem Wettkampf um die höchste Zahl der Facebook-Freunde, die meisten Twitter-Follower, die actionreichsten Wochenenden, die weitesten Urlaubsreisen oder den größten Redeanteil in einer Gruppe. Jeder Vergleich macht Sie gleich und damit kleiner. Spielen Sie nach Ihren eigenen Regeln. Sie haben ein Recht auf Ihre Einzigartigkeit, auf Zurückhaltung als Lebenshaltung.

Helfen Sie mit, den Weg zu ebnen von der Schwatzhaftigkeit

zur Ernsthaftigkeit, von der zwanghaften Menschen-Verklumpung zur Individualität. Wir brauchen:

▶ Schulen, die Zurückhaltung als Qualität sehen und eigenständiges Mitdenken über »mündliche Mitarbeit« stellen;
▶ Chefs, die Mitarbeiter für leise Teamdienlichkeit und unaufdringliche Fachkompetenz belohnen;
▶ Firmen, die Führungskräfte in Zuhör-Seminare schicken, statt durch Redekurse alles noch schlimmer zu machen;
▶ Wähler, die Politiker für Taten statt Sprüche wählen;
▶ Partnersuchende, die mehr auf Charakterstärke als auf Redestärke achten;
▶ und überhaupt Menschen, die große Mundwerke von großen Werken unterscheiden können, weil sie rhetorische Tricks durchschauen.

Tragen Sie Ihren Teil dazu bei, die Allmacht der Schwätzer zu brechen. Spielen Sie Ihre Qualitäten aus, Ihre Nachdenklichkeit, Ihre Beharrlichkeit, Ihren Tiefgang, Ihre Fachkompetenz und Ihre Sensibilität. Kündigen Sie Ihre Rolle im Actionfilm des Alltags, stehen Sie zu Ihrem Wunsch nach Stetigkeit. Aber seien Sie mutig, etwa wenn Sie ein spannendes Projekt an Land ziehen oder einen Flirtpartner ansprechen wollen. Lassen Sie Schwätzern nicht den Vortritt, als hätte die Natur das so bestimmt. Was Sie für Höflichkeit halten, nutzen die Schwätzer als Ihre Schwäche aus.

Setzen Sie Empathie ein, um andere im Gespräch als Verbündete oder als Referenzgeber zu gewinnen. Glänzen Sie durch gute Vorbereitung und durch Wissen, enttarnen Sie die inhaltliche Leere der Schwätzer. Reden Sie öffentlich, wenn Ihnen ein

Thema am Herzen liegt. Und hinterlassen Sie Ihren schriftlichen Fingerabdruck, verfassen Sie Memos, Protokolle, Mails und Briefe. Geschriebenes überdauert Geschwätz.

Und falls Sie Lust haben, Führungskraft zu werden – werden Sie es! Der amerikanische Management-Experte Jim Collins spürte dem Geheimnis der erfolgreichsten Unternehmen nach. Elf Top-Firmen nahm er unter die Lupe, nur eine Gemeinsamkeit fiel auf: All diese Unternehmen wurden von auffallend bescheidenen Managern geführt – von Menschen, die ihre Firmen wichtiger nahmen als sich selbst.[126]

Vermutlich gäbe es keine unvernünftigen Fusionen mehr, wenn es nicht auch Schwätzer gäbe, die in diesen Übernahmeschlachten die Helden spielen wollten. Der US-Forscher Robert Hare fand heraus: Unter Führungskräften gibt es sechsmal so viele Psychopathen wie in der Allgemeinbevölkerung.[127] Jesuitenorden beugen dieser Gefahr vor: Nur wer *nicht* nach Macht strebt, der Zurückhaltende, darf sie bekommen. Dagegen werden die Machtgierigen von ihr ausgeschlossen.[128]

Als Führungskraft können Sie viel Gutes tun: Menschen inspirieren und wachsen lassen, belohnen und befördern. Entfalten Sie Ihre Mitarbeiter, das macht viel mehr Spaß, als nur das eigene Ego aufzublasen. Introvertierte Chefs leiten motivierte Teams laut Studien effektiver.[129]

Und bremsen Sie die Schwätzer! Lassen Sie sich das Wort nicht mehr abschneiden. Enttarnen Sie ihre Blendgranate. Fordern Sie Fakten im Gespräch. Lassen Sie Luft aus Sprechblasen. Stoppen Sie den Redefluss mit den Schwätzer-Bremsen aus diesem Buch. Sorgen Sie dafür, dass Lautstärke nicht länger mit Stärke verwechselt wird.

Wenn Sie als zurückhaltender Mensch einfordern, was Ihnen

zusteht, werden Sie es auch bekommen. Die Zukunft gehört nicht den Dauerrednern, sondern den dauerhaft Redlichen. Der Schwätzer ist ein Auslaufmodell in Zeiten des Internets, das seine Spur verfolgbar und seine Lügen durchschaubar macht.

Das Modell »Schwätzer« dreht auf zu hohen Touren, verbraucht zu viel Energie, zündet fehl und röhrt zu laut. Die Modelle von morgen haben eines gemeinsam: einen leiseren Motor.

Der Zündschlüssel liegt in Ihrer Hand. Steigen Sie ein in ein neues Selbstbewusstsein, überholen Sie die Schwätzer – und kommen Sie gut an Ihr Ziel!

### LEISE & WEISE

»Sage nicht alles, was du weißt, aber wisse immer, was du sagst.«
*Matthias Claudius, deutscher Dichter*

# Weiterführende Literatur

Aristoteles, *Rhetorik.* Reclam, 1999

Aron, Elaine N., *Hochsensibilität in der Liebe.* mvg, 2015

Aron, Elaine N., *Sind Sie hochsensibel?* mvg, 2015

Bandelow, Borwin, *Das Buch für Schüchterne.* Rowohlt, 2011

Berckhan, Barbara, *Die etwas intelligentere Art, sich gegen dumme Sprüche zu wehren.* Heyne, 2001

Cain, Susan, *Still.* Goldmann, 2013

Covey, Stephen R., *Die sieben Wege der Effektivität.* Heyne, 2000

Csikszentmihalyi, Mihaly, *Lebe gut!* dtv, 2001

Dueck, Gunter, *Wild Duck.* Springer, 2008

Edmüller, Andreas; Wilhelm, Thomas, *Manipulationstechniken.* Haufe, 2010

Ellis, Albert, *Training der Gefühle.* mvg, 2013

Frisch, Max, *Andorra.* Suhrkamp, 1975

Fromm, Erich, *Die Kunst des Liebens.* Ullstein, 2005

Goffman, Erving, *Wir alle spielen Theater.* Piper, 2003

Gottman, John M., *Die 7 Geheimnisse der glücklichen Ehe.* Ullstein, 2015

Gruen, Arno. *Wider den Gehorsam.* Klett-Cotta, 2014

Harris, Thomas A., *Ich bin o.k., Du bist o.k.* Rowohlt, 2007

Hodgkinson, Tom, *Die Kunst, frei zu sein.* Heyne, 2009

Hofmann E., *Weniger Stress erleben.* Luchterhand, 2001

Hundt, Patrick, *Kopfsache: Liebe den Introvertierten in dir.* Amazon, 2014

Jung, Carl Gustav, *Typologie.* dtv, 2014

Jung, Mathias, *Mut zum Ich.* dtv, 2004

Knigge, Adolph Freiherr von, *Über den Umgang mit Menschen.* Insel, 1977

Koidl, Roman Maria, *Scheißkerle.* Goldmann, 2011

Krelhaus, Lisa, *Wer bin ich – wer will ich sein?* mvg, 2004

Kroeger, Otto; Thuesen, Janet M., *Type Talk.* Dell, 2013 (englisch-sprachig)

Laney, Marti Olsen. *Die Macht der Introvertierten.* Huber, 2013

Lay, Rupert, *Führen durch das Wort.* Ullstein, 1996

Lelord, François; André, Christophe, *Der ganz normale Wahnsinn.* Aufbau, 2012

Löhnke, Sylvia, *Leise Menschen – starke Wirkung.* Gabal, 2013

Märtin, Doris, *Leise gewinnt.* Campus, 2014

Morschitzky, Hans; Hartl, Thomas, *Raus aus dem Schneckenhaus.* Patmos, 2014

Navarro, Joe, *Menschen lesen.* mvg, 2013

Platon, *Phaidon.* Holzinger, 2013

Pörksen, Bernhard; Krischke, Wolfgang (Hsg.), *Die Casting-Gesell-schaft.* Herbert von Halem Verlag, 2012

Ruede-Wissmann, Wolf, *Satanische Verhandlungskunst.* Area, 1993

Ruhleder, Rolf H., *Rhetorik, Kinesik, Dialektik.* wwt, 1983

Schönburg, Alexander von, *Smalltalk.* Rowohlt, 2014

Schopenhauer, Arthur, *Eristische Dialektik.* Haffmans, 1996

Simmons, Annette, *Mit guten Geschichten Menschen gewinnen.* Piper, 2004

Skarics, Marianne, *Sensibel kompetent.* Festland, 2007

Stein, Murray, *C.G. Jung.* Patmos, 2015

Thiele, Albert, *Argumentieren unter Stress.* dtv, 2010

Veelen, Sonja, *Hochstapler.* Tectum, 2012

Watzlawick, Paul, *Anleitung zum Unglücklichsein.* Piper, 1988

Wehrle, Martin, *Bin ich hier der Depp?* Mosaik, 2013

Wehrle, Martin, *Sei einzig, nicht artig.* Mosaik, 2015

Werner, Florian, *Schüchtern.* Nagel & Kimche, 2012

Wiseman, Richard, *Wie Sie in 60 Sekunden Ihr Leben verändern.* Fischer, 2013

Wüst, Petra, *Schüchtern war gestern.* Orell Füssli, 2015

# Quellenverzeichnis

1 Cain, Susan, *Still.* Goldmann, 2013
2 Wecker, Konstantin, *Liebesflug* (Musikalbum). Polydor, 1981
3 Alle Aphorismen ohne gesonderte Kennzeichnung stammen aus »Das große Buch der Zitate« (Orbis), »Hausbuch der Zitate« (Delphin) oder aus digitalen Zitate-Datenbanken.
4 Lelord, François; André, Christophe, *Der ganz normale Wahnsinn.* Aufbau, 2012
5 ebenda
6 Knigge, Adolph Freiherr von, *Über den Umgang mit Menschen.* Insel, 1977
7 Spiegel-Online, »Aldi-Entführung«, 29.07.2010
8 DIE ZEIT, 31/2014
9 Laney, Marti Olsen. *Die Macht der Introvertierten.* Huber, 2013
10 Jung, Carl Gustav, *Psychologische Typen.* Rascher Verlag, 1921
11 s. Cain, 2013
12 Löhnke, Sylvia, *Leise Menschen – starke Wirkung.* Gabal, 2013
13 Kroeger, Otto, Thuesen, Janet M., *Type Talk.* Dell, 2013
14 Harris, Thomas A., *Ich bin o.k., Du bist o.k.* Rowohlt, 2007
15 Die Fallgeschichten über Klienten sind real, die Namen zum Schutz der Persönlichkeit verändert.
16 Jung, Carl Gustav, *Typologie.* dtv, 2014
17 ebenda
18 ebenda
19 welt.de, »Hochsensibilität ist keine Krankheit«, 01.03.2015
20 Aron, Elaine N., *Sind Sie hochsensibel?* mvg, 2015
21 s. welt.de, 01.03.2015
22 psychologie-heute.de, »Introvertierte lieben die Berge«, 06.03.2015
23 s. Laney, 2013
24 DER SPIEGEL, 34/2012
25 Märtin, Doris, *Leise gewinnt.* Campus, 2014

26  s. Aron, 2015

27  Brian, Denis, *Einstein.* Wiley, 2005

28  Werner, Florian, *Schüchtern.* Nagel & Kimche, 2012

29  Heidegger, Martin, *Sein und Zeit.* Niemeyer, 2006

30  Jung, Mathias, *Mut zum Ich.* dtv, 2004

31  Pörksen, Bernhard; Krischke, Wolfgang (Hsg.), *Die Casting-Gesell-schaft.* Herbert von Halem Verlag, 2012

32  Kant, Immanuel, *Kritik der Urteilskraft.* Reclam, 1986

33  Schultz, Uwe, *Immanuel Kant.* Rowohlt, 2008

34  Wehrle, Martin, *Bin ich hier der Depp?* Mosaik, 2013

35  Hodgkinson, Tom, *Die Kunst, frei zu sein.* Heyne, 2009

36  Süddeutsche Zeitung, 19.02.2016

37  s. Märtin, 2014

38  Schroeder, Bernd, *Reinhard Mey.* Bastei Lübbe, 2007

39  welt.de, »Reinhard Mey schießt gegen Rasen-Mäher«, 14.08.2002

40  s. Schroeder, 2007

41  ebenda

42  s. Cain, 2013

43  Giles, Kemp; Claflin, Edward, *Dale Carnegie.* Ernst Kabel, 1990

44  Dueck, Gunter, *Wild Duck.* Springer, 2008

45  Lay, Rupert, *Führen durch das Wort.* Ullstein, 1996

46  Driver, Oliver, *Alpha.* Schirner, 2011

47  Wüst, Petra, *Schüchtern war gestern.* Orell Füssli, 2015

48  Covey, Stephen R., *Die sieben Wege der Effektivität.* Heyne, 2000

49  Berckhan, Barbara, *Die etwas intelligentere Art, sich gegen dumme Sprüche zu wehren.* Heyne, 2001

50  Watzlawick, Paul, *Anleitung zum Unglücklichsein.* Piper, 1988

51  Schönburg, Alexander von, *Smalltalk.* Rowohlt, 2014

52  flirtuniversity.de, »Frauen zärtlich berühren: So fasst du sie direkt richtig an!«, undatiert

53  Aron, Elaine N., *Hochsensibilität in der Liebe.* mvg, 2015

54  Koidl, Roman Maria, *Scheißkerle.* Goldmann, 2011

55  Fromm, Erich, *Die Kunst des Liebens.* Ullstein, 2005

**56** Gottman, John M., *Die 7 Geheimnisse der glücklichen Ehe.* Ullstein, 2015

**57** ebenda

**58** s. Knigge, 1977

**59** Nietzsche, Friedrich (Hrg. Michels-Wenz, Ursula), *Wie man wird, was man ist.* Insel, 1988

**60** s. Jung, 2014

**61** Süddeutsche Zeitung, 24.02.2016

**62** fr-online.de, »Nur die Ähnlichen überleben«, 16.01.2009

**63** Hundt, Patrick, *Kopfsache: Liebe den Introvertierten in dir.* Amazon, 2014

**64** bild.de, »Sie ist jetzt Mrs. Zuckerberg«, 20.05.2012

**65** Sandberg, Sheryl, *Lean in.* Econ, 2013

**66** manager-magazin.de, »Finanzgenie oder Promi-Betrüger?«, 28.02.2003

**67** Spiegel-Online, »Den Job bekommt der Karrierist, nicht der Querdenker«, 06.04.2011

**68** Navarro, Joe, *Menschen lesen.* mvg, 2013

**69** Bandelow, Borwin, *Das Buch für Schüchterne.* Rowohlt, 2011

**70** Granovetter, Mark S., *The Strength of Weak Ties.* American Journal of Sociology 78, 1973

**71** Süddeutsche Zeitung, 19.02.2016

**72** ndr.de, »Die Kanincheneule«, 11.12.2012

**73** Dudenredaktion. *Zitate und Aussprüche.* Bibliographisches Institut, 2011

**74** Rosenzweig, Phil., *Der Halo-Effekt.* Gabal, 2008

**75** Bausenwein, Christoph, *Joachim Löw.* Die Werkstatt, 2014

**76** rundschau-online.de, »Der nicht mehr so stille Herr Löw«, 02.06.2008

**77** ebenda

**78** s. Aron, 2015

**79** Simmons, Annette, *Mit guten Geschichten Menschen gewinnen.* Piper, 2004

**80** Stein, Murray, *C.G. Jung.* Patmos, 2015

**81** Goffman, Erving, *Wir alle spielen Theater.* Piper, 2003

**82** Skarics, Marianne, *Sensibel kompetent.* Festland, 2007

**83** s. Laney, 2013

**84** computerworld.ch, »Die 9 teuersten Meeting-Fehler – und wie sie vermieden werden«, 15.04.2014

**85** Wiseman, Richard, *Wie Sie in 60 Sekunden Ihr Leben verändern.* Fischer, 2013

**86** Weidenmann, Bernd, *Handbuch Kreativität.* Beltz, 2010

**87** tenoftheday.de, »Die zehn größten Erfindungen der Menschheit«, undatiert

**88** DER SPIEGEL, 34/2012

**89** Süddeutsche Zeitung, 09.03.2016

**90** s. Laney, 2013

**91** Sautter, Alexander und Christiane, *Wege aus der Zwickmühle.* Verlag für Systemische Konzepte, 2014

**92** Krelhaus, Lisa, *Wer bin ich – wer will ich sein?* mvg, 2004

**93** Dobelli, Rolf, *Die Kunst des klugen Handelns.* Hanser, 2012

**94** s. Wiseman, 2013

**95** Carlin, Peter Ames, *Bruce.* Edel, 2013

**96** The Irish Times, 10.01.2014

**97** Platon, *Phaidon.* Holzinger, 2013

**98** Klemperer, Victor, *Notizbuch eines Philologen.* Reclam, 2007

**99** Aristoteles, *Rhetorik.* Reclam, 1999

**100** stern.de, »Westerwelle hat mich noch nie so berührt«, 08.11.2015

**101** Krause, Jochen (Dr. Wort), *Klappe zu, Affe tot.* Rowohlt, 2011

**102** Tucholsky, Kurt, *Lerne lachen, ohne zu weinen.* Rowohlt, 1932

**103** Morschitzky, Hans; Hartl, Thomas, *Raus aus dem Schneckenhaus.* Patmos, 2014

**104** s. Tucholsky, 1932

**105** ebenda

**106** Ruhleder, Rolf H., *Rhetorik, Kinesik, Dialektik.* wwt, 1983

107  Wehrle, Martin, *Sei einzig, nicht artig.* Mosaik, 2015

108  Gruen, Arno, *Wider den Gehorsam.* Klett-Cotta, 2014

109  Frisch, Max, *Andorra.* Suhrkamp, 1975

110  zeit.de, »Ein Prozent der Weltbevölkerung hat mehr als alle anderen«, 19.01.2015

111  deutschlandradiokultur.de, Jean Ziegler: »Börsenspekulation auf Nahrungsmittel tötet Menschen«, 10.10.2011

112  Süddeutsche Zeitung, 03.02.2016

113  s. Wehrle, 2015

114  Hofmann, Eberhardt, *Weniger Stress erleben.* Luchterhand, 2001

115  Ellis, Albert, *Training der Gefühle.* mvg, 2013

116  Thiele, Albert, *Argumentieren unter Stress.* dtv, 2010

117  karrierebibel.de, »Schlagfertigkeit: So kontern Sie jeden Spruch«, 24.11.2015

118  s. Thiele, 2010

119  Ruede-Wissmann, Wolf, *Satanische Verhandlungskunst.* Area, 1993

120  s. Knigge, 1977

121  Veelen, Sonja, *Hochstapler.* Tectum, 2012

122  ebenda

123  Edmüller, Andreas; Wilhelm, Thomas, *Manipulationstechniken.* Haufe, 2010

124  s. Jung, 2014

125  Csikszentmihalyi, Mihaly, *Lebe gut!* dtv, 2001

126  s. Cain, 2013

127  Bauer, Joachim, *Arbeit.* Blessing, 2013

128  s. Lay, 1996

129  s. Cain, 2013

# Zitatnachweis

S. 99: Heimito von Doderer: Repertorium. Ein Begreifbuch von höheren und niederen Lebens-Sachen. Hrsg. von Dietrich Weber. © C. H. Beck, München 1996. Die erste Auflage des Werkes ist im Biederstein Verlag erschienen.

S. 128: © Ernst Ferstl www.gedanken.at

S. 236: Hermann Hesse: Demian. Die Geschichte von Emil Sinclairs Jugend, in: ders., Sämtliche Werke in 20 Bänden, Hrsg. von Volker Michels, Band 3: Roßhalde, Knulp, Demian, Siddharta. © Suhrkamp Verlag, Frankfurt a. M., 2001.

S. 284: Erich Fried: Antwort, in: ders., Gesammelte Werke. Hrsg. von Volker Kaukoreit und Klaus Wagenbach. © Verlag Klaus Wagenbach, Berlin 1993.

# Register

# Lasst ihn doch reden!

Dieses Buch hat Ihnen gefallen? Dann laden Sie
MARTIN WEHRLE doch ein. Gerne besucht er Sie
als Redner oder Podiumsteilnehmer.
Seine Vorträge begeistern Firmen und private
Teilnehmer, u.a. mit folgenden Themen:

 Der Weg in eine moderne Führungskultur

 Vom einfachen Umgang

 So kontern Sie schlagfertig

**Sie suchen eine originelle Keynote?**
Dann lassen Sie ihn doch reden: www.wehrle-redner.de

*„Wo Martin Wehrle draufsteht,
ist beste Unterhaltung garantiert."*

HAMBURGER ABENDBLATT

# Unsere Leseempfehlung

272 Seiten
Auch als E-Book
erhältlich

Mehr als zwei Drittel aller Deutschen sind unzufrieden mit ihrem Einkommen. Bei einer Gehaltsverhandlung treten sie ihrem Chef oft unsicher und nervös gegenüber. Martin Wehrle, selbst Chef und erfahrener Gehaltscoach, weiß: Es ist gar nicht so schwer, eine Gehaltserhöhung durchzusetzen – solange man selbstbewusst auftritt und das Gespräch gründlich vorbereitet. In neun unterhaltsamen Kapiteln führt er Schritt für Schritt zur erhofften Lohnerhöhung. Mit diesen Tricks kann jeder Chef überzeugt werden!